사제 문규현 이야기

너
어디 있느냐

사제 문규현 이야기

너 어디 있느냐

초판 2쇄 발행 2024년 9월 25일
글쓴이 • 문상봉 이정관 장진규 형은수
펴낸이 • 문상봉
편집과 기획 • 파자마 파트너스
디자인 • 문현정
펴낸곳 • 파자마
등록 • 제2023-000034호(2023. 7. 11.)
주소 • 전북특별자치도 전주시 완산구 장승배기로82 304호
전화 • 063-224-6746
E-mail • ninano18181@gmail.com
인쇄 • ㈜예인미술

ISBN 979-11-984144-1-0(03990)

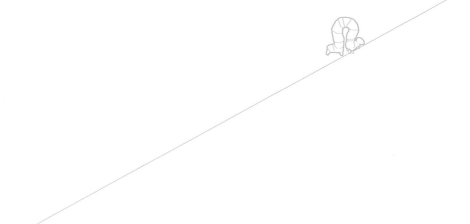

일러두기

• 별도 표시가 없는 사진과 자료는 문규현 신부님이 제공한 것이며, 그 밖의 사진이나 자료는 저작권을 명시했습니다.

• 공유 가능한 웹사이트에서 수집한 자료 중 추후 저작권이 확인되는 자료에 대해서는 적절한 대여 절차를 거칠 예정입니다.

• 책 속 QR코드는 휴대전화를 통하여 관련 동영상을 시청할 수 있습니다.

거기 사람이 간다

거기 한 사람이 기어간다

사람아, 너 어디 있느냐

예, 제가 지금 여기 있습니다

절망의 서러운 눈물과 고통의 피와 땅이 절여있는

이 붉은 땅을 지금 제가 기어가고 있습니다

거기, 거기 신부님이 자벌레처럼 기어갑니다

하루 내내 마른 등허리 위에 떨어지는 하얀 매화꽃 털며

야윈 등은 하늘에 닿고 누런 정강이와 배는 땅에 닿아 자벌레처럼 기어갑니다

사랑이 가로막힌 두터운 벽을 머리로 밀고 또 밀며

자벌레처럼 기어갑니다

검은 하늘이 무겁게 내려와 등위에 앉았더니

붉은 땅이 올라와 그의 가슴을 메웁니다

기어가는 작은 자벌레 몸속 어디 만큼에서 하늘과 땅이 만났습니다

우리들 육신에서 흘러넘친 저 욕망의 쓰레기 더미를

자벌레 연두색 머리로 밀고 또 헤치며

시속 100킬로짜리 아스팔트 위를 천천히, 아주 천천히 기어갑니다

하릴없는 제가 그 옆에 쪼그리고 앉아서 자벌레에게 물었습니다

이 강퍅한 땅, 하느님은 어디로 숨으셨나요

그분은 항상 네 몸속에 계신단다

네가 하느님이다

네 눈에 보이는 사람들도 모두 가슴에 하느님이 계시는구나

생명 있는 모든 것이나 생명 없는 모든 것이 다 하느님이시다

네가 사람을 바라보는 것이 아니라

네 몸속 하느님이 사람들 가슴속 하느님을 보는 것이란다

네가 산과 강을 바라보는 것이 아니라

네 몸속 하느님이 산과 강에 깃든 하느님을 보는 것이란다

그렇게 그이가 기어갑니다

뜨거운 아스팔트 위에 피 같은 땅 두 방울이 떨어집니다

자벌레가 기어가고 난 후 빈자리는 폐허의 적막강이

그 위에 땅 한 방울 떨어진 자리에 민들레 한 송이가 소금꽃처럼 피었습니다

그리고 한 방울 땅은 마중물이 되어 새로운 강물을 만듭니다

석삼년 가뭄 메마른 들을 굽이굽이 흐르는 새로운 강물을 만듭니다

신부님, 우리들의 신부님

— 홍성담 화백이 문규현 신부 은퇴 미사에서 낭송한 시

왜 지금 문규현인가

낮아져야 세상이 맑아지는 것을 아는 사람, 스스로 지렁이를 닮으려는 사람, 오염된 세상에 숨구멍을 내고자 부단히 꿈틀거리는 사람이 있다. 자신은 '길바닥 신부'라 말하고, 누구는 '길 위의 신부'라 부르기도 한다. 손택수 시인은 '얼마나 낮고 낮아져야 우리는 비구름을 품은 하늘에 닿을 수 있을까요 / 몸속의 땀방울을 빗방울로 바꿀 수 있을까요 / 지렁이에 비하면 자신은 아직도 한참이나 멀고 멀었다는 신부님'이라고 했다.

문규현 신부는 1945년에 태어났다. 사람들은 해방둥이라고 하지만 본인은 분단둥이라는 말을 더 많이 쓴다. 분단이 시작된 해에 태어나서 평생 그 분단을 무너뜨리는 삶을 살고자 했다. 분단으로 시작됐지만 통일로 마무리하고 싶은 열정으로 한평생 길바닥을 누비고 다녔다. 판문점 군사분계선을 통과하기도 했고, 평양에서 미사를 집전하기도 했다. 통일로 향하는 길이라면 없는 길도 만들어 가고자 했다.

또한 그는 생명과 평화의 길을 내고자 했다. 창조주 하느님의 뜻을 받들어 갯지렁이와 도요새의 길을 걸으며 새로운 길을 모색했다. 멀쩡한 바다를 막아 생명의 흐름을 끊는 새만금 개발을 멈추기 위해 삼보일배로 전북 부안 해창에서 서울 광화문까지 65일을 엎드렸다. 이 땅의 눈물을 씻고 평화를 기원하기 위해 지리산 노고단에서 임진각까지 126일간 오체투지로 기어갔다. 여린 생명들을 지키기 위해 스스로 지렁이가 되었다.

그럼에도 여전히 남북통일의 길은 전진과 후진을 반복하다 더 꽉 막혀 극한 대결 상태에 놓여 있다 남북통일이라는 말이 어느새 시대에 뒤떨어진 말이 되어가고 있다. 여전히 생명들은 맘몬이 지배하는 개발 논리에 무수히 죽어가고 있다. 사람들도 평화를 잃고 생명을 위협당하고 있다.

문규현 신부를 다시 불러내는 이유가 여기에 있다. 생명과 평화와 통일의 길을 온 삶을 다해 끊임없이 걸어가는 사람, 문규현 신부가 이루고자 하는 하느님의 세상은 어떤 모습인지 알고 싶기 때문이다. 남북 민중들의 고난과 뭇 생명들의 절규를 참회와 고행으로 바꾸어 기도하는 사람, 그런 사람이 참 귀하기 때문이다. 통일이 멀어지고, 생명이 죽어가는 시대이기에 우리는 다시 문규현을 불러 그의 이야기에 귀 기울이고 싶은 것이다.

이 책은 인간의 품위에 관한 이야기이다. 어떻게 살아야 품위를 가질 수 있는지를 이야기하고 싶었다. 우리의 고민이 독자들에게 가닿기를 바란다.

2024년 8월

차례

1장

사제가 되기까지

사제들은
사람들 가운데에서 뽑혀
사람들을 위하여
하느님을 섬기는 일을 맡아
희생 제사를 바치며,
다른 사람들과 함께
형제처럼 살아간다.

－

제2차 바티칸 공의회 문헌,
사제의 생활과 교역에 관한 교령
제1장 3항

"중앙성당 문규현 바오로!"
"예, 여기 있습니다."

마침내 규현은 사제가 되었다. 1976년 5월, 하느님의 부르심에 "예, 여기 있습니다."라고 답하며 자신을 하느님께 봉헌하였다. 주님께서 어디에서 어떻게 부르시든지 "제가 있지 않습니까? 저를 보내십시오."(이사 6,8)라고 기꺼이 답하겠다고 다짐한다. 땅에 엎

● 사제 서품식

드린 가장 낮은 자세로 세상을 위해 죽고 오직 하느님과 교회를 위해 살겠다는 의미이다. 서품 예식 중에 바닥에 온몸을 엎드리는 부복 기도는 사람이 취할 수 있는 가장 낮은 자세로 하느님께 자신을 온전히 봉헌하겠다는 뜻이다. 성인호칭기도가 이어지는 동안 규현은 오직 하느님의 은총으로 자신에게 주어진 고귀한 직무를 충실히 수행할 수 있기를 청하였다.

그는 인간 문규현으로 엎드렸다가, 사제 문규현으로 일어섰다.

사람아, 너 어디 있느냐?(창세 3,9)
주님께 바라옵는 이 몸이오니 오롯함과 바름이 나를 지키게 하소서.(시편 25,21)

사제 서품 대상자는 서품 성구를 정한다. 규현이 택한 이 두 성구는, 사제로 살아가면서 내내 자신을 지켜나갈 가르침으로 그가 정한 하느님의 말씀이다. "문규현 바오로, 너 어디 있느냐?"는 하느님의 부르심에 망설이지 않고 "예, 여기 있습니다."라고 답하며 오롯함과 바름으로 사제로서의 길을 걷겠다는 다짐이었다. 그리고 그는 이 다짐대로 하느님의 부르심에 따라 걷기 시작한다.

1

문규현은 1945년 1월 1일(음) 전라
북도 익산시(당시 익산군) 황등면에서 태어났다. 호적에는 1949년 1
월 1일로 되어 있다. 해방둥이라고 즐겨 자신을 소개하는 그는 운명처
럼 민족의 해방을 위한 행보를 하게 된다. 그의 휴대폰 번호 끝자리도
0815이다.

규현의 아버지 문범문(베드로)과 어머니 장순례(수산나)는 4남 3녀
의 자녀를 두었다. 규현은 그 중 3남이다. 아버지는 경남 하동 출신으
로 유아세례를 받은 후 일곱 살에 교우촌인 전북 김제 금산면 수류로
이사를 했다. 어머니는 순교자 손선지 성인의 6대 후손으로 충청도에
서 살다가 천주교도 박해를 피해 수류로 옮겨와 정착한 가정에서 태어
났다. 두 사람은 수류성당에 다니다가 인연을 맺어 1935년 전주 전동
성당에서 혼례를 올렸다.

황등천주교회사의, "1945년 그 무렵 신동 공소에서 이명옥이, 그 후
전주 문범문(베드로)과 함열 요왕골 윤광선이 이사와 공소를 문범문의

집으로 옮김." 이라는 기록에서 짐작할 수 있듯이, 어려운 생활 속에서도 문범문은 자신의 집을 공소* 로 사용하였다. 성당과 집 사이에는 울타리가 없었으며 또한 성당 일과 내 일을 구분하지 않았다. 아니, 항상 성당이 우선이었다. 황등공소(1925~1960)가 황등성당(1960.3)이 되기까지 그의 헌신과 노고는 어떠했을지 짐작하고도 남는다. 심지어는 어렵게 장만한 집마저도 황등공소가 본당으로 승격되면 터가 더 필요할 거라고 여겨 성당에 내놓았다.

규현의 형 문정현(바르톨로메오) 신부의 회고에 의하면 "우리는 철길을 마주 보는 곳에 있는 방 두 칸짜리 작은 집에서 살았는데 늘 사람들로 북적거렸다. 우리 집이 바로 황등리 공소였기 때문이다. 마을 사람들 중에는 부모님의 영향으로 천주교에 입교한 이들도 많았다. 거제도 수용소 포로 출신인 사람도 두 분의 영향으로 세례를 받을 정도였다. 부모님은 늘 당신들보다 가난한 이들을 도왔다. 길을 가다가도 굶주린 사람들을 보면 집으로 데려와 밥을 먹여 보냈고 마을의 궂은일을 도맡아 했다."고 한다.

그의 부모는 새벽부터 해가 질 때까지 잠시도 손을 쉬지 않았다. 식구는 많고, 형편은 넉넉하지 않으니 밤낮없이 몸을 부려야 했다. 그러면서도 공소 일이라면 발벗고 나섰다. 공소가 성당으로 승격되자, 공소회장에 이어 본당** 사목회장을 맡으면서 챙겨야 할 일들은 더 많아졌다. 말이 회장이지 사실은 성당 전속 머슴과 크게 다르지 않았다. 그

≪천주교 전주교구사 Ⅱ≫ P.783 '황등천주교회' 부분에서 인용.
　천주교에서 본당보다 작은 성당 단위. 본당 사목구에 속하지만 신부가 상주하지 않는다.
　　보편적인 가톨릭 교회를 이루고 있는 조직적이고 지역적인 부분 교회 혹은 단위 교회. 교회의 교계 제도상 주교의 권한에 속하는 지역 단위 교회인 교구 내 하나의 공동체.

도 그럴 것이, 모든 것은 하느님의 것이고 자신들은 성직자의 협조자라는 생각을 했기 때문이었다. 누가 알아주거나 말거나 한결같았고 또 힘이 드는지도 몰랐다.

● 어린 시절 형과 함께

콩나물도 기르고 고구마 등을 농사지어 황등에서 가까운 논산 군부대에 팔거나 일반 판매로 생계를 이었다. 거의 매일같이 황등역까지 리어카로 고구마 등을 옮겨 열차에 실었다. 어려운 생활에서도 성당은 모든 것에서 우선이었다. 그것은 신앙심이었다.

또 교우들이 상을 당하면 만사를 제쳐두고 달려가 염습부터 출상까지 도맡았다. 아버지가 상가에서 돌아오시는 날에는 아버지에게서 낯선 냄새가 났다. 어린 규현은 그 냄새를 싫어했다. 그럴 적마다 "우리는 기쁜 마음으로 이 일을 하는 거야. 돌아가신 분을 정성스럽게 하느님께 보내드리는 일은 귀한 일이란다. 우리도 머지않아 모두 천국에서 만나게 될 거야."라며 어린 마음을 다독여 주었다. 아버지는 죽은 이들을 위한 기도를 바칠 때면, 긴 연도*를 책자도 없이 오롯하게 외워서 바치곤 하였다.

이런 분위기 속에서 규현이 성직자의 삶을 선택한 것은 어쩌면 자연

*연옥에 있는 이를 위한 기도. 이 말은 '위령의 기도'라고 바뀌었다.

스러운 일이었다. 규현의 둘째 형 정현은 신부가, 누나 현옥은 수녀가 되었다. 자녀 일곱 남매 중에서 셋을 기쁘게 하느님께 봉헌한 규현의 부모에게는 세상의 전부가 하느님이고 예수님이고 교회였다. 그들은 두 아들이 신학교로 진학하면서부터는 자식임에도 깍듯이 존대하며 두 형제 모두 좋은 신부가 되기를 소망했다. 그리고 "신부가 되면 가정을 떠나라. 집안을 생각지 마라. 오로지 교회와 천주님께 헌신하라."고 당부했다.

그 시절 규현은 부모님과 성당 품에서 자라면서 자연스럽게 사제의 꿈을 키우고 있었다. 규현이 생각하기를 신부는 하느님께서 특별히 사랑하시는 분이었다. 그처럼 자신도 하느님의 사랑받는 신부가 되고 싶었다. 미사 때 복사 로 활동하기도 했지만, 미사가 없을 때에도 곧잘 성당에서 신부님과 함께 지내곤 했다. 집보다 성당에서 보내는 시간이 더 많았다. 신부님들 눈에는 그런 어린 규현이 특별히 사랑스럽고 기특했을 것이다. 그리고 그때의 신부님들이 훗날 규현을 사제의 길로 이끌었을 것임은 당연하다.

미사, 성체 강복식, 혼인성사, 성체성사 등을 거행할 때 집전하는 사제를 도와 의식이 원활하게 진행될 수 있도록 보조하는 사람.

학창 시절

신학교 시절

규현은 늦은 출생신고 때문에 동생 뻘되는 아이들과 학교를 다녔다. 그래서 그는 또래들 속에서 언제나 형이었다. 실제 나이 70이 되어 은퇴를 하게 되었을 때 동기들이 그 사실을 알고 깜짝 놀랐다고 한다. 나이를 내세워 대접을 받을 생각을 하지 않았던 까닭에 굳이 나이를 드러내며 살지 않았던 것이다. 나이 어린 동생들이 친구처럼 반말을 하는 것도 기분 나빠하지 않았다.

어린 시절, 두 형들은 규현에게 우상이었다. 그래서 형들을 항상 따라다녔고, 형이 하는 것은 자기도 하려고 했다. 물론 부모님의 바람이기도 하였지만, 둘째 형 정현을 따라 자연스레 서울 성신중학교에 입학하였다. 그 당시 장남은 집안의 대를 잇고 가정을 책임져야 한다는 생각이 일반적이어서 큰형은 신학교에 보내지 않았다. 교회 안에서 나고 자란 셋째 아들 규현은 초등학교 졸업 후 당연하게 서울에 있는 6

년제 소신학교 로 진학하였다.

서울 혜화동 낙산 언덕에 위치한 소신학교는 가톨릭 인간상을 계발하고 예비 사제를 육성하기 위한 학교였다. 소신학교 학생들은 전원 기숙사에서 공동생활을 하였다.

소신학교 시절 어느 추석날이었다. 모두 명절을 맞아 집에 다녀올 수 있었다. 그러나 지방에서 서울로 유학 온 가난한 처지의 학생들은 명절이지만 집에 갈 차비가 없어서 학교에서 지내야 했다. 비슷한 처지의 친구들과 학교에서 놀다가 학교 뒤쪽 밤나무가 많은 곳으로 밤을 따러 갔다. 물론 밤을 따 먹는 일은 금지되어 있었다. 그러나 배도 고프고 마음도 허전한 날, 그것이 대수겠는가? 문제는 누가 나무에 오를 것인가였다. 당연하다는 듯이 모두 규현을 쳐다보았다. 규현도 당연하다는 듯이 나무에 올라 밤을 털었다. 한참을 털다가 문득 내려다보니 같이 있었던 친구들이 아무도 없었다. 아차 싶었지만 이미 늦었다. 멀리서 교장 신부가 기르는 개와 함께 지팡이를 들고 나타났다. "문규현이! 이리 내려오시지." 내려오자마자 지팡이로 몇 대 맞았다. 점심은 식당 한가운데 교장 신부 옆에 무릎 꿇고 앉아서 먹었다.

교장 신부는 누구랑 밤을 땄느냐고 캐물었지만 끝내 발설하지 않았다. 그 덕에 날이 저물도록 학교 양어장 물을 퍼야 했다. 해가 지고 집에 갔던 아이들이 돌아오고나서야 밤을 턴 것에 대한 벌이 끝났다. 벌 받느라 정신없다 보니 주머니 속에 불룩하게 있는 밤이 그제야 생각났다. 그날 밤에 친구들이랑 같이 양초를 훔쳐 구워 먹었다. 밤은 무

성신중고등학교. 현재 동성중학교 자리. 1983년 폐교

●소신학교 졸업식. 앞줄 오른쪽 두 번째

척 달고 맛있었다.

  훗날, 엄격했던 그 교장 신부가 본당 신부로 사목할 때, 함께 식사를
할 기회가 있었다. 그때 옛날 밤나무 사건이 생각나서, "우리를 때리시
던 지팡이는 어떻게 하셨는지요?" 짓궂게 여쭈면서 교장 신부에게 풀
어야 할 마음속 숙제를 마무리지었다.

  서울에서 소신학교를 졸업한 규현은 그해 1967년 광주 대건신학대
학에 입학한다. 광주의 대건신학교가 1965년 1월 13일 대건신학대학
으로 설립 변경이 인가되었다. 한국 천주교 주교회의의 지역 안배에
따라 광주관구, 대구관구 소속 신학생들과 예수회, 살레시오회, 프란
치스코회, 예수고난회 소속 신학생들은 광주 대건신학대학에서 공부

하게 되어 있었다. 그래서 규현은 형 정현과는 달리, 서울이 아닌 광주 대건신학대학으로 입학하였다.

그즈음 고향 황등성당에서는 규현이 사제가 되도록 꿈을 키워주었던 김후상(바오로) 신부가 1967년 6월에 은퇴하였다. 김후상 신부는 두 형제에게 특별하였다. 문정현 신부는 '김후상 신부님은 내가 지금까지도 영정을 모시고 있는 존경스러운 분'이라고 회상한다. 김후상 신부는 기도 생활에 빈틈이 없고 몸소 노동을 실천하는 분이어서 누가 봐도 성인과 같은 훌륭한 사제였다고 한다.

3천 평쯤 되는 황등성당의 텃밭을 일궈 손수 농사를 지었으며, 또 병자들과 가난한 이들에게 연민이 깊어 늘 기도할 대상을 찾아내어 도움을 주었다. 한국전쟁 때도 잠시 피신을 했다가 다시 성당으로 돌아와서 전쟁 기간 내내 미사를 봉헌했다. 인민군 점령 중에 미사를 드린다는 것은 순교를 각오한 행동이었다. 그런데도 김후상 신부는 거의 매일 미사를 드렸다. 신부는 양들을 버리고는 목자일 수 없으며 미사를 드리다 죽으면 그보다 더 큰 행복은 없다는 일념이었다고 한다.

문정현 신부는 '동생 문규현도 60년대 중반 김 신부님 밑에서 신학교 생활을 시작했다. 김 신부님은 나중에 내가 시국사건에 연루돼 구속되거나 연행될 때마다 기도를 해주었고 찾아뵐 때마다 눈물을 흘리며 맞아주었다. 본인이 특별히 사회참여 활동을 한 것은 아니지만 교회의 역사성을 중요하게 생각한 분이었기 때문에 나의 행동을 순교와 연결지어 이해하고 격려해 주었다.'고 기억한다. 말년에 두 형제 신부는 번갈아 김후상 신부의 병상을 돌보며 임종을 지켰다고 한다. 전주교구에서 시국 미사를 드릴 때면 백발의 노신부가 지팡이를 짚고 성당으로 오던 모습이 지금도 선하다고 말하는 문정현 신부는, 김후상 신부를 그리워하며 그와 닮은 꼴로 늙어 가고 있다.

어쩔 수 없이 군대로

신학생은 방학이 되면 자신이 소속된 본당신부 밑에서 생활하며 지내다가 개학할 때 본당신부의 의견서를 신학교에 제출해야 한다. 그러니 방학도 신학교 못지않게 엄격한 규율 속에서 보내야 한다. 규현도 신학대학을 다니다가 방학이 되면 고향에 내려와 성당에서 신학생으로서 본당신부를 도우며 여러 가지를 배우는 한편, 집안에서는 부모님을 도와야 했다. 또 학기 중에 부모님께 손을 벌리지 않기 위해 용돈도 벌어야 했다.

황등성당에는 김후상 신부 뒤를 이어서 서정수(알렉스) 신부가 부임하였다. 새로 부임한 신부는 규현이 성당에 전념하지 않고 시간과 열정을 다하지 않는 것이 못마땅했다. 앞으로 사제가 될 사람이니까 규현이 하느님의 일에 좀 더 열심이기를 바랐던 것이었으리라.

그러던 중에 기어이 일이 생기고 말았다. 대신학교 2학년 여름 방학 때였는데, 늦잠을 자서 새벽 미사를 알리는 종을 치지 못했다. 시계가 흔하지 않은 그 시절, 미사 시간을 알리는 성당의 종소리는 중요했다. 그날따라 본당신부도 늦잠을 잤고, 결국 새벽 미사 종은 울리지 않았다. 그런 일이 있고 얼마 후, 하루는 본당신부가 규현에게 미사에 참례하지 말고 부모님을 모셔 오라고 했다.

"바오로는 신부가 되기 쉽지 않겠으니 이쯤해서 학교를 정리하는 게 좋겠다."

청천벽력과 같은 말이었다. 본당신부는 규현이 사제가 될 자격이 없다고 생각한 것이다. 본당신부 의견서는 사제가 되는 과정에서 매우 중요하다. 그런데 그 중요한 의견서를 작성해 줄 본당신부는 규현이 사제가 되어서는 안 된다고 생각한 것이다. 그 말이 떨어지자마자 순간적으로 규현은 아버지부터 보았다. 창백해지는 아버지 얼굴을 보는 순간 아무 생각도 들지 않았다. 망설일 여지가 없었다. 일단 시간을 벌어야 했다. 자기 성질대로 할 수가 없었다. 본당신부 앞에 무릎을 꿇었다.

"저에게 시간을 좀 주십시오. 군대에 다녀오겠습니다."

오래 신앙을 지켜온 가족들의 삶을 생각하고, 자신이 그날까지 믿어온 세계를 생각하니 도무지 신학교를 떠날 수가 없었다. 그래서 급한 대로 시간을 벌어야 했다. 천천히 방도를 생각해 볼 심산이었다.

규현은 어린 날부터 사제 되는 것 외에는 다른 일을 생각해 본 적이 없었다. 조금도 그 길을 의심하지 않았다. 사제가 되지 못하면 구원은 없다고 믿었다. 규현에게 신학교는 예수님 그 자체였다. 학교에서 내침을 당하는 건 죽는 것보다도 무서운, 영원히 지옥으로 떨어지는 절망이었다. 사제가 되는 것, 그것이 규현의 존재 이유였다. 교회를 벗어난 삶은 상상 속에서도 없었다. 또한 신앙이 돈독하셨던 부모님 역시도 규현이 사제가 되는 것은 당연한 일이었다. 아버지와 어머니의 믿음과 헌신, 그리고 아들이 사제가 되도록 기도하고 애쓴 그분들의 바람을 외면할 수가 없었다. 삼 남매를 성직자와 수도자로 보내면서 그 모든 것을 오롯이 영광으로 받아들이신 분들이었다.

당시 본당 사목회장이었던 규현의 아버지는 수고비 한 푼 받지 않고 본당신부의 닭을 대신 키웠다. 3천여 마리나 되는 닭을 치는 일은 만만한 일이 아니었다. 가족 생계를 꾸려가는 한편으로 틈틈이 시간을 내어 닭을 길렀다. 물론 그것은 고스란히 성당의 것이었고 본당신부의 것이었다. 아버지의 수고에 대한 대가는 없었다. 그러면서도 아들이 신부 되는 데에 걸림이 될까 봐 어려움을 한 마디도 드러내지 않았다.

그런데도 본당신부는 그런 것들에 대해 전혀 고마워하지 않는 것 같았다. 신자들의 헌신과 희생을 당연하게 여기는 본당신부의 태도에 규현은 얼마간 불만이 있었다. 이 불만이 은연중에 드러났는지도 모른다. 평소 규현이 생각했던 사제의 모습과 본당신부의 모습이 사뭇 달랐기 때문이었다.

아무리 그렇다고 해도 그것이 한 사람의 운명을 좌우할 만큼의 사안은 아니라고 생각했지만 어쩔 수 없었다. 군대에 가서 시간을 벌어야 했다. 규현은 그렇게 군대에 지원했다. 나름으로는 군대 3년을 마칠 때쯤에는 본당신부의 생각이 바뀌거나 혹은 본당신부가 바뀌기를 기대하였다. 다만 본당신부는 왜 자신이 신부가 되면 안 된다고 생각하는지가 무척 궁금했다.

3

카투사(KATUSA)에서
만난 미국

주한미군

한국전쟁이 휴전으로 일단락되고도 미군은 공산주의 확산을 막아야 한다는 명분으로 한반도의 남쪽에 자리를 잡았다. 그렇게 남은 병력이 주한미군이다. 주한미군은 한국전쟁 이래로 공산권 세력으로부터 자유 진영을 보호한다는 명분 아래 한반도에 주둔하고 있다. 그러나 북한의 위협으로부터 대한민국을 방어하는 방위군의 성격을 벗어난 지 오래다. 현재 주한미군의 가장 중요한 주둔 목적은 중국을 견제하고, 동북아에서 미국의 정치 경제 군사적 이익을 보호하는 것이다.

주한미군이 한국에 주둔하면서 특히 문제가 되고 있는 것은 불평등한 협정 때문이다. 과거 한국 정부와 맺어진 소파(SOFA)협정 22조 5항에는 주한미군이 국내에서 살인, 강간 등 중대 범죄를 저질러도 현

주한미군지위협정을 약칭 한미 SOFA라고 부른다. 미국 군대의 주둔에 필요한 시설과 구역의 제공, 반환, 경비 및 유지를 주 내용으로 한다.

장 체포가 아니면 구속수사를 하지 못하도록 규정되어 있어 주한미군의 범죄와 일탈이 끊임없이 발생하고 있었다. 규현은 이런 주한미군을 돕는 부대인 카투사*에서 군대 생활을 하게 된다.

훗날 규현은 미국의 파렴치한 행동을 그냥 넘기지 못하는데, 카투사 경험이 많이 작용한 것으로 보인다. 그는 제주 강정항 해군기지, 군산 미군 부대, 효순이 미선이 사건, 매향리 포격장, 평택 미군기지 확장, 불평등한 소파협정, 성주 소성리 사드 배치 등등 미국이 관련된 사건에 적극적으로 나서게 된다.

카투사 생활을 통해 규현은 미국의 두 얼굴을 일찍이 보았는지도 모른다. 그래서 그런지 규현은 미국을 벗어나 민족 자주의 힘으로 한반도 평화를 일구어 나가자는 생각을 자주 표현하곤 했다. 주한미군은 한반도를 위해서가 아니라 미국의 동북아 패권을 유지하는 보호막으로, 곧 동북아 지역군의 위상을 가지고 주둔하고 있다는 것이다. 그러므로 한미 동맹이라는 미명 하에 한반도 분단 고착화를 기도하려는 미국의 속셈을 막아야 한다고 그는 생각했다.

군대생활

1968년 9월 규현은 보병 35사단 신병교육대로 입대했다. 생긴 지 얼마 안 된 부대라서 훈련보다도 사역이 더 힘들었다고 기억한다. 휴일

*KATUSA(Korean Argumentation to the United States Army). 카투사는 주한 미8군에 파견된 한국 육군(한국군지원단 소속)으로 한미 연합 관련된 임무를 수행하는 부대이다.

●군대 시절

이면 운동 시합이 벌어지곤 했는데, 규현은 여러 구기 종목에 능한 편이어서 그날만은 즐겁게 보낼 수 있었다. 그런데 훈련소 기간병들은 규현이 신학생이라고 하니 스님과 권투 시합을 시키기도 했다. 그들로서는 내기를 걸며 즐길 수 있는 심심풀이 이상도 이하도 아니었다. 신학생과 스님은 그들의 부추김에 말려들지 않도록 애를 썼다. 요리조리 핑계를 대며 그 상황을 비켜나갔다.

당시는 한국군의 베트남 파병 이 많았다. 규현도 내심 베트남 파병 부대에 지원할까 생각하고 있었다. 고향 친구들이나 신학교 동기들 중에서도 베트남에 간 사람이 더러 있었다. 그러나 그 마음을 눈치챈 형님이 반대했다. 결국은 전혀 생각지 않았던 카투사로 차출되어 미군 부대에 배속되었다. 다니던 신학교에서 미국인 교수들과 소통 경험이

한국은 1964년 9월 11일부터 1973년 3월 23일까지 대한민국 군인들을 베트남에 파병하여 베트남 전쟁에 참전한다. 이 파병은 한국 정부의 제안과 미국, 베트남 정부의 요청에 따라 이루어진 대한민국 최초의 국군 해외 파병이었다.

많아서 그에게 언어로 인한 어려움은 없었다. 규현은 미 1군단 포사령부 군종 사병으로 군생활을 시작하였다.

그 당시 미군들 대부분은 한국인과 한국 군인을 무시했다. 가난한 한국을 존중하는 미군은 그리 많지 않았다. 그 가운데 유독 한국인을 얕보는 미군 하사 한 명이 있었다. 규현은 그와 마주칠 때마다 자연히 그를 견제했고, 말다툼도 가끔 벌였다. 그럴 때마다 한국군 파견 대장은 오히려 규현에게 주의를 주었다.

그러던 어느 날이었다. 그 미군 하사가 업무 연락 차 사목실에 들렀는데, 그날따라 그가 심한 욕설을 섞어가며 한국인을 야만시하는 말들을 내뱉었다. 그가 상급자였지만 규현은 참을 수 없었다. 규현도 쌍욕을 내뱉으며 온 힘을 다해 그를 향하여 돌진했다. 덩치가 자기보다 두 배쯤 큰 그를 쓰러뜨리기 위해 모든 힘을 쥐어짜 밀어붙였다. 캐비닛이 넘어지면서 서류들이 쏟아지고 그 옆의 작은 창문까지 깨졌다. 순식간에 사무실이 아수라장이 되어버렸다. 여러 사람들이 쫓아나와 말리며 무슨 일이냐고 물었다.

하극상, 군대에서는 아주 심각한 군법 위반 행위였다. 그럼에도 불구하고 규현으로서는 언젠가 반드시 짚고 넘어가야 할 문제였다. 몸으로 부딪치지 않고서는 해결할 수 없을 것 같았다. 이 사건은 군 내부에서도 예민한 문제여서 큰 사건으로 비화할 뻔하였다. 그러나 결정적인 순간에 미군 선임 상사가 나서서 그 하사를 나무라며, "네가 오죽했으면 저 순한 한국 사병이 그랬겠냐?"고 규현의 편을 들어줘서 우여곡절 끝에 넘어갈 수 있었다.

김신조 사건*이 터졌을 때는 막 제대한 군인들을 다시 소집하여 복무하게 한 적이 있었다. 연장 복무하게 된 선배들은 그 억울함을 후배들을 괴롭히는 것으로 풀었다. 고참들에게 기합받는 것은 이루 말할수 없는 고통이었다. 카투사는 특별한 부대라 편했을 거라고들 생각하지만 군대는 어디가 됐든 생활하기 어려운 집단이었다.

　그러던 중에 규현이 소속된 부대의 임무가 한국군으로 이관되었다. 그러자 군 사목을 담당하던 대령 신부가 새 임지로 부임하면서 눈여겨보았던 규현을 데리고 갔다. 그곳은 용산에 있는 미 8군 군종 참모 본부였다. 그래서 군대 생활 후반기 1년 동안 미 8군 용산 기지에서 근무하게 되었다. 용산의 미 8군 기지는 서울의 한복판에 있는 호화판 미국이었다. 어찌 보면 서울은 그 위성도시에 불과했다.

　미군 부대에서의 군 생활 경험은 규현이 미국이라는 나라를 판단하는 데에 큰 영향을 미쳤다. 어린 시절, 규현 생각에는 미국이 세상에서가장 좋은 나라였다. 그러나 미국을 경험할수록, 한반도를 둘러싼 국제관계를 고려해 볼수록 결코 좋은 나라로 보이지 않았다.

　고단한 군 생활 가운데에도 규현은 야학 활동을 했다. 경기도 연천군에 있던 부대에서 근무할 때였다. 군부대가 민간인을 상대로 한 봉사의 일환이었는데, 주로 중고등학교 과정을 가르쳐 검정고시를 준비하도록 도왔다. 배움의 기회를 놓친 청소년들에게 공부의 기회를 마련

---

*1·21 사태. 1968년 1월 21일에 북한 특수부대 소속 31명이 청와대를 습격해 정부 요인을 암살할 목적으로 서울 세검정 고개까지 침투했던 사건. 북한군 29명이 사살되고, 1명은 도주하였으며, 나머지 1명인 김신조가 생포되었다. 그래서 '김신조 사건'이라고 부르기도 한다. 이 사건으로 휴가는 물론 전역 명령을 받은 병사들까지 부대로 복귀해 전역이 연기되는 사태까지 이르러 제대 말년 병사들의 불만이 컸다. 당시 군생활이 29개월에서 36개월로 늘어나는 계기가 되기도 했다.

해 주는 일이었다. 훈련이 끝난 뒤 휴식 시간을 이용한 야학 활동인지라 자신의 쉬는 시간을 내어놓아야 했지만, 때로는 내무반의 수선스러움과 고참들의 횡포에서 벗어날 수 있는 핑계가 되기도 하였다.

그는 제대하고 복학한 후에도 야학 활동을 이어나갔다. 야학 활동은 그가 사제가 될 때까지 4년 동안 계속되었다. 이렇게 규현은 사람들을 가르치는 일, 청소년을 만나는 일에 의미를 두었다. 그는 수염이 허연 할아버지가 된 지금도 청소년들과 함께하는 자리라면 언제나 함께하며 즐거워한다.

4

이사
그리고 신학생

아버지의 뜻

규현은 그렇게 3년간 군 복무를 마치고 제대를 한다. 같이 제대한 군대 친구가 함께 미국으로 가자고 제안했다. 그때는 잠시일망정 어떻게 해야 할지 고민을 하기도 했다. 하지만 부모님의 기대와 자신의 신념을 저버릴 수 없었다. 그는 다시 신학교로 돌아왔다. 1971학년도 2학기에 맞추어 복학을 했다.

그러나 제대 후에도 본당의 상황은 달라지지 않았다. 사제 되기를 포기하라고 했던 신부님은 여전히 황등성당에 계셨고, 갈등이 해소될 가능성도 없었다. 규현은 '나에게는 하느님의 부르심에 대한 성소가 없나 보다.'하고 자포자기하는 심정에 빠져들었다. 사제 자격의 결정권을 가진 본당신부의 반대는 사제 임용 여부에 결정적인 요인이 되기 때문이었다.

"우리 전주로 이사하지."

"어떻게 먹고 살게요? 다 정리해야 겨우 한 칸 방 얻을 돈밖에 안 될 텐데요?"

"산 입에 거미줄 칠까? 바오로를 위해서 이사해야겠어"

"그건 그렇지만……."

규현은 그날 밤 부모님의 대화를 생생하게 기억한다. 이불 속에서 혼자 많은 생각을 했다. 사제의 길을 포기하지 않는 게 효도이고 자신의 갈 길이라고 굳게 믿었다. 전주교구 성소자 모임지 '빛바라기' 한 돌 특집호에 그 심정이 잘 드러나 있다.

> 당시 나는 사제 생활관의 문제로 본당신부님과 심한 어려움이 있을 때였습니다. 그 어려움이 무엇이었든 간에 저의 부모님은 나의 사제의 길을 위해 어려운 결단을 하시고 그해 전주로 이사했습니다. 먹고 살 대책이나 보장조차도 없이 생활 근거가 없는 곳으로 전세 한 칸 얻을 돈밖에 가진 것 없이 내린 결단. 그 결단은 당시의 나에게 충격적인 교훈이었고 사제 생활을 하는 오늘에도 큰 교훈이며 오늘의 나의 생활을 사로잡고 있습니다.

이대로 황등성당에 적을 두고 있으면 신학교를 그만두어야 할 상황, 규현이 자신의 성소에 대해 깊은 고민에 빠지자 결국 부모님이 결단을 내린 것이었다. 비록 낯선 타지로 이사를 하게 되면 먹고살기가 막막할지라도 규현을 위해 성당을 옮겨 볼 생각을 하신 것이다. 부모님은 먹고사는 문제보다 아들의 앞날이 더 중요했다.

3백 평 남짓의 시골 전답을 팔아 전주에 방 두 칸짜리 집을 얻어 이사를 했다. 연고가 없기는 하지만, 그래도 사람들이 많으니 뭐라도 해서 먹고살지는 않겠나 싶어 전주로 이사를 결정한 것이었다. 1972년, 부모님의 결정으로 고향을 떠나 전주 중앙성당에 교적을 두게 되었다. 부모님은 자식을 위해 어쩔 수 없는 선택을 한 것이었다.

이사를 한 직후에는 경제적 문제로 어려움이 많았다. 그래서 한동안은 어린 동생이 소녀 가장처럼 가족의 생계를 책임져야 했다. 직장을 다니던 여동생이 받은 월급으로 생활을 꾸려나갔다. 그저 근근이 먹고 사는 정도였다. 규현은 지금도 그 시절을 생각하면서 동생에게 고마워하고 미안해한다. 어쨌든 전주로 이사한 후 규현은 사제가 되는 길을 계속 걸어갈 수 있었다.

훗날 규현은 그 본당신부의 임종을 지키게 된다. 규현이 사제가 되는 길에 가장 큰 난관이었던 그분의 임종을 지킨 것은 참으로 신비가 아닐 수 없다. 그들은 그렇게 화해를 했다.

신학생

신학생들은 방학이면 자신의 본당으로 돌아온다. 그곳에서 본당신부의 지도를 받아 사제의 삶을 익힌다. 당시 고산성당에서 사목하던 이재후(토마스) 신부는 방학이면 신학생들과 함께 공소 활성화 사업을 전개하였다. 상주하는 사제가 없는 공소 신자들에게 장차 사제가 될 신학생들의 방문은 매우 환영할 일이었다. 신학생들도 공소의 상황, 농촌의 실정을 몸으로 익히고 살필 수 있는 기회였다. 공소 활성화 사업에 자주 참여했던 규현은 그곳에서 어떤 사제로 살아야 하는지를 몸으로 배웠다.

　규현이 신학생이었던 1972년 10월, 유신헌법이 선포되었다. 이름만 그럴듯하게 한국적 민주주의로 포장한 박정희 1인 독재를 위한 헌법이었다. 종신 집권을 꿈꾸던 박정희는 11월 국민투표로 확정된 유신헌법에 근거하여 대통령 직선제를 폐지한다. 어처구니없게도 대의기관인 국회에 대통령이 독단적으로 임명한 국회의원이 1/3을 차지하게 된다. 이에 유신 독재를 저지하기 위한 저항이 대학교를 중심으로 번져나갔고, 1973년 11월 18일에는 광주 대건신학대학 학생들도 사회정의를 요구하면서 164명의 신학생 전원이 삭발하며 맞선다. 이를 계기로 규현은 사회운동에 눈뜨게 된다.

　이는 현실 문제에 대해 신학교에서 일어난 최초의 저항이었다. 학교는 곧바로 휴교령을 내렸다. 휴교령으로 현장체험 과정을 보내게 되었는데 규현은 이때 사회의식을 더욱 고양할 수 있었다. 당시 자고 나면 민주인사들이 줄줄이 구금되는 상황이었지만 신학생이라 반독재 투쟁에 적극적으로 나설 수 없었다. 그때의 고통스러웠던 심정을 훗날 아일랜드에서 있었던 '정의와 신앙(Justice & Faith)' 워크숍 때 제출한 보고서 '내 삶의 역사(My Life in History)'에서 다음과 같이 밝히고 있다.

　인생의 위기였다. 나는 신학생일 때 사회에 직면하기 시작하면서 의문을 품게 되었다. 이때 우리나라는 군대가 권력을 잡았다. 나는 독재, 억압, 경제적 독점화, 비인간화, 사회적 불의, 정부 관료의 부패를 보았다. 감옥에는 이른바 정치범들이 많았다.

　대부분의 청년, 노동자, 학생은 독재에 반대하였다. 그들은 감옥에

갈 각오로 활동했다. 나는 학생의 한 사람으로서 마음속으로 갈등했다. 정말로 나는 그들과 같은 삶을 살고 싶었다. 하지만 내가 다니던 신학교에서는 사회참여 활동이 허용되지 않아서 참여할 수 없었다. 나는 가르침과 실천 사이의 모순을 발견했다. 나는 고통 속에서 신학교를 떠나기로 마음먹을 뻔했다.

1974년에는 민청학련 사건 관련으로 지학순 주교가 구속되었다. 유신헌법에 반대하는 모든 활동을 금지하는 법 위의 법, '긴급조치'가 1974년 이후 수시로 발령돼 9호까지 이르게 되었다. 재판도 일반 법원이 아닌 군법회의(군사법원)에서 이루어져 중형이 선고되곤 했다. 여기서 지학순 주교는 징역 15년을 선고받는다. 사상 초유의 일로 사제의 사회정의를 위한 활동이 법의 제재를 받은 것이다.

이를 계기로 1974년 9월 26일 '천주교정의구현전국사제단'(이후 정의구현사제단)이 결성된다. 정의 구현을 위해 전국 사제들이 들고 일어선 것이다. 정의구현사제단의 결성은 천주교가 사회 속으로 한 발 더 들어가 독재에 신음하던 사람들과 함께 민주화와 정의 구현에 앞장서게 되는 중요한 사건이었다. 광주 대건신학대학 학생회에서도 정의구현사제단 결성을 기점으로 현 시국에 대한 주교단의 분명한 자세를 촉구하는 성명서를 발표한다. 규현 또한 이 성명서에 적극적으로 동의하면서 한 발 더 깊게 현실 참여의 길로 나아간다. 그리고 그는 나중에 정의구현사제단에서 중심적인 역할을 하게 된다.

1974년 4월 박정희 정권이 전국민주청년학생총연맹 관련자들을 정부 전복기도 혐의로 구속·기소한 사건.

5 형 문정현 신부

한국 사회의 격변기였던 1976년 규현은 신학교를 졸업하고 5월 3일에 사제 서품을 받는다. 형 문정현 신부는 동생이 사제가 되기까지 별 힘이 되지 못한 것에 대해 많이 미안해했다. 졸업식도 사제 서품 후 첫 미사에도 함께 하지 못한 것에 대해서는 지금까지도 아쉬워하고 있다.

문정현 신부의 기억 속에 규현은 늘 어리기만 한 동생이었다. 실제로는 여섯 살 나이 차이지만 규현의 호적이 잘못되어 거의 십 년 차이가 나게 학교를 다녔다. 형 문정현은 익산에서 중학교 과정을 마치고 고등학교를 서울 신학교로 진학하는 바람에 일찍부터 헤어져 지냈다. 그리고 규현이 성신중학교에 입학할 무렵에는 그는 이미 서울대신학교 학생이어서 얼굴 보기도 어려웠다. 이런 상황이니 같은 사제의 길을 걷는 형이면서도 동생을 제대로 돌보아주지 못한 것이다.

특히 규현이 본당신부와의 갈등으로 힘들어 할 때에도 짐작은 했으나 도움을 줄 수가 없었다. 그도 그럴 것이 문정현 신부는 이미 1966년에 사제 서품을 받고 전동성당 보좌신부를 거쳐 순창성당에서 사목 을 하다가 1968년에 필리핀으로 유학을 떠났다. 1972년 귀국하여 교구 학교인 해성중고등학교 종교감으로 부임하였으니, 규현이 입대를 결 정할 때에도, 집안이 전주로 이사를 할 때에도 거의 마음을 쓸 수가 없 었다.

1975년 인혁당 사건 으로 독재 정권에 의한 사법 살인이 자행되자, 문정현 신부는 그 유족들 편에서 부당한 권력과 싸우다가 다리를 다쳐 평생 지팡이를 짚어야만 했다. 게다가 규현이 사제가 된 1976년에는 문정현 신부가 '명동사건' 으로 구속된다. 그래서 규현의 사제 서품 때 에도 그 자리에 함께하지 못하였다.

사제 서품을 받은 다음 날, 규현은 구속된 문정현 신부의 면회를 간 다. 그날 문정현 신부는 새로이 사제가 된 동생에게 첫 강복을 청하였 다. 문정현 신부가 사제의 길은 이렇게 고난의 길인데 함께 하겠느냐고, 기쁨 반 염려 반으로 동생에게 물었다. 이에 문규현 신부는 "형님은 그 렇게 외롭고 힘들어도 가야 할 길이니까 가는 거 아니에요? 나도 내 가 야 할 길이라면 내가 잘 알아서 갈게요. 어렵고 힘든 길에 동반자 하나 생겼으니 우리 함께 갑시다."라는 말로 사제로서 자신이 가야 할 길을 다시 확인하였다.

천주교, 성공회 등의 종교에서, 사제가 신도를 통솔 지도하여 구원의 길로 이끄는 일.

인민혁명당 사건. 박정희 정권 시절의 대표적인 공안 사건. 반독재 민주화 운동 세력을 반국가단체로 몰 아 다수의 민주계 인사를 검거, 수배해 징역을 선고하거나 사형을 집행한 사건.

1976년 3월 1일에 명동성당에서 개최된 시국 집회로, 3·1민주구국선언사건 또는 명동사건으로 알려져 있다. 윤보선, 김대중, 문익환, 김승훈, 함석헌, 함세웅, 안병무 등 각계 지도층 인사들이 선언문을 발표하 고 긴급조치 철폐, 민주인사 석방, 언론·출판·집회의 자유, 의회정치 회복, 대통령직선제, 사법권의 독립 등 을 요구했다.

문정현 문규현 신부

1989년 임수경(수산나)의 방북 문제가 터지자 정의구현사제단에서 임수경을 데려오기로 결의하고, 누구를 보낼 것인가 고민하고 있을 때, 문정현 신부는 어느 사석에서 당시 미국에서 공부 중이던 문규현 신부가 가면 되겠다고 말했다고 한다. 그리고 마치 그 소리를 전해 들은 듯이 정의구현사제단 상임회의에서는 문규현 신부를 파견하기로 결정한다.

문 신부를 이런 고난의 길로 인도하고 가장 오랜 동지가 되어준 사람은 형 문정현 신부다. 그가 온몸을 내던지며 뭇 생명을 살리려했던 삼보일배의 길이나 오체투지의 길에는 형 문정현 신부가 같이 있었다. 제주도 강정마을에 해군기지가 들어오는 것을 죽음을 무릅쓰고 막으려는 형 문정현 신부의 옆에는 동생 문규현 신부가 있었다. 둘은 서로의 힘이었다.

정의와 평화의 길을 걷는 형 문정현 신부를 그는 항상 존경하였다. 그는 항상 형님 신부에게 앞자리를 내주며 공손하게 대한다. 물론 보통 형제들처럼 형님이 이런저런 잔소리를 하면 "내 나이도 팔십인데." 하며 투덜거리기도 한다. 형제는 자조적이면서도 자긍심 넘치는 농담을 즐거이 던진다. "미국에 유명한 라이트 형제가 있다면, 한국에는 유명한 레프트 형제가 있다."고.

사제들은
자기 신자들에게
확고한 희망을 북돋아 주어,
하느님께 받는 그 위로로
온갖 환난을 겪는 사람들을
위로할 수 있다.

—

제2차 바티칸 공의회 문헌,
사제의 생활과 교역에 관한 교령
제3장 13항

우리 역사는 지금 어느 길을 가고 있습니까.
우리 각자는 지금 어느 길을 가고 있습니까.
우리 영혼은 지금 어느 길을 가고 있습니까.

– 문규현, '순례의 삶 : 길과 나' 중에서

1975년에 들어서자 박정희 정권은 더욱 노골적으로 교회의 사회참여를 핍박해갔다. 경찰은 그리스도인들이 집회를 열지 못하도록 조치하고, 주동 인물은 격리하며, 성직자들을 순화시키라는 긴급 지시를 관할 경찰서에 내린다. 정의구현사제단 신부들도 밀착 감시 대상이 되고 임의로 연행당하기 일쑤였다. 이는 종교 탄압이었다. 그러자 국내외에서 박정희 독재 정권에 대한 항의가 빗발쳤다. 탄압할수록 더 저항이 강해지자 정권은 이에 대한 유화책으로, 구속된 지학순 주교를 비롯한 일부 양심수를 석방하기도 했다.

제3공화국의 독재가 점점 극에 달했던 1979년 3월 1일 정의구현사제단은 그간의 체험과 실천을 총괄하고 유신 체제 철폐를 촉구하는 선언문을 발표했다. 정의구현사제단은 '민주, 민족, 민생의 민중 복음을 선포한다'는 제목의 선언문에서 '우리는 가난한 사람들과 억압받는 사람들, 착취당하고 있는 사람들, 노동자와 농민과 도시 빈민의 인간다운 삶을 실현케 하는 것이 우리에게 주어진 사명임을 믿는다. 우리는 그들의 생존권과 권익 옹호 운동이 복음을 실천하는 것이며, 그리스도의 복음이 민생의 복음임을 선포한다.'고 거듭 밝혔다.

"…… 여러분에게 맡겨진 백성을 위하여 우리와 함께 하느님의 자비를 끊임없이 간구하겠습니까?"

"예, 간구하겠습니다."

"…… 여러분도 자신을 인류 구원을 위하여 하느님께 봉헌하겠습니까?"

"예, 하느님의 도우심으로 봉헌하겠습니다."

문규현 신부는 천주교 전주교구 전동성당 보좌신부로 사제 생활을 시작한다. 그런 틈틈이 명동사건으로 수감 중인 형 문정현 신부의 재판에 다녔다. 그는 문정현 신부를 비롯한 정의구현사제단의 수난을 보면서 사회의 변화가 어렵다는 것을 절감했다. 그럼에도 마침내 변화는 온다는 확신으로 주저하지 않고 정의구현사제단과 함께하기로 한다. 서품 때의 대답처럼 자신을 이 땅의 정의와 평화를 위해 하느님께 기꺼이 봉헌할 것을 다짐한다.

문 신부는 전동성당 보좌신부 3개월 만에 고산성당의 주임신부로 옮기게 되었다. 그 당시 전주 교구장이었던 김재덕(아우구스티노) 주교의 배려였다. 김재덕 주교는 대표적인 사회참여파 주교였다. 김재덕 주교는 1979년 9월 10일 서울 성신신학대학 교정에서 열렸던 전국 성체 대회 강론을 통해 '현 정권의 직무집행 정지 가처분 신청'을 주장하였다. 이는 주교의 강론으로는 가장 강경한 것이었고 박정희 독재 정권은 김재덕 주교의 구속을 구체적으로 검토하기까지 했다. 김재덕 주교는 문 신부 형제뿐만 아니라 많은 신부들에게 큰 영향을 주었다.

● 사제 서품식

2

고산성당, 농민 사제

신명 나는 고산성당

문 신부가 부임한 고산성당은 신학생 시절부터 전임 이재후 신부의 요청으로 공소 활성화를 위해 여러 번 방문한 곳이었다. 그때 이미 농촌의 어려움을 몸으로 느끼고 있었다. 고산성당은 사목 구역 내에 공소가 26개나 되는 매우 열악한 곳이었다.

고산성당에 부임하자마자 그가 먼저 하고자 한 것은 성당의 민주적 운영이었다. 교회는 성직자가 아니라 평신도 중심으로 운영되어야 한다고 생각했다. 그래서 무엇보다도 평신도들이 중심이 된 사목회의 활성화가 필요했다. 이를 위해 정기적으로 사목회를 운영하는 것부터 시작하였다. 한 달에 한 번 열리던 평신도 사목회의를 1주일에 한 번씩 열어 모든 성당의 운영을 사목회가 관장하도록 하였다. 사목회장도, 전 신자들이 입후보자 없이 투표용지에 고산성당 신자 중에서 가장 적임자를 써내는 방식으로 선출했다. 제2차 바티칸 공의회 정신에 따라 평신도 중심의 사목을 그 지향점으로 삼았다.

고산성당에서 사목하는 동안 문 신부는 이런저런 새로운 일들을 많이 추진했다. 오직 신자들의 신앙과 삶에 보탬이 되고자 함이었다. 혼인 갱신식도 그 가운데 하나였다. '가정은 더욱 풍요로운 인간성을 기르는 한 학교이다. 충만한 가정생활을 이루고 그 사명을 다할 수 있으려면 다정한 마음의 친교와 부부의 화합 그리고 자녀 교육에 대한 부모의 성실한 협력이 요구된다.'는 제2차 바티칸 공의회의 가르침을 기억하였다. 복음은 가정에서부터 시작되어야 한다는 것이 문 신부의 생각이었다. 사실 그가 성소의 꿈을 키웠던 곳도 가정이었던 것을 생각하면 당연한 일이었다. 그래서인지 문 신부는 가정의 성화와 부부의 사랑을 무척 중시했다. 결혼한 지 수십 년 지난 할아버지 할머니부터 젊은 부부까지 전부 혼인 갱신식을 하였다.

혼인 갱신식이란 혼인성사의 의미를 새롭게 되새겨 성가정을 본받아 살아갈 것을 하느님께 청하는 예식이다. 교구 주교님이 오셔서 주례를 해주시고, 본당 신부가 주머니를 털어 반지 한 쌍과 성가정상 을 선물하는 결혼식, 생각해 보면 이보다 더 근사한 일이 있을까? 자녀들도 부모님의 혼인 갱신식을 축하하고, 산뜻한 나들이옷을 입고 기념사진까지 찍었다. 이 혼인 갱신식은 고산성당 신자들에게는 참으로 행복한 기억이다.

고산성당 신자들은 대부분 문 신부에 관해서라면 추억 한 자락씩을 갖고 있다. 문 신부와 함께 노풍피해보상 운동, 소몰이 투쟁에 참여한

가톨릭 교리에서 성가정을 상징하는 성상. 이 성상은 성모 마리아, 성 요셉, 그리고 아기 예수님으로 구성되어 있다.

고산성당 소속 차돌빼기(백석) 공소의 여든한 살 최재흥(야고보)은 그 시절의 이야기를 꺼내자 눈빛이 살아났다. "그때 참 까스를 많이 먹었제. 최루탄을 성당 마당까지 쏘아댔는디. 소몰이 투쟁 때에, 집에까지 와서 감시허고 방해허던 경찰들을 따돌리고는 마을 뒷산을 넘어 충청도 양촌 쪽으로 혀서 진안까지 갔던 그 새벽은 정말 신났제. 아쉬울 것 없는 신부님들이 엎어지고 발에 밟힘서도 목숨 걸고 농민들을 위해 싸우는 것이 전봉준 장군 같았제."

문 신부는 아픈 사람이 생기면 한밤중일지라도 깊은 골짜기일지라도 달려갔다. 그때만 해도 교통이 불편할 때여서 문 신부의 낡은 오토바이와 허름한 포니1 중고차는 고산성당 신자들의 전용차였고, 그는 전용 기사였다. 교우들은, 사람이 아프면 우선 본당 신부님이 먼저 생각났다고 입을 모은다. 환자를 싣고 병원에 데려가고 잘 치료해 주라고 신신당부하는 것을 보면 절반은 나은 것 같았단다. 농사철이 되면 함께 모내기도 하고 벼베기도 하고, 군민 체육대회 때에는 그 작은 체구로 이어달리기 선수며 축구 골키퍼로 뛰었다. 그렇게 문 신부는 고산의 식구로 버무려졌다. 그때의 모습은 1989년 '월간 말'의 기사 '농민사제 문규현 신부'에 잘 드러나 있다. 이를 보면 그가 어떤 사목을 했고 어떤 사랑을 받았는지 알 수 있다.

"우리 큰아들 낳았을 때 일이요. 그때가 여름이라 무척 찌는 날이었는디 집사람이 전주에서 애를 낳았어요. 신부님이 차를 가지고 와서 우리 식구를 고산까지 데려다 줬는디 자기는 땀을 뻘뻘 흘리면서도 창문을 못 열어놓게 하는 거라. 산모한테 바람들어가면 안 좋응게 문 열면 안 된다 그거지요. 세상에 그렇게 자상하신 분이 어디 있것소?"라고 말하는 장경암 씨는 최근까지도 자신의 아이들 영명축일이 되면 문 신부는 잊지 않고 축하전화를 해줬다고 덧붙인다. 근 10여 년간을 그렇게 해오고 있다는 것이다.

문 신부에게도 고산성당은 행복한 기억이다. 한번은 이런 일이 있었다. 비가 엄청나게 오는 밤이었는데 어머니가 곧 돌아가실 것 같다고 병자성사를 청하는 전화가 왔다. 내리는 비를 보니 좀 심란하여 내키지 않았지만 그래도 비옷을 입고 나섰다. 밤은 깊고 길은 진흙탕, 등조차 없었다. 오토바이 시동을 걸어 빗속을 뚫고 가는데, 오토바이가 빗길에 미끄러져 몇 번이나 논에 빠지곤 하였다. 천신만고 끝에 온몸이 흙탕물투성이가 된 채로 그 집에 도착했다. 그런데 뜻밖에 불도 다 꺼져 있고 고요했다. 식구들을 깨워 어찌 된 일인지 물어보니, 괜찮아지셔서 잠이 드셨다고 했다. 그냥 돌아올까 하다가 또 언제 어떻게 될지 모르는 일, 이왕 왔으니 할머니를 깨워서 병자성사를 드리고 돌아왔다. 돌아오니 새벽 미사를 드릴 시간이었다. 빗물만 닦고 새벽 미사를 마치고 나니 할머니가 돌아가셨다는 전화가 왔다.

생각해 보면 아슬아슬한 일이었다. 삶을 마무리하고 하느님께 돌아가는 마지막 여정에 성체를 모시고 떠날 수 있었으니 말이다. 돌아가신 분에게나 본당 사제에게나 무척 다행스러운 일이었다. 빗길을 핑계로 미루었더라면 어쨌을까 싶었다. 그 뒤로 문 신부는 병자성사만큼은 어떤 경우라도 절대 미루지 않는다는 원칙을 갖게 되었다.

당당한 농민 되기

현재도 그렇지만, 당시 농촌에 살며 농사를 짓는 이들의 삶은 무척 고달팠다. 문 신부는 고산성당에서 신자들과 똑같이 농민이었다. 고산 성당에 딸린 26개의 공소를 일일이 방문하여 미사를 집전하고 성사도 주는 한편, 밤을 새워 가며 마을 사람들의 애환을 들었다. 밤이 늦으면 마을에서 그냥 신자들과 어우러져 자기도 하였다. 신자들의 가정을 방문하면서 그들의 형편을 가까이에서 볼 수 있었다. 형편이 어려운 그들이 행복하고 즐거이 살도록 하기 위해서는 무엇이라도 해야 했다. 그래서 농촌의 현실에 대한 공부를 시작하였고 왜 이토록 형편이 어려운지 그 이유를 찾아 나갔다.

문제는 정부였다. 농민들을 위한 정책은 없었다. 정부의 정책에서 소외된 농민들 대부분이 빚에 허덕였다. 그래서인지 농민들의 농촌 이탈률은 매우 높았다. 이런 농촌의 현실은 정부의 수출 중심의 산업화 정책에서 기인하였다. 수출 가격경쟁력을 갖추기 위해서는 노동자들의 임금이 낮아야 했다. 낮은 임금을 유지하기 위해서는 식량 가격을 생산 원가보다 낮게 책정하여 가격을 규제하고, 값싼 수입을 통해 낮은 식량 가격을 유지해야 했다. 그 결과 농부들은 농촌에서 생계를 유지할 수 없었고, 그들은 땅을 포기하고 도시로 이주하여 일자리를 찾을 수밖에 없었다.

도시는 노동 인구가 증가했지만 막상 그들에게 좋은 일자리는 충분하지 않았다. 자연스레 낮은 임금에 열악한 환경에서라도 일해야 했다. 도시로 나간 농민들이 그 희생자가 되었다. 문 신부 생각에, 농민들이 못사는 것은 구조적으로 잘못된 경제정책 때문이었다.

문 신부는 가톨릭농민회에 고산성당 신자들을 위한 농민 교육을 요청하였다. 농민 교육이 이루어지고 농민회 분회가 생겨나면서 그들의 의식도 서서히 깨어나기 시작하였다. 그 당시 신자 대부분이 가난한 농민들로 가난을 자신들의 게으름 때문이라고 생각했다. 그런 그들의 생각이 바뀌고 어느 정도 의식 개혁이 이루어지고 있었다. 그러자 농민 스스로 자신과 공동체를 위해 해야 할 일, 자신의 과제와 해결책을 찾아가기 시작하였다. 특히 노풍피해보상 운동이 얼마간의 성과를 거두면서 농민회의 필요성을 농민 스스로 절감하였다. 6개에 불과하던 가톨릭농민회 분회는 단시간에 20여 개로 증가하였다. 고산성당 사목을 통하여 농촌 현실을 온몸으로 겪은 문 신부는 현실 문제에 더욱 적극적으로 참여하게 된다.

문 신부는 본당 사제로서 도시에서 힘겹게 살아가는 농촌 청년들도 외면할 수 없었다. 고산 지역의 젊은이들도 대부분 도시로 나가 노동자로 살아가고 있었다. 그들은 도시에 가면 노동자였고 고향에 오면 농민이었다. 문 신부에게는 농민 문제에 이어 노동 문제 역시 사목의 과제가 되었다. 도시에서든 농촌에서든 저마다 일터에서 기쁘게 일할 수 있는 권리를 찾는 일이 중요했다. 그래서 문 신부는 1년에 두어 번 고향을 찾아오는 청년들과도 관계를 이어갔다. 청년들의 고민을 들어주고 그들과 실컷 이야기 나누며 회포도 풀고 같이 울고 웃고, 그렇게 그들과 벗이 되었다. 심지어는 부모들에게 주소를 물어서 서울까지 찾아가 고산성당 출신 청년들을 만나기도 했다. 명동성당 부근에 모여, 살아가는 이야기를 듣고 신앙생활도 살피며 힘든 삶을 다독여 주기도 했다.

노풍피해보상 운동[*]

노풍은 통일벼 계통의 개량형 벼 품종이다. 식량 증산을 최우선 과제로 삼았던 유신 정권은 1978년도에 검증도 제대로 거치지 않은 이 품종을 농가에 대대적으로 보급했다. 당시 정부는 일반벼 못자리판까지 밟아가면서 노풍 볍씨를 강제로 보급하였다. 그러나 노풍 벼는 병충해에 약했고 농민들이 입은 피해는 엄청났다. 한 해 농사를 망친 농민들의 분노는 하늘을 찔렀다. 고산 지역 역시 예외가 아니었다.

이에 대한 정부 측의 보상이 제대로 이뤄지지 않자, 문 신부는 농민회 간부들과 같이 고산 인근 지역 164개 농가를 대상으로 직접 피해 상황을 조사하기 시작했다. 물론 관청의 엄청난 방해와 협박이 있었다. 조사에 응했다간 자식이 출세하는 데 지장이 있다는 둥, 보상도 못 받고 빨갱이로 몰려서 큰일난다는 둥, 그래서 농민들은 피해 내역을 정확히 밝히기를 두려워했다. 성당 주변엔 언제나 경찰이 지키고 이들의 조사 활동을 막으려 했다.

그랬음에도 불구하고 성당 신자들의 적극적인 활동으로 피해 조사를 마칠 수 있었다. 그리고는 노풍 피해보상을 위한 기도회를 열어 피해 실태 조사보고서, 성명서, 결의문 등을 발표했다. 성명서에서 '농업은 국가의 기본 산업인 동시에 농민은 생산자로서 역사의 주체이며, 국민의 실체이다. 그럼에도 농민을 무시하고 그 기본적 인격마저 짓밟

---

[*] 1978년과 1979년 사이에 발생한, 한국 농민들이 노풍 벼로 인한 피해를 보상받기 위해 전국적으로 투쟁한 운동이다. 이 사건은 정부의 강제 농정에 대한 광범위한 인식을 불러일으킨 계기이며, 농민들의 힘으로 정부에 보상을 요구하는 운동이 전개되었다. 노풍피해보상 운동은 한국 농민운동 역사에 큰 의미를 가지고 있다.

● 노풍피해 보상금

고 한갓 생산을 위한 수단과 도구로 취급하는 이러한 행정은 반역사적, 반국가적 행위다.'라고 비판하였다. 당시 유신 체제하의 관료들은 경제 성장을 위해 농민들의 희생은 안중에 도 없었고, 농민도 그 억울함을 어디에도 호소하지 못하고 유야무야 넘어가곤 하였다.

이번에는 달랐다. 많은 농민들이 참여하고 뒤를 이어 다른 지역에서도 피해보상을 위한 각종 움직임이 활발하게 일고 있었다. 결국 정부는 노풍 피해보상금으로 고산 지역에 500만 원을 내놓았다. 문 신부는 이 돈을 각 농민들이 적어낸 피해액에 따라 배분해 1원짜리까지 정확히 나누어주었다.

이 소식을 듣자, 조사에 응하지 않았던 농민들이 문 신부에게 달려와 "우리도 피해자다, 왜 보상금이 없냐?"며 항의를 하였다. 그는 자기 권리를 찾기 위해서는 용기가 필요하고, 제때에 용기를 내지 못하면 그 어떤 것도 얻을 수 없다고 잘라 말했다.

가톨릭농민회 회원 중에는 가톨릭 신자가 아닌 사람들도 꽤 있었다. 이 일이 있은 후에 가톨릭 신자가 되고자 세례를 받는 사람들이 늘어났다. 언젠가 지나가는 말로, "이제 두고 보십시오. 농민회가 잘되면

농민도 살고 우리 성당도 삽니다."라고 한 문 신부의 말이 실제 이루어
지고 있었다.

피해 보상을 받은 어떤 이는, 죽어 저 세상에 가서도 이 일은 잊을
수가 없다며, 평생 농사꾼으로서 인간 대접을 받아보기는 처음 일이라
고 기뻐했다. 억누르면 억누르는 대로 당하기만 했던 농민에서 당당히
맞서 싸우는 인간으로 다시 태어나는 것. 해방감을 맛본 농민의 인간
선언이었다.

문 신부 역시도 변하고 있었다. "나는 가난한 사람들에게 더 나은 삶
을 가져다 주는 사제로서의 나의 사명을 깨달았습니다."라는 고백처럼
자신이 있어야 할 곳에서 가야 할 길을 오롯하게 뚜벅뚜벅 가고 있었다.

아버지

성당 사제관에서 쓸 채소들을 자급자족하기 위해 문 신부는 성당 뒤
채소밭을 갈았다. 그러나 마음과는 달리 늘 바빠서 때를 놓치곤 하였
다. 그래서 전주에 거주하는 문 신부의 아버지가 고산까지 와서 밭을
가꾸어 주었다. 바쁜 아들을 위해 대신 농사를 지어준 것이다.

1978년 8월 23일, 그날도 김장용 배추를 심기 위해 아버지가 왔으나
문 신부는 바빠서 제대로 인사도 못 했다. 그 해는 고산성당 20주년으
로 성년이 된 본당을 기념하고자 여러 사업으로 분주했다. 바빠서 그
러려니 하시던 분이 그날만큼은 자식 얼굴도 볼 수 없어 서운하다고
군담을 했다 한다. 그러면서도 아버지는 8월 한여름에 밭에서 허리를

● 아버지 문범문 베드로

굽히고 일을 했다. 오후가 되자 아버지는 전주 중앙성당 시국미사에 참여하기 위해 정류장으로 향했다. 안타깝게도 아버지는 전주로 가는 버스를 기다리다가 그만 쓰러졌다. 이를 본 동네 사람들이 쓰러진 사람의 신분을 확인하기 위해 호주머니에 손을 넣어보니 묵주가 나왔다. 즉시 성당으로 연락을 했고, 본당 신부의 아버지임이 밝혀졌다. 고산 읍내 병원에서는 큰 병원으로 가야 한다고 했고, 전주 성모병원에 도착하였으나 돌아가시고 말았다.

　문 신부 생애 중 가장 가슴 아픈 일이었다. 그 아버지가 아니 계셨다면 지금의 문 신부가 있을 수 있었을까? 아버지는 신앙을 지키고자 수류로 옮겨왔고, 거기에서 아내를 만나 7남매를 낳아 기르면서 신앙을 키워왔다. 그리고 아들 둘과 딸 하나를 하느님께 봉헌하면서, 자식을 위해 살던 곳을 떠나 전주로 옮겨오기까지 하였다. 자식들이 감옥에 가고 몸이 다쳐도 의연했던 그런 분이 그렇게 허망하게 돌아가시고 말았다.

성모님께 기도를 드리기 위해 구슬을 열 개씩 구분하여, 보통 다섯 마디로 엮은 환(環)이다.

3

천주교의
사회참여

1962년부터 1965년까지 제2차 바티칸 공의회를 통해서 16개의 문헌[*]이 발표되었는데, 모두 교회 쇄신에 대한 것이었다. 급속히 변화하는 세상의 흐름에 교회가 적응하기 위해 '개방과 현대화'의 사목 의지를 내걸고 행한 혁명과도 같은 사건이었다. 교회와 인간 세상을 격리시키는 것이 아니라 세상 속의 사람들과 동행하겠다는 의지의 천명이었다. 전례 없이 개신교 및 타 종교인들까지도 초청되었던 공의회는 1965년 폐막되기까지 3년간, 교회의 지각변동을 일으킬 많은 성과를 남겼다.

먼저, 라틴어가 아닌 모국어로도 미사를 드릴 수 있게 되었다. 교회가 성전 안에만 머무는 게 아니라 세상 속으로 들어가게 된 것이다. 공동선을 위해 모두가 노력할 것도, 무신론자들과 대화할 것도, 교회가

---

[*] 2개의 교의 헌장, 2개의 사목 헌장, 9개의 교령, 3개의 선언으로 이루어져 있다.

정치 질서에 대해 윤리적 판단을 내릴 수 있다는 것도 논의되었다. 평신도 사도직의 중요성이 강조되기도 했다. 이어 1968년에는 제2차 라틴아메리카주교단총회 결과 메델린 회의 문서도 발표되어, 남미를 중심으로 이른바 해방신학이라는 진보적인 신학이 확산되고 있었다.

해방신학은 억압과 가난에 시달리는 민중들이 어디에서도 희망을 찾을 수 없을 때 '가난한 사람들을 위한 우선적 선택'을 강조한다. 구스타보 구티에레스, 엔리케 두셀, 오스카 로메로, 레오나르도 보프 등이 대표적인 학자들이다. 해방신학은, 스스로도 가난했던 예수가 가난한 자와 탄압받는 자들에게 집중했듯이, 올바른 교회라면 역사적으로 하찮게 대우받았거나 권리를 빼앗긴 자들에게 우선적인 관심을 두어야 한다고 주장하였다. 공의회가 폐막한 1965년부터 1973년까지는 공의회 문헌을 학습한 일부 선각자들이 그 정신을 교회 구성원들에게 계몽하는 시기였다. 해방신학은 이 물결과 함께 성장하였다.

한국 교회는 제2차 바티칸 공의회 이후 변하고 있었지만 아직은 초보적 단계에 머물러 있었다. 그러다가 원주교구장 지학순 주교의 구속을 계기로 달라지기 시작했다. 공의회 기본 정신과 가르침을 엄혹한 역사 현장을 통해 터득하고 실천하기 시작한 것이다.

"인간 존엄성의 뿌리가 되는 하느님 사랑은 필연적으로 다른 이들과의 사랑에 찬 친교와 형제적 참여로 이어지게 된다. 오늘날 우리에게 있어서 이 친교와 참여는 가장 먼저 억압받는 이들 편에서 정의를 실현하기 위해 일하고(루카 4,18) 해방이 가장 필요한 이들을 해방시키려고 노력하는 것이 된다."

천주교 전주교구

문규현 신부가 사제 서품받을 때쯤, 전주교구에서는 신·구교 합동으로 박정희 독재에 저항하는 '조국을 위한 목요기도회'가 계속해서 개최되고 있었다. 이 기도회 때문에 전주교구 세 명의 신부가 경찰에 연행되었다가 석방되기도 하였다. 또 교구 내에 가톨릭농민회 전북연합회가 창립되어 농민의 생존권 투쟁과 인권·민주화 운동에 나서기도 하였다. 이른바 유신 독재 시절로, 초헌법적인 대통령 긴급조치가 연속적으로 발표되어 공포정치가 사회 전반을 압박하던 시기였다.

천주교의 사회참여는 1967년 강화도에서 발생한 심도직물 사건 을 계기로 시작되었고, 전주교구의 사회운동 참여도 이때부터였다. 한국 교회의 사회운동은 교회사에서 볼 때 정교분리와 성속이원론 이 지배하던 당시의 교회 풍토에서 벗어나는 하나의 '혁명적 사건'이었다.

게다가 제2차 바티칸 공의회 문헌 중 사목헌장에, '교회가 언제나 어디에서나 참된 자유를 가지고 신앙을 선포하고, 사회에 관한 교리를

°'푸에블라 문헌' 327항. '푸에블라 문헌'은 교회의 현재와 미래의 복음화를 겨냥한 사목적 실천 지침이다.
°°1967~1968년 강화도에서 일어난 심도직물 사건은 노동자들이 열악한 환경에서 노동착취와 탄압을 겪다가 노동조합을 결성해 회사에 저항한 일이다. 사측이 가톨릭 신자인 노조원 13명을 집단 해고하자 주교단이 성명서를 발표하면서 노동자 편에 섰다. 한국 천주교 주교단 차원에서 사회적 관심을 갖고 개입한 첫 사건이었다.
°°°성속이원론은 기독교에서 영적이고 종교적인 영역과 물질적이고 비종교적인 영역을 극단적으로 분리시키는 세계관을 의미한다. 이는 종종 논란의 대상이 되곤 한다.

가르치며, 사람들 가운데에서 자기 임무를 자유로이 수행하고, 인간의 기본권과 영혼들의 구원이 요구할 때에는 정치 질서에 관한 일에 대하여도 윤리적 판단을 내리는 것은 정당하다.'고 했다.

1970년대는 사회정의 구현을 위한 투쟁의 시대라 할 수 있다. 시대적으로 영구 독재를 꿈꾸는 유신 체제와 그에 저항하는 민중의 대결은 불가피했다. 그 과정에서 인권 운동, 민권운동, 민주 회복 운동을 추구하는 여러 단체들이 조직되었다. 한국 천주교회 또한 이때부터 본격적으로 사회참여를 시작하였다.

한국 천주교회는 1974년 지학순 주교의 구속을 계기로 사회참여의 길에 적극적으로 뛰어들었다. 그해 발족한 정의구현사제단은 교회가 지속적으로 사회정의와 함께하겠다는 의지를 보여주었다. 게다가 제2차 바티칸 공의회 문헌 '현대 세계의 사목 헌장', 바오로 6세 교황의 회칙 '민족들의 발전', 남미의 해방신학, 개신교(WCC)의 하나님 선교 신학 등은 교회가 정치적인 현실 참여를 하도록 고무하였고, 대외적으로 이를 정당화하는 근거가 되었다.

전주교구는 다른 교구들보다 더 힘차게 사회참여의 발길을 내디뎠다. 1970년대 전주교구를 두고 '정치 교구'라고 할 정도로 적극적으로 활동한 것은 교구장 김재덕 주교의 영향이었다. 전주교구는 1974년 7월 23일부터 1박 2일 동안 중앙성당에서 문정현, 이수현(보나벤투라), 김봉희(세례자 요한) 신부 등 1천여 명이 참석한 가운데 '지학순 주교와 사회정의 구현을 위한 특별 미사와 철야 기도회'를 갖고, 지학순 주교 석방과 사회정의 구현을 촉구하였다. 그리고 8월 12일에는 사제

100여 명, 수도자와 평신도 1천5백여 명이 참석한 가운데 중앙성당에서 전국 기도회를 개최하였다. 또 10월 29일부터 31일까지는 가톨릭센터에서 121명의 사제와 수도자들이 참석한 가운데 '사회정의 구현 세미나'를 개최하였다.

전주교구는 1975년을 '사목 현장 교육의 해'로 정하고, 신자들에게 예언자적 사명을 깨우치는 데 온갖 노력을 기울임으로써 신자들의 사회문제에 대한 의식이 깨어나고 있었다. 문 신부는 전주교구의 이런 풍토에서 자유와 정의를 내면화하고 실천할 수 있는 용기를 키우게 되었다.

5·18 광주

전주교구는 1980년 5월 20일 긴급 상임위원회를 소집하여 광주에서 자행된 학살에 대해 논의하였다. 전주교구 정평위는 그 결과, 대표를 광주대교구에 파견하여 위문키로 하는 한편 학살의 진상을 제대로 알리는 계도 활동을 적극적으로 펴기로 하였다. 그에 따라 5월 21일, 김재덕 주교와 정의평화위원회(이하 정평위) 위원장 김봉희 신부가 광주에 들어가기 위해 길을 떠났지만 장성에서 되돌아와야만 하였다. 계엄군이 장갑차로 진을 치고 광주로 들어가는 길목을 막고 있었기 때문이었다.

5월 23일 교구 긴급 사제 총회가 열렸다. 사제 총회는 광주항쟁에서 희생된 민주시민들을 위한 위령미사를 봉헌하고, 부상자들을 위한 헌

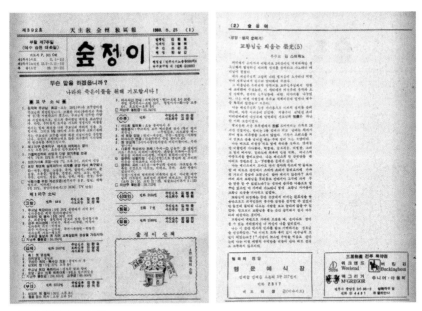

● 내용이 삭제된 전주교구 주보

혈 운동에 참여하며, 광주의 진상을 알리는 데 주력하기로 결의하였다. 그날 밤 중앙성당에서는 김재덕 주교를 비롯한 60여 명의 교구 사제단과 3백여 명의 평신도가 참여한 가운데 '광주항쟁 희생자를 위한 위령미사'를 봉헌하였다. 이와 함께 광주의 진실을 알리기 위해서 '전두환 광주 살육 작전'이라는 유인물을 교구 산하 본당을 통해 신자들에게 배포하였다. 여기서 나아가, 강론 때 될 수 있으면 옥외 마이크를 설치해 전두환의 광주 시민 학살 만행을 모든 도민에게 폭로할 것 등의 구체적인 지침을 마련하였다. 그리고 서울을 비롯한 전국 곳곳에 광주의 진실과 그들의 결의를 알리는 유인물을 보냈다.

또한 각 본당과 기관·단체별로 희생자들을 위한 위령미사와 기도를 함께 바쳐줄 것, 헌금과 헌혈에 적극 나서줄 것 등을 당부하였다. 그리고 전주교구 주보 '숲정이'를 통해 광주의 진실을 알리고자 하였다. 그러나 5월 25일자 '숲정이'는 군부의 검열로 본당 소식 외 다른 기사를 게재할 수 없었다. 그래서 '무슨 말을 하겠습니까? 나라와 죽은 이들을 위해 기도합시다!'라는 제목만 있고 해당 기사는 없는 주보가 발행되었다. 그 뒤로 한동안 숲정이는 내용 일부분이 지워진 채로, 만화나 만평도 빈칸으로 발행되었다. 1980년 9월 14일자에 실린 문 신부의 강론 '부러움'도 부분부분 삭제되었다.

여러 번 시도 끝에 교구 사제들이 광주를 방문할 수 있었던 것은 계엄군에 의해 시민군이 무자비하게 진압된 후인 5월 29일이었다.

한편 문 신부는 광주민중항쟁이 시작될 즈음에 여수에서 볼일을 마치고 군산 팔마성당으로 돌아가는 길이었다. 그러나 끔찍한 소문을 듣고 광주를 그냥 지나칠 수 없었다. 일정이 아무리 바쁘더라도 광주에 들러 어수선한 소식들의 진상을 확인하고 싶었다.

광주 시외버스터미널에는 군인들로 가득 차 있었다. 광주역 광장에는 주인 잃은 신발들이 산을 이루어 쌓여 있었고 거리 여기저기서 무장한 군인들을 목격할 수 있었다. 그러나 그는 피치 못할 약속이 있어서 떨어지지 않는 발걸음으로 광주를 뒤로하고 돌아와야 했다. 며칠 뒤 더 끔찍한 소식들이 들려서 다시 담양 쪽을 통해 광주로 향했으나 끝내 들어갈 수 없었다. 그렇게 광주민중항쟁의 현장을 스쳐 지나간 문 신부는 내내 광주에 마음의 빚을 지고 있다.

4

군산 지역
민주화 운동의
거점, 팔마성당

본당 공동체의 활성화

1980년 1월 5일, 문 신부는 군산 팔마성당 제6대 주임신부로 부임하였다. 군산 시내에 위치한 팔마성당에 부임한 문 신부는 본당 공동체 활성화를 사목 중심으로 생각하였다. 그래서 본당 조직을 구역 중심에서 반 중심으로 전환하였다. 소공동체에서 신자 각자가 주체가 되어 활동할 수 있도록 하기 위해서였다. 기존 13개 구역에 28개 반을 편성하여 반 공동체 중심으로 활동을 강화하고 월 1회 반모임을 하였다. 그리고 반 회보 '새 본당'을 창간하여, 활동 내용을 홍보하기도 하고 정보를 공유하면서 본당의 역사를 기록하였다.

"믿음에 실천이 없으면 그러한 믿음은 죽은 것입니다.(야고 2,17)"라는 가르침대로 그리스도의 사랑을 직접 실천하였다. 구라 주일˚을 뜻 깊게 보내기 위하여 나환자 돕기 운동을 벌였다. 하느님 사랑의 의미를 되새기고 실천하였다.

노동절을 맞아 노동자를 위한 미사를 봉헌하고, 노동 청소년들을 초청하여 친교와 나눔의 자리도 마련하였다. 이런 행사를 통해 본당 신자들은 노동 청소년들과 화기애애한 분위기 속에 진솔한 대화를 나누며 그들을 격려하였다. 5월을 가정 성화의 달로 정하고, 독거노인들에게는 본당 청소년 청년들이 자녀가 되어 그분들의 외로움을 다독이고 필요한 손이 되어드렸다.

팔마성당 사제관은 동네 사랑방이었다. 아예 사제관에 '노동자의 집'이라는 현판을 걸고 농민회 회원과 노동자들, 야학 교사들의 쉼터로 제공하였다. 더러는 민주화 운동 수배자들이 그들 사이에 끼어들어 잠행을 이어가기도 하였다.

오송회 사건

1982년 12월 8일, 전라북도 경찰국은 '용공 서적 탐독과 북괴 방송을 청취하면서 용공 사회주의 국가 건설을 기도'한 혐의로 군산제일고등학교 교사 8명과 모 방송국 과장 1명 등 9명을 국가보안법 위반 혐

˚한국 교회에서는 1968년 세계 나병의 날을 '구라 주일(救癩主日)'로 선포하고, 전국 각 본당에서 모금하여 가톨릭 나사업 연합회로 보내어 나병 환자를 돕도록 하였다. 1990년부터는 '사회복지 주일'로 그 명칭을 바꾸었다.

의로 구속하고 3명은 불구속 입건, 1명은 훈방 조치하였다고 발표하였다. 군사정권 하에서 성과에 급급한 경찰이 40여 일간 고문 끝에 조작한 혐의를 검찰이 방조하고 법원이 묵인한 결과였다. 심지어 항소심 재판부는 이들을 꾸짖으며 형량을 높여 실형을 선고했다. 이때 구속 기소된 이광웅 교사는 팔마성당 신자이고, 박정석 교사는 익산 창인동 성당 신자였다.

반국가단체 결성 혐의로 조작된 '오송회 사건'으로 이광웅이 수감 중이던 때에, 지인들이 그의 시들을 모아 1985년 2월, 시집 ≪대밭≫을 출간하였다. 이 시집에 문 신부는 '어느 선한 교사의 진실과 고난'이라는 발문을 쓴다.

내가 군산 팔마성당의 주임신부로 있을 당시, 그러니까 1982년 봄이었다. 체구가 왜소하고 눈동자가 유난히 천진스럽고 소박한 인상을 풍기는 사람, 그가 천주교에 입교하겠다고 나를 찾아온 것이다. 그 뒤 그는 열심히 공동번역성서를 읽었고, 사석에서 나와 자주 신앙 문제로 의견을 나누었으며, 더러는 같이 술을 마시기도 했다.

그때 그는 군산제일고등학교 국어 교사로 근무하고 있었는데, 늘상 교사로서의 사명감을 잊고 그저 호구지책으로 지식 전달만 하고 있는 자기 자신에 대하여 서글픈 양심의 가책을 느낀다고 말하곤 하였다. 그는 학생들에게 자유와 정의를 위해 불의를 보고는 '아니다'라고 외칠 수 있는 패기 있는 학생이 많아야 나라가 잘 되는데, 그저 입시 위주의 점수 경쟁과 그 점수를 높이기 위한 보충수업에만 교사를 묶어 두는 교육정책이 한탄스럽다고 말하곤 하였다.

(중략)

　나는 평소 이광웅 시인과 상당 기간 동안 대화를 해 왔다. 그는 천성이 착하여 법 없어도 살 수 있는 사람으로서, 탁류 속 현실을 살아가기에는 너무 여리고 세상 물정을 모르며 그야말로 그 자체가 한 편의 서정시라는 생각이 들었다. 그는 대화에서도 언제나 말하는 편이라기보다 듣는 편이었으며, 또 현실의 정치적 상황에 대해서도 너무 모르고 있어서 신부인 나에게 여러 궁금증을 물어 오곤 하였다. 때로는 시에 관한 자기의 견해를 표명하기도 하였다.

　그가 1967년 '현대문학'지를 통하여 유치환 시인의 추천으로 문단에 데뷔하였다는 사실은 얼마 뒤에 알게 된 일이지만, 어쨌든 그는 남북 분단을 극복하는 그야말로 불후의 장편시를 한편 써 보는 게 소원이라고 하면서 시인 김지하의 탁월한 저항시를 높이 평가하였다. 그래서 마침 내가 소지하고 있던 일본에서 출판된 '불귀(不歸)'라는 김지하의 시집을 빌려 주기도 했는데 나중에 이광웅이 그 시집을 탐독, 소지한 것도 국가보안법에 위반된다고 하여 검찰에 기소되어 유죄판결을 받은 것이다.

　이러한 연유로 해서 나로서는 이광웅과 무관한 사이도 아니고, 오히려 그러한 시집 탐독이 유죄가 된다면 교도소 안에 있어야 할 사람은 바로 나 자신임에도 불구하고 시인 이광웅이 중형을 선고받아 복역하고 있는 것을 생각하니 내가 겪고 있는 마음의 고통은 이루 말할 수 없다. 그 고통의 일부를 덜기 위해서도 이 시집의 발문을 써도 좋다고 나는 생각한 것이다.

　아무튼 그가 투옥된 이래 나는 여러 차례 기도회를 통하여 그가 용공주의자로 처단된 것에 대한 부당성을 지적하고 관계 기관에 항의하기도 하였으며 유인물을 통하여 그 조작성을 세상에 알리기도 하였지만 아직도 이 엄동에 쓰라린 고통을 겪고 있을 그를 생각하면 내 마음 착잡하기 이를 데 없다.

(중략)

나는 그의 재판의 전 과정을 지켜보았으며 수사기록을 전부 검토하여 보았던 것이다. 그리고 내가 알고 있는 그의 소박한 인품으로나, 유신론을 그 근본으로 하는 천주교에 입교한 것이나, 평소의 언행으로 보거나 결코 그는 용공주의자가 될 수 없을 뿐 아니라, 권력에 의해서 반체제 인사를 용공이라는 용수를 뒤집어 씌운 유신시대에서와 같은 희생물이 된 그를 나는 철저하게 옹호해 왔다. 그것은 사제인 나의 양심에 따른 행동인 것이다.

천주교 전주교구는 오송회 관련자들의 조속한 석방과 그들의 복권 복직을 위해 나서게 되었다. 특히 하느님을 믿는 천주교 신자는 무신론을 체계로 하는 공산주의자가 될 수 없다는 논리를 들어, 이번 사건이 조작된 것임을 밝히는 데 노력하였다. 전주교구 사제단은 변호인 선임에 도움을 주었고, 재판이 진행되는 동안뿐만 아니라 실형을 선고받고 수감 생활을 하는 동안에도 기도회를 개최하고 성명서를 발표하였다.

문정현 신부가 주임신부로 있는 중앙성당 정문에는 '전기고문 통닭구이 오송회 인사 석방하라'는 현수막이 내걸리기도 했었다. 오송회 사건의 피해자 살리기 운동에 문정현, 문규현 신부가 앞장섰다. 각종 기도회와 집회를 통해 오송회 사건에 관련된 양심수의 즉각 석방, 구속된 민주 인사와 양심수 석방, 광주학살 규명 등을 요구하였다.

1987년 특별사면으로 풀려난 이광웅은 교단에 복귀하자마자 전교조 가입을 이유로 다시 교단에서 쫓겨나 거리의 교사로 떠돌다가 1992년에 위암으로 세상을 떠났다. 이후 2008년 11월, 오송회 사건 피해자들은 재심에서 모두 무죄를 선고받았다. 맑고 순수한 영혼의 그는 이런 시를 남겼다.

이 땅에서
참된 연애를 하려거든
목숨을 걸고 연애를 해야 한다

이 땅에서
좋은 선생이 되려거든
목숨을 걸고 교단에 서야 한다

뭐든지
진짜가 되려거든
목숨을 걸고
목숨을 걸고…

– 이광웅, '목숨을 걸고' 중에서, 창비

문 신부는 1984년 1월 천주교 전주 교구 제2대 교육국장으로 자리를 옮긴다. 이어 5월에는 전주교구 가톨릭농민회 4대 지도신부로 1985년 1월까지 활동하였다. 교육국으로 들어온 문 신부는 신자들을 대상으로 하는 다양한 교육 프로그램을 구안하고 지원하였다. 제2차 바티칸 공의회 문헌을 공부하는 강좌를 개설하기도 하였으며, 정기적인 월 모임, 피정, 소규모 공동체 생활 등을 개최하였다.

문 신부는 하느님께 진실한 모습으로 나아가기 위해 최선을 다하는 가톨릭 청년들에게도 마음을 다했다. 그런 그들을 돕기 위한 프로그램, 세미나, 그룹 모임을 부지런히 마련하였다. 그들은 문 신부의 희망이기도 했다. 특히 신학생 준비 모임에서는 그들이 가진 성소의 뜻을 최대한 북돋우고 지지하였다. 이는 자신의 젊은 시절 성소를 접을 뻔하였던 경험이 바탕이 되었다.

한편으로 문 신부는 가톨릭농민회 일을 맡으면서 농민들의 상황을 연구 분석하여 농촌과 농민의 문제를 파악하는 데 주력하였다. 그는 농촌 지역을 위해 교회가 해야 할 일들을 찾아갔다. 그래야 농민들이 서로 기대어 함께 기획하고, 일하고, 평가하면서 자신의 능력을 키우고 지켜나갈 수 있다고 생각했다.

그런 중에 1985년 외국 농축산물이 수입되면서 소값 폭락이 이어졌다. 농민들과 교회는 농축산물 수입 반대 및 소값피해보상 운동을 벌이기 시작했다. 그가 사목했던 고산성당과 농민회도 그 중심이 되어 활발하게 움직였다. 문 신부는 그런 현장마다 찾아다니며 힘을 실어 후원하였고, 때로는 투쟁의 선봉에 서서 몸으로 부딪쳤다.

6 소몰이 투쟁

전두환 정권은 농어촌 소득증대를 위한 '전두환식 생활 운동'이라며 축산업을 장려했다. 1981년부터 1984년에 걸쳐서 캐나다와 뉴질랜드에서 값싼 소를 수입해 전국 농가에 팔았다. 농민들은 너도나도 농협에서 빚을 내어 소를 샀다. 더러는 객지에 사는 자녀들이 그 송아지값을 대기도 했다. 소의 숫자가 급격히 늘어나는 바람에 소값이 폭락해 '개값'이 되었다. 그뿐 아니라 당국은 1982년부터 약 90만 마리 분의 외국산 쇠고기를 수입해 축산농가의 생존권을 위협했다.

신경숙의 소설 ≪아버지에게 갔었어≫에서도 당시의 상황을 엿볼 수 있다.

내가 할 수 있는 거슨 소의 숫자를 줄이지 안는 것이엇따. 니가 사준 일곱 마리에서 한 마리도 줄이지 않으려고 노력햇따. 경운기 타고 낙천이랑 소몰이 투쟁에 나간 것도 그래서엇다. 나는 어쩌든지 간에 니가 소를 사주엇을 때 숫자를 온전히 지킬라고 햇따. 늘이지는 못히도 줄이지는 말어야 한다 생각햇다. 이제 세쌍둥이가 태어나스니 니 소는 일곱마리가 아니라 열 마리다. 거그서 답답하고 울화가 치미면 생각하거라. 여그에 니 소 열마리가 잇다고. 두릿두릿 눈 크게 뜨고 너를 기다리고 잇다고. 그거시라도 힘이 되엇시믄 한다.

해가 갈수록 늘어만 가는 부채로 파산하는 농민들이 속출하였고, 그들 중에는 농약을 먹고 자살하거나 야반도주하는 사람도 있었다. 농협 빚은 호환 마마보다 무서웠다. 빚 독촉장이 날아올 때마다 농민들은 속이 탔다. 농촌 실정이 이러한데도 1985년부터는 외국 농축산물의 수입이 가속화되었다.

1985년 4월 18일 농민회 장계 분회에서는 '농민 살릴 축산정책 펴라'는 유인물을 장계 장터에서 뿌리면서 이른바 '소몰이 시위'를 시작하였다. 7월 19일 고산성당과 농민회 완주협의회에서 고산성당 관할 지역을 중심으로 시위를 벌였고, 7월 26일에는 진안에서 대규모 시위가 벌어졌다. 그동안 문 신부는 고산성당 사목을 통해 농촌의 사정을 알고 있었을 뿐만 아니라, 농민회 지도신부를 거쳐 왔던 터라 농민회 주요 행사가 있으면 주저 없이 달려갔다. 그는 당시 교구 농민회 지도신부이자 고산성당 주임신부인 박병준(필립보) 신부와 함께 고산과 완주의 소몰이 시위를 적극 지원했다.

진안 시위에 지원 나갔던 고산 농민 몇 명이 경찰에 연행된 것에 항의하기 위한 평화 대행진이 고산성당에서 열렸다. 이 대행진에 역시 문 신부도 함께하였다. 맨 앞에 문 신부가 십자가상을 앞세우고 성당 문밖을 나섰을 때 경찰은 폭력으로 대응했다. 커다란 십자가가 부러지고 문 신부는 경찰에 사정없이 짓밟혀 급기야 병원에 입원하였다.

1985년 9월 23일. 중앙성당에서 가톨릭농민회 전북연합회가 주최한 '외국 농축산물 수입 반대 농민대회'가 열렸다. 교구 내 고산, 진안, 임실, 부안성당 등을 중심으로 전개된 소몰이 시위의 경과와 함께 짓밟히는 농민의 실상이 보고되었다. 이어 당국의 적절한 대책을 강력히 촉구하였다. 이처럼 전국적으로 퍼지는 소몰이 시위에 위협을 느낀 정부는 소와 쇠고기 수입 중단, 학자금 지원, 영농자금 이자 인하, 사료값 인하, 소 융자금 이자 및 원금 상환 연기 등의 조처를 취하게 되었다.

1985년의 소몰이 시위는 농민의 생존권은 농민 스스로가 지켜야 한다는 교훈을 남겼다. 교회도 농민의 현실을 직시하고 이들의 생존권 투쟁에 물심양면으로 협조하며 고난과 영광을 함께했다.

문 신부는 고산성당, 군산 팔마성당, 전주교구 교육국장 등을 거치면서 현장의 민중들과 발걸음을 같이 했다. 그는 가난하고 힘없는 자들에게는 한없이 자애로운 신부였지만, 부당한 권력의 편에 서는 자에게는 거친 투쟁가의 모습을 보였다. 그러다 보니 자연스럽게, 현실 개혁이 시급하다고 외치는 사람들에게는 '우리들의 신부님'이었고, 현실 순응과 질서 유지가 먼저라고 생각하는 사람들에게는 '깡패 신부'였다.

3장

휴전선을 넘어 통일의 길로

교회는
교회의 자녀들을 포함한
수많은 사람의 해방을 선포하고,
이러한 해방이
시작될 수 있게 도와주며,
해방을 증언하고,
해방이 성취될 수 있게
해 주어야 할 의무가 있습니다.
이것은 복음화에 무관한 일이 아닙니다.
-
바오로 6세 교황의 회칙,
현대의 복음 선교 30항

하느님 아버지! 오늘 당신이 5천 년 역사를 통해서 한 민족으로 이끌어 주신 이 강토이건만 분단의 서러움으로 45년을 지낸 오늘 이 시간, 이 분단을 넘고자 합니다.

이 비극의 자리, 당신 보시고 계시죠. 우리 7천만 동포의 아픔을 당신은 아시고 계시죠. 이 아픔을 그냥 지나칠 수 없어서 우리는 이 장벽을 우리의 작은 몸으로라도 부수어뜨리고 싶습니다. 그래서 당신이 사랑하는 평화가 이 땅에 강물처럼 흐르고, 세계에 흐르는 오늘이 되기를 바랍니다.

– '휴전선에서 드리는 문규현 신부의 기도' 중에서, 1989년 8월 15일

1 미국 유학

아일랜드 연수

모든 이야기는 우연과 필연이 교차하면서 일련의 서사를 만든다. 그래서 문규현 신부의 방북 이야기를 하려면 아일랜드 연수와 미국 유학을 먼저 말해야 한다.

1987년 2월 13일 문 신부는 아일랜드로 떠난다. 사제가 된 이후 함께 해왔던 가톨릭농민회 지도신부단에 의해서 그는 가톨릭농민회 전국연합회 지도신부로 추대되었기 때문이었다. 이제 주교 총회의 추인만 남아 있었는데 그때까지 약 6개월의 여유가 있었다. 문 신부는 새로운 소임을 다하기 위해 재충전하는 마음으로 아일랜드로 향했다. 아일랜드 나반에 위치한 골롬반 해외선교회 본부에서 개최한 '정의와 신앙' 워크숍에 100일 정도 참여하는 것이 주요 일정이었다.

그러나 이 아일랜드 워크숍 참석이 긴 시간 동안 조국에 돌아오지 못할 여행으로 급반전될 줄은 아무도 예상하지 못했다. 또한 조국에 돌아오는 방법이 세상을 온통 떠들썩하게 할 줄은 더더욱 상상하지 못했다.

'정의와 신앙' 워크숍은 아시아, 아프리카, 아메리카 등에서 모인 평신도, 수도자, 성직자 등 100여 명이 모여 새로운 세계관을 정립하고 그리스도인의 소명을 새롭게 하자는 취지로 만들어진 교육 프로그램이었다. 아침 9시부터 저녁 9시까지 진행되는 공식 프로그램은 학창 시절 이후 가장 바쁜 일정이었다. 그래도 문 신부는 이 시간이 참으로 행복했다. 사제 서품부터 고산성당, 군산 팔마성당, 전주교구 교육국장 등을 역임하며 바쁘게 살았던 그에게 다양한 나라에서 온 새로운 사람들을 만나 새로운 것을 배워나가는 시간은 충전의 시간이었다.

그러던 어느 날, 문 신부는 아일랜드 수도 더블린의 어느 맥주 공장을 견학하면서 자신의 존재와 삶의 지향점을 다시금 고민하게 만드는 경험을 한다. 맥주 공장 정문에서 신원 파악을 할 때의 일이었다. 어디에서 왔느냐는 물음에 그는 무심코 '코리아'라고 대답했다. 그러자 어느 코리아냐고 묻는다. 어느 코리아? 이 말을 듣자 같은 핏줄, 같은 언어, 같은 역사를 살아왔으면서도 구분돼야만 하는 오늘의 조국 현실이 갑자기 서글프게 느껴졌다. 그 질문이 그렇게 못마땅할 수 없었다.

문 신부에게 남북은 하나였다. 남북이 서로 벽을 세우고, 반목하고 있어도 남과 북은 같은 피가 흐르는 한 민족인 것이다. 그런데 무엇이 이 혈족의 끌림을 단절하려 하는가? 따뜻하게 흐르는 핏줄을 가로막고 있는 정체는 무엇인가? 아일랜드에서의 이 경험은 그에게 민족 분단의 골이 얼마나 깊고 넓은지를 고뇌하게 했다.

문 신부는 이때의 경험을 통하여 민족이란 무엇이고 화해란 무엇이며 일치란 무엇인가를 일생에 걸쳐 끊임없이 질문하게 된다. 그러나

이때까지만 해도 이 사건이 훗날 갈라진 민족을 끌어안는 통일 운동의
큰 걸음으로 이어질 줄은 미처 알지 못했다.

미국으로 떠나라

워크숍이 끝나갈 무렵, 그는 자신의 삶을 바꾸는 전화 한 통을 받게
된다. 주교단에서 가톨릭농민회 지도신부 추대 건의에 대한 인준이 부
결되었다는 내용이었다. 평소 농민들과 함께하는 문 신부의 활약을 익
히 알고 있던 주교단에서는 그가 농민회 지도신부가 되면 가톨릭농민
회의 대정부활동이 강경해질 것을 염려하여 인준을 부결한 것이었다.
당시 전국가톨릭농민회 담당주교는 자신이 결정하면 될 일인데도 굳
이 이 안건을 주교회의에 부쳐 임명 책임을 주교단에 떠넘겨 버린 것
이다. 주교회의에서 그의 농민회 지도신부 자격을 승인하지 않자 아일
랜드에서 귀국 준비를 하던 그는 보직이 없이 허공에 뜬 상태가 되고
말았다.

문 신부는 가난한 자를 먼저 챙기면서 당신을 따르라 부르신 예수님
의 뜻을 따르고자 했다. 제도적으로 소외되어 사회 밑바닥으로 밀려나
는 농민들과 함께하고자 했다. 그러나 그의 소망이 주교단에 의해 사
라져 버린 것이다. 문 신부는 일찍이 삶의 현장 한가운데서 고통받는
이들과 더불어 몸으로 살기를 원했다. 실제로 그는 사제 서품 이후 발
로 뛰는 사제로 살아왔다. 그런데 그 삶을 어떻게 바꾸란 말인가.

농민 형제들에 대한 애정 때문에 내렸던 결단이 주교단의 정치적이

고 일방적인 편견으로 무너져버린 것에 대한 고통과 분노가 컸다. 고통받는 이들과 함께하며 그들과 같이 아파하고 울고 웃고 몸부림쳤던 지금까지의 삶이 교회에서마저 인정받지 못하고 있다는 허탈함이 밀려왔다. 단지 그의 태도가 너무 강경하다는 우려 때문에 배제된 현실에 대한 울분을 삭이기는 참으로 힘들었다.

그런데 다음날, 전주교구장 박정일(미카엘) 주교가 그에게 전화를 걸어왔다. 박정일 주교는 문 신부에게 미국으로 유학을 떠나라는 통보성 권고를 한다. 마흔이 넘은 나이에 갑자기 지금까지 살아온 삶을 접고 다른 삶을 살아가라는 거였다.

"내가 주교님한테 그랬어요. 내가 언제 유학간다고 그랬냐고, 나 그냥 귀국할 거라고. 그러니까 주교님이 돌아오지 말라고 하더군요. 주교님이 나를 가톨릭농민회 지도신부로 추천했지만 그 임명이 철회되었으니, 내가 한국에 들어가면 무엇인가 부담스러운 일이 벌어질 것 같았나 봐요. ……그렇게 결국 미국까지 가게 되었습니다." 그때 일을 문 신부는 이렇게 술회하였다.

문 신부는 주교의 사목적 배려에 따를 수밖에 없었다. 그는 하느님의 뜻이 무엇인지, 어디에 있는지도 모르는 채 순명의 마음으로 조국을 뒤로 하고 낯선 땅을 향해 떠나야만 했다. 지금 당장은 이해할 수 없고 받아들이기 어렵다 할지라도, 여기에 하느님의 어떤 뜻이 있을지도 모르기 때문이었다.

하느님의 약속만을 믿고 가본 적도 없고 알 수도 없는 약속의 땅을 향하는 아브라함이 그러하였을까? 미국은 아는 이 별로 없고, 무엇이 어떻게 될지도 모르며, 보장된 것 전혀 없는 낯선 땅이다. 게다가 늦은 나이에 공부를 해야 한다는 부담감과 미래에 대한 불안도 숨길 수 없었다.

뜻하지 않은 미국 생활

1987년 6월 29일, 6·29 선언[*] 이 발표되던 날, 문 신부는 미국에 첫발을 내디딘다. 그를 맞아주는 사람은 그에게 몇 푼 팁을 기대하는 공항 짐꾼밖에 없었다. 문규현 신부의 미국 생활은 그렇게 시작되었다.

박정일 주교는 모든 준비가 되어 있다고 했으나 도착해서 보니 그를 위해 준비된 것은 아무것도 없었다. 광야에 홀로 내던져진 것 같았다. 학교에서는 토플 점수가 있어야 입학할 수 있다고 했다. 그에게는 토플 점수가 없었다. 학교에 등록하려면 등록금이 있어야 한다. 그 또한 마련되어 있지 않았다.

다행히 그 학교에 한국에서 사목활동을 했던 메리놀회 신부가 있었는데, 마침 그분이 부총장이었다. 그 신부와 조금 안면이 있어 지금의 상황을 이야기하면서 도움을 청했다. 토플 점수는 한국에서 대학원까지 졸업하였으니 인정해 줄 수 있다고 해서 부랴부랴 성적증명서와 졸업증명서를 제출하는 것으로 해결했다. 다행히도 메리놀 수도회 한국 지부장 신부가 미국에 와 있다고 해서 찾아가 도움을 청했더니, 그 신

1987년 6월 29일에 민주정의당의 대표인 노태우가 직선제 개헌 요구를 받아들여 발표한 특별 선언이다. 이 선언은 6월 민주 항쟁의 결과로 시민들의 대통령 직선제 요구를 수용한 것이며, 이로 인해 헌법이 개정되었고 현재까지 유지되고 있다.

부가 장학금을 알선해 줘서 등록금도 마련할 수 있었다. 미국에 도착하여 우여곡절을 겪으며 한 달 정도 지난 1987년 8월 4일 문 신부는 마침내 메리놀 신학대학원(Maryknoll School of Theology)에 입학했다.

문 신부는 뉴욕 메리놀 신학대학원생이면서 동시에 뉴욕 롱아일랜드 웨스트버리의 천주교 세인트 브리지트 한인공동체에서 잠시 사목하며 미국 생활을 시작한다. 미국 생활은 결코 편안하지 않았다. 급변하는 조국의 현실을 함께하지 못하는 마음에 이것이 과연 올바른 순명의 길인가 하는 회의감마저 들었다. 쓸쓸한 생활이었다. 척박한 조국의 현실과 민중의 아픔을 외면하지 못하고 그들을 사랑했기에 민주화 투쟁에 함께했다. 그러나 문 신부의 그런 행적들은 그를 '과격 사제'로 낙인찍었고, 뜻하지 않게 조국과 격리되어 미국까지 밀려오게 하였다.

문 신부가 한때나마 교구의 명을 거스르고라도 조국으로 돌아가겠다는 생각을 하지 않은 것은 아니었다. 하지만 그건 단순한 문제가 아니었다. 그래서 차라리 자신을 사랑해 주는 분들의 도움을 받으며 의연하게 대처하기로 마음을 굳혔다. 조국과 민족의 문제를 깊게 고민하고 이를 신학화하여 심지를 굳게 하는 기회로 삼아야겠다고 다짐했다.

이때 그에게 필리핀에 있는 아시아 인간개발위원회 산하 인성회의 사무총장직 제의가 들어온다. 아시아 인간개발위원회는 아시아 주교회의에서 만든 단체로서, 그 당시 일본 요코하마 교구장인 하마오 주교가 그 책임을 맡고 있었다. 인성회의 사무총장의 보직을 받게 되면 마닐라에서 근무하게 된다. 문 신부는 미국 유학이 자의에 의한 것은 아니었지만 그래도 공부를 시작했으니 이 공부를 다 마치고 가도 되겠냐고 허락을 구했다. 하마오 주교는 흔쾌히 허락해 주었고 미국에서 공부를 마치는 대로 필리핀에 부임하기로 약속했다.

그는 알 수 없는 힘에 이끌려가고 있었다. 아일랜드 워크숍을 갔다가 한국으로 들어오지 못하고 그냥 바로 미국으로 가야 했고, 이제 이 공부가 끝나면 필리핀으로 가야 하는 상황에 처한 것이다. 현장 사목으로 현장에서 살고자 했건만 한국이라는 현장에서 벗어날 수밖에 없는 상황이 된 것이다.

2   아, 조성만

문 신부는 어려운 상황에서도 메리놀 신학대학원의 신학생으로서 충실한 삶을 이어나간다. 논문 준비를 하는 그에게 지도 교수 마크 엘리스는 논문 주제를 멀리서 구하지 말고 '바로 너의 땅 대한민국에서 너의 신학을 찾아보라.'고 조언한다. 유대인이기도 한 마크 엘리스 교수는, 홀로코스트 피해자였던 이스라엘이 오늘날 팔레스타인 사람들의 생존권과 인권을 박탈하는 가해자로 변신한 현실에 개탄하면서 팔레스타인 사람들과 평화로운 연대를 나누는 길만이 이스라엘의 미래를 열어나갈 수 있다고 주장하는 학자이다. 그는 오늘날 제국주의적 종교의 위험과 타락을 지적하며 성서의 예언자적 소명을 강조하곤 하였다. 그런 그가 분단된 남북의 문제를 문 신부에게 던진 것이었다.

문 신부는 지도 교수의 말에 공감하며 논문 주제 탐색을 위해 1988년 잠시 귀국하기로 한다. 그런데 귀국을 준비하던 중에 조성만(요셉)

조성만(1964~1988) : 서울대 재학 중 "양심수 석방하라, 조국 통일 가로막는 미제 몰아내고 광주학살 진상 밝혀내라, 남북 올림픽 공동 참여하자." 등의 구호를 외치며 명동성당 옥상에서 할복 투신했다.

의 죽음 소식을 듣는다. 형 문정현 신부가 교구 학교인 해성중고등학교의 종교감으로 사목할 때 조성만은 그 학교의 학생이었다. 문 신부도 형 문정현 신부와 인연이 있는 조성만을 가끔 만나 이야기를 나누곤 했었다.

조성만은 대학을 졸업한 다음 신학교에 입학하여 사제가 되겠다고 다짐하던 조용하고 신중한 청년이었다. 안경 너머로 커다랗고 맑은 눈빛이 잔잔히 흐르던 청년이었다. 그런 그가 교

● 조성만 열사

회를 피로 물들이고 두 눈을 부릅뜬 채 죽으며 누구를 채찍질한 것이었을까. 문 신부는 곧장 조성만의 분향소를 찾는다. 이때 그의 심정을 형 문정현 신부에게 보내는 편지에서 이렇게 고백한다.

저는 작년 6월 잠시 귀국했을 때 성만이의 분향소에서 죄스러움에 한없이 울었습니다. '우리의 민족 현실을 외면한 신앙이 너를 죽음에 이르게 하였구나.' 하는 죄책감에서였습니다.

그의 죽음에 논란의 여지는 있다손 치더라도 그에겐 그 여지를 생각할 수 없을 만큼 민족 통일은 우리 민족공동체를 이루는 길이요, 민족의 살길이 바로 통일에 있기에 하느님의 뜻을 실천하는 소중한 응답으로 통일의 제단에 자신을 바쳤다고 생각합니다. 그래서 그는 통일 염원의 불꽃을 타오르게 하였습니다. 성만이는 생명은 하느님의 뜻

안에서만 영생한다는 것을 죽음으로 고백했습니다. '하나 되게 하소
서' 기도의 실현을 위해 죽음의 길을 택하신 오늘의 그리스도의 죽음
이라면 지나친 미화일까요.

　　형님, 성만이의 죽음을 슬퍼하기보다는 그의 죽음을 전하고 '통일을
향한 삶에서 부활한 너와 함께 하리라.'는 다짐을 그 영전 앞에서 가졌
습니다. 더 이상 이런 아픈 죽음을 가져올 수 없기에 예상되는 현실적
어려움을 뛰어넘어 하나 되어야 할 민족의 땅을 향하게 하였습니다.

　　– '월간 말', 1989년 9월

　문 신부는 조성만의 죽음이 특정한 누구를 향한 것이 아니라 바로
오늘날의 교회와 사회를 향한 고발이었다고 생각했다. 겨레의 고통을
외면한 채 분단 현실에 안주해 온 교회와 세상을 향해 근본적 회개를
촉구한 행위라고 생각했다. 문 신부는 그때 자신의 남은 삶이 조성만
의 부릅뜬 눈을 감겨주는 것이 되어야 한다고 다짐했다. 그는 조성만
의 죽음을 통해서 분단된 조국에서 태어난 사제가 해야 할 일을 찾아
가기로 결심한 것이다.

　그는 민족 통일을 위해 어떻게 살아야 할 것인가를 아프게 고민하며
미국으로 돌아갔다. 그가 미국으로 가지고 간 것은 논문 주제가 아니
라 조성만이었다. 미국에서도 줄곧 조성만의 얼굴을 떠올리며 사제란
무엇인가, 신학이란 무엇인가를 생각했다. 그는 스스로에게 끊임없이
질문하고 채찍질하며 생각을 정리해 나갔다. 그 결과 1989년에 '한반
도 통일에 대한 신학적 소고'라는 논문을 발표하게 된다.

　문 신부는 이 논문에서, 지금까지 한반도에서의 통일 문제는 정치적

조성만 열사가 남긴 유서

● 조성만 열사 유서

이고 일시적인 차원에서 권력을 장악하기 위한 수단에 불과했으며, 통일을 향한 새로운 이념 창출에 대한 노력은 전혀 찾아볼 수 없었다고 전제한다. 이러한 상황 속에서 그는 신학이라는 틀 속에서 통일이라는 새로운 통합 사회를 향한 이념을 형성해 나가기로 한다. 그가 찾은 이념의 주제어는 '평화'와 '화해', '만남'이었다.

그가 말하는 평화는 물질적 안녕과 번영뿐만 아니라 정의와 사랑으로 신체적, 영적 안전을 포함하는 것이다. 화해는 성경과 신학을 바탕으로 그리스도께서 십자가에서 속죄하신 행동으로 하느님과 인간의 관계를 새롭게 하는 것을 의미한다.

평화와 화해를 이루기 위해서는 우선 남북이 만나야 하는데 이념 갈등과 전쟁의 상흔으로 서로 만나기 어려운 상황이었다. 특히 기독교가 북의 사회주의와 만나기 어려운 것은 역사적 맥락에서 빚어진 적대감 때문이었다. 해방 공간에서 북한 정권의 종교 탄압이 그 결정적 이유였다. 그럼에도 불구하고 기독교인들은 계속해서 서로 만날 기회를 만들어 가야 한다. 그는 만남을 통해 분열을 극복하기 위한 창의적인 정치적 협상의 길에 교회가 기여해야 한다고 주장한다.

문 신부는 한국의 어떤 신학도 한국의 현실에서 벗어나서는 안 되며 분단의 현실에서 통일 신학이 발전되어야 한다고 결론지었다. 또한 분단의 현실에서 터져나오는 민중의 외침을 신학의 기반으로 삼아야 한다고 말한다. 한국에서 기독교적 삶은 하느님 나라의 가치를 포함한 평화와 정의, 사랑을 실현하기 위한 일이며 그것들은 모두 통일 문제로 귀결된다고 논문의 끝을 맺었다.

그런데 논문이 진척될수록 자신의 주장도 왠지 공허하다는 느낌을 지울 수가 없었다. 결국 자신마저도 평화와 화해를 위해 북쪽 동포들을 만나려는 실천적인 노력을 기울이지 않았다는 반성에 이르게 된다. 그러다 보니 자연스럽게, 한 번도 가보지 못한 한반도의 반쪽을 직접 눈으로 확인하고 싶다는 생각이 점점 깊어져 갔다. 직접 보고 그들과 만나서 소통해야만 통일을 향한 물꼬를 앞당길 수 있다고 생각한 것이다. 그러던 차에 정의구현사제단이 임진각에서 통일 기원 미사를 드린다는 소식이 들려왔다.

3   1차 방북

지금이 때다

          정의구현사제단은 1989년 6월 6일 임진각에서 남북통일기원미사를 올리기로 결정한다. 4월경에 이 소식을 접한 문 신부는 '바로 이것'이라 생각하고 북한을 방문하기 위한 준비를 시작한다. 문 신부는 교포 사목을 함으로써 이미 미국 영주권을 취득하고 있었다. 그는 미국 영주권 소지자이므로 7·7선언에 의해 당국에 신고만 하면 북한을 자유롭게 방문할 수 있는 조건이 되었다. 또한 5월 19일에 메리놀 신학대학원을 졸업하였기에 시간적으로도 비교적 자유로웠다.

    7·7선언은 1988년 7월 7일에 노태우 대통령이 발표한 '민족자존과 통일 번영을 위한 대통령 특별선언'이다. 6개 항으로 된 이 선언은 남북 동포의 상호 교류 및 해외 동포의 남북 자유 왕래 개방, 이산가족 생사 확인 적극 추진, 남북 교역 문호 개방, 비군사 물자에 대한 우방국의 북한 무역 용인, 남북 간의 대결 외교 종결, 북한의 대미·일 관계

개선 협조 등이 포함되어 있다. 이에 따라 그가 신고만 하면 언제든지 방북할 수 있는 조건이 성립된 것이다.

이러한 상황에서 문 신부는 시인 이광웅의 스승인 이행우를 만난다. 이행우는 미국에서 남북 관계 개선을 위한 활동을 하고 있어서 북한을 방문하는 방법을 잘 알고 있었다. 문 신부는 그에게 방북 의사를 타진하고 필요한 서류를 유엔 북한 대표부에 제출한다. 이때 메리놀 신학대학원에 기거하고 있던 천주교 해외 선교지 '메리놀'의 편집자 조셉 베네로조 신부도 함께 방북하고자 하는 의사를 밝혀 문규현, 이행우, 베네로조 가 함께 방북 수속을 밟아간다.

방북할 준비가 진행되는 과정에서 그는 국내의 정의구현사제단에 방북 계획을 밝혔다. 그러면서 문 신부는, 정의구현사제단의 6월 6일 임진각 미사에 맞추어 북한에서도 미사를 거행함으로써 남북공동 미사를 이루어 보자고 제의했다. 북한의 신자들과 함께 미사를 봉헌하는 것이 7·4 남북공동성명의 자주, 평화, 민족대단결의 3대 강령에 의한 민족 통일의 상징적 행위라고 생각했기 때문이다.

그러나 정의구현사제단은 그의 제의에 부정적이었다. 물론 논의할 수 있는 충분한 시간적 여유가 없었고, 문익환 목사의 방북 사건으로 인한 공안 탄압 정국이 신중론을 불러왔겠지만, 그가 납득할 만한 반대 이유는 제시하지 못했다. 그래서 그는 정의구현사제단의 대표 자격이 아닌 개인 자격으로 북한 신자들과 함께하는 남북공동 미사를 위해 방북을 추진하겠다는 의견을 전달한다. 이는 나중에 임수경 동반 입국 사건이 터졌을 때 보수층에서 '소영웅주의자'라는 비난의 빌미가 되기도 했다.

정의구현사제단의 부정적 의견과 형 문정현 신부의 만류가 그에게 인간적 갈등을 가져오게 하였으나 '지금이 때다'라는 생각을 지워버릴 수가 없었다. 거기에, 그의 방북 목적을 수용한 북측의 신뢰를 저버릴 수도 없었다. 이미 북쪽에서는 그의 방북을 승인하였던 것이다. 그는 자신의 방북 목적을 다음과 같이 정하고 남북공동 미사를 위해 북으로 향했다.

- 갈라질 수 없는 하나의 민족임을 확인하고 북한을 바로 보고 바로 알린다.
- 남북이 하나의 주체가 되어 화해와 일치를 위한 미사를 봉헌한다.
- 남북공동 미사는 남북통일 의지를 확인 선포하는 상징적 행위이다.
- 문익환 목사의 방북 의미를 공유하고 국가보안법의 부당함을 몸으로 외친다.

길고 긴 여정

1989년 6월 2일, 문 신부는 미국 케네디 공항을 출발한다. 그때의 심회를 그는 이렇게 메모하였다.

마침내 금단의 땅 그러나 또 하나의 내 조국을 향한 첫발을 내딛는 날이다. 간밤에 작성해 놓은 북한 방문 신고서를 뉴욕 총영사관에 송부토록 하고, 맑고 높은 하늘에 두둥실 떠 있는 흰 구름 같이 부풀고 가벼운 마음으로 뉴욕 케네디 공항을 출발했다.

평양을 가기 위해서는 일본과 중국을 거쳐야만 했다. 그는 일본에서 중국 천안문 민주화 시위 소식을 듣는다. 새벽 뉴스에서 베이징 천안문에서 중국 당국이 시위 군중에게 발포하여 확인된 사상자만 27명이라는 소식이었다. 모든 촉각이 천안문 민주화 시위로 예민해진 상황에서 역사적인 북한 방문길이 잘못될까봐 걱정한다. 난생처음 일본에서 보내는 밤은 걱정과 긴장뿐이었다.

1989년 6월 4일 오전 10시 30분경 나리타공항을 출발하여 오후 1시경 베이징공항에 도착한다. 공항 분위기는 생각보다 조용하였다. 내심 베이징 주재 북한 대사관에서 누가 나와 있기를 기대했지만 헛된 바람이었다. 북한 대사관에 전화를 해보니 일행이 오는 것조차 모르고 있었다. 긴장감이 초조감으로 바뀌었다.

북한 대사관에도 가봐야겠고 숙소도 구해야겠는데, 택시도 잡을 수 없는 상황이었다. 그러던 차에 한 중국 여성이 자기네 호텔을 이용하면 호텔 차로 북한 대사관까지도 안내해 주겠다고 한다. 그리하여 일행은 베이징 변두리에 위치한 화얀호텔에 여장을 풀었다. 당시 베이징에서는 천안문 민주화 시위의 유혈 진압으로 만 명이 죽었다는 등, 다친 사람이 만 명이라는 등의 풍문이 난무하고 있었다.

그날은 감히 천안문 부근에 나가 볼 엄두도 못 냈다. 전화로 북한 대사관에 조회를 부탁하고 초조와 불안으로 호텔에서 시간을 보내야 했다. 북한 대사관 영사부장과 5일 오전 9시 30분까지 대사관에 나가기로 약속하였다. 비행기 표는 당일 베이징공항에서 구입 가능하다고 하여 문제없이 조회가 잘 되기를 바라며 오지 않는 잠을 청하였다. 만리장성도 보고 싶고 천안문도 보고 싶었으나 어쩔 수 없는 현실이었다.

1989년 6월 5일, 베이징 시내는 너무 조용하였다. 베이징 시내 곳곳에 무장 군인이 배치되어 있고 여기저기 바리케이드가 쳐져 있었다. 이리저리 길을 돌아 겨우 약속 시간에 맞추어 북한 대사관에 도착했다. 그러고도 한참이 지난 뒤에야 본국 조회가 끝났다는 전갈이 왔다. 오전 11시였다. 비자 문제에 정신이 팔려 비행기에는 신경도 쓰지 못하고 있다가 그제서야 오늘 평양에 갈 수 있느냐고 물었다. 다행히 비행기는 오후 3시에 있었다. 이 고생을 했는데 못 들어가면 어쩌나, 6월 6일 미사를 할 수 없게 되면 어쩌나, 문 신부는 조바심이 일었다. 촉박한 비행기 시간 때문에 호텔에 들러 짐만 챙겨 나왔다. 점심 식사도 못한 채 공항으로 향해야 했다.

어제와는 달리 공항이 대단히 혼잡하였다. 많은 외국인들이 천안문 사태를 피해 철수하고 있는 듯이 보였다. 우선 비행기 표를 구입하기 위해 줄을 섰다. 아무리 기다려도 줄은 줄어들 줄 몰랐다. 매표 직원은 바쁠 것 없다는 모습이었다. 3시 비행기를 꼭 타야 한다고 조선민항 대표까지 나서서 사정을 해도 어쩔 도리가 없었다.

조선민항 대표는 초조해하는 문 신부 일행에게 "걱정 마시라요. 우리 동포들은 다 태우고 갈끼니깐. 좌석이 없으면 우리 민족부터 태우겠습다."하고 장담했다. 이 말을 들으면서 문 신부는 북한 사람에게 동포로서 위안을 받았다. 북한 사람의 말에서 따뜻한 동포애뿐 아니라 민족적 자부심까지 느껴져 묘한 감동으로 다가왔다. 결국 조선민항 대표가 대신 출국 수속을 밟아주어 겨우 시간에 맞출 수 있었다.

평양행 조선민항기에 몸을 실었다. 마침내 가는구나 하는 감격과 자기 일처럼 나서 준 조선민항 대표에 감사의 마음이 일었다. 금단의 땅을 향한 문 신부의 마음은 흥분으로 가득하였다. 설레는 마음으로 창밖을 내다보고 있자니 비행기는 이미 높이 떠 평양을 향하고 있었다. 그제서야 점심을 먹지 못한 사실이 생각났다.

자신의 동행인 친구 베네로조 신부와 이행우 선생이 어디에 앉았는지 두리번거리며 찾아본다. 두세 자리 건너편에서 베네로조 신부가 싱긋 웃으며 손가락 V자를 그려 보인다. 친구에게 미안한 마음이 들어 기내 봉사원에게 부탁하여 베네로조 신부 옆으로 자리를 바꾼다. 허기진 배를 가볍게 채우고 용성맥주로 잔을 마주쳤다. 겨우 흥분에서 해방되어 현실감을 되찾을 즈음, 이제 우리 땅 한반도에 진입하고 있다는 기내 방송이 들렸다. '드디어 오랫동안 찾을 수 없었던 조국의 한 모퉁이에 들어와 있구나.' 하는 마음에 가슴이 쿵쿵 뛰었다.

또 하나의 조국

1989년 6월 5일 오후 6시. 비행기는 저녁노을이 깔린 평양 순안비행장 활주로에 사뿐히 내려앉는다. 어느 시골길을 달리는 듯하다가 공항 청사가 멀리 바라다보이는 곳에 멈춘다. 기내까지 올라온 안내원 정 선생과 수인사를 나누고 안내에 따라 트랩을 내렸다. 순간 6월의 활주로보다 더 뜨거운 어떤 것이 가슴에 치밀어 올라왔다.

트랩을 내려 십자성호를 그으며 '주여, 하나 되게 하소서.'라고 기도

하였다. 꽃다발을 받아들고 화동을 왈칵 끌어안아 올렸다. 기념 촬영을 하기 위해 포즈를 취할 때에야 금단의 땅인 또 하나의 조국에 와 있다는 느낌이 몰려왔다. 이후 간단한 기자회견과 함께 도착 성명을 발표하였다.

> 내 조국 내 땅을 밟고 내 민족 내 겨레를 만나는데도 멀리 3일을 걸려 돌아와야 하는 현실에 안타까움을 금할 수 없습니다. 나는 분단 세대로서 우리의 소원은 통일이라고 하면서 언제까지나 소망에 그친 민족의 절규만으로 그칠 수 없기에 이렇게 찾아왔습니다. 통일은 미룰 수 없고 반드시 성취해야 할 역사적, 민족적 과제임을 나는 거듭거듭 확인해왔습니다. 통일만이 우리 민족의 살 길입니다.
>
> 이번 방문은 분단된 동포들과의 상봉이 되며 우리 모두 한겨레 한 민족이란 것을 확인 선포하며 민족 통일의 길을 함께 나가는 시작이 되기를 소망합니다. 비록 개인적 결단이나 6월 6일 오후 2시 남쪽 임진각에서 봉헌될 남북통일 염원 미사를 공동으로 집전하여 남과 북을 잇고 싶습니다. 나의 통일에의 뜻과 염원이 온 겨레의 마음속에 전해지기 바랍니다.

개인적인 결단이었지만 그는 합법적으로 북한을 방문했다. 이전에 문익환 목사는 북한을 방문한 것이 국가보안법상 불법으로 간주되어 감옥에 갇혀 있었다. 그러나 미국 영주권을 가진 문 신부는 방북하기 전에 우편으로 공관에 북한 방문을 신고하였다. 합법적으로 북한을 방문하는 것이다. 그리고 그는 남북통일 염원 미사라는 구체적인 사유를 가지고 북을 방문한다.

이 미사는 비록 개인적 행위지만 남북의 통일 의지를 확인하고 선포하는 상징적 행위였다. '우리의 소원은 통일'이 민족의 절규만으로 그칠 수 없기에 그는 직접 분단의 현장을 찾은 것이다. 문 신부는 순안비행장에서 평양으로 향하는 차 안에서의 심정을 이렇게 메모하였다.

차창으로 스쳐지나가는 평양에 이르는 거리는 전혀 외국에 와 있다는 기분이 들지 않았다. 깔리는 저녁노을과 함께 기둥이 되어 올라가는 저녁밥 짓는 연기는 오히려 따뜻한 고향 정취마저 들게 한다. 평양 시내에 들어서자 제13차 평양축전을 선전하는 입간판 그림들이 도처에서 눈에 띄었다. 순간 반쪽만의 올림픽이라는 아픈 경험을 가진 나의 마음에 남북이 어깨 걸고 평화를 노래하는 축전이 되기를 기원한다. 하여 함께 자주를 찾고 평화의 길을 찾고 세계 만방에 우리 민족의 열망을 드러냈으면 하는 바람으로 기도하게 되었다.

일행은 고려호텔에 여장을 푼 후 환영연이 준비된 옥류관으로 향했다. 옥류관 내실로 안내되어 들어가니 두 개의 원탁에 맛있는 음식이 풍성하게 차려져 있었다. 박영수 조국통일위원회 부위원장, 이행우 선생, 베네로조 신부 그리고 안내를 맡아주었던 정 선생이 문 신부와 한 테이블에 앉았고, 나머지는 옆 테이블에 둘러앉았다. 박영수 부위원장이 정중하게 기도를 청하였다. 공산주의자가 신부에게 기도를 청하는 의외의 상황에 잠시 주저하다가 기쁘고 감사하는 마음으로 기도했다.

문 신부는 초대에 대한 감사와 민족의 성찬에 인도해 주신 하느님에 대한 찬미로 시작하여 주님의 은총이 휴전선 양쪽에 충만하기를, 또 둘로 갈라져 서로 원수처럼 맞섰던 모든 그리스도인들이 서로 용서하기를 기도했다. 일치와 화해의 은총이 분단 현실과 적대관계를 딛고 일어서는 힘이 되기를 기도에 담았다.

그가 기도하는 동안 식당 종업원들은 움직이지 않고 기다려 주었다. 유물론자의 입에서 자연스럽게 찬미 예수라는 말이 흘러나오고, 인민의 아편이라던 종교가 민족의 빵으로 되살아나고 있었다.

장충성당 미사

1989년 6월 6일. 남북통일 염원 미사가 거행되는 날이다. 문 신부의 방북 목적은 이날 오후 2시 임진각에서 열리는 남북통일 염원 미사를 북한의 형제들과 함께함으로써 명실상부한 남북 공동의 통일 염원 미사로 이루어내는 데 있었다. 북한 동포들도 민족 통일의 분명한 주체이다. 화해와 일치의 한 축인 북한 형제들을 제외한 남북통일 염원 미사는 완전한 화해와 일치의 미사가 아니다. 마땅히 북한 동포들도 미사에 함께 참여해야 한다. 그래서 그는 방북 일정을 6월 6일에 맞추려고 온 힘을 기울였던 것이다.

문 신부는 북한 형제들과 함께 봉헌하는 미사를 분단의 상징인 판문점에서 열기를 원했다. 그러나 북한 당국은 남북 관계에 미칠 파장을 우려했다. 그리고 신자들이 평양 중심으로 분포되어 있으니 신자들의 참여 편의를 위해서도 평양 장충성당에서 미사를 올리는 것이 좋겠다고 제안하였다. 문 신부는 그들의 제안에 동의했다. 미사는 6월 6일 오후 2시 장충성당으로 계획되었다.

고려호텔에서 점심을 마치고 설레는 마음으로 길을 나섰다. 장충성당으로 가는 길에 조선천주교인협회 문창학(베드로) 부위원장에게서 북한의 가톨릭 상황에 대해 들었다. 현재 두세 지역을 조사한 결과 8백여 명의 신자가 확인되었고 이 중 3백여 명이 조선천주교인협회에 가입되어 있다고 한다. 이 협회는 1988년에 조직되어 실제적으로 여러 사업을 담당하는 조직으로 발돋움하는 시작 단계에 있다고 하였다. 그는 북한 가톨릭의 주요 과제로 가톨릭 신자들의 종교적 권리 보호와 교육을 꼽았다.

장충성당은 1988년 3월에 착공하여 10월에 완공되었고 아직 사목자는 한 명도 없지만 신자들은 성당이 문을 열었다는 사실에 기뻐하고 있다고 하였다. 그동안 장익(십자가의 요한) 신부가 로마교황청의 파견으로 김수환(스테파노) 추기경을 대신하여 이곳에 와서 미사를 봉헌했다고 한다. 장익 신부는 나중에 주교로 서품되어 춘천교구장이 된다. 교우들은 오늘 문규현 신부의 방문과 남북통일 염원 미사를 봉헌하게 됨을 기쁘게 생각하며 지금 모여서 기다리고 있다고 하였다.

성당 마당에 100여 명의 남녀 교우들이 저마다 손에 '조국 통일', '조국은 하나다'라는 배너를 들고 환영해 준다. 이를 보며 문 신부는 자신이 평양 장충성당에 있는 것이 아니라 어느 공소에 왔다는 느낌을 받았다. 공소에서 판공성사˚가 있는 날이면 어른이고 아이들이고 할 것

˚ 가톨릭 신자가 1년에 두 번 의무적으로 해야만 하는 고백성사이다. 공과(功過)를 헤아려 판단한다는 의미를 담고 있어서 '판공성사'로 불리게 되었다.

● 장충성당 미사

없이 가장 깨끗한 옷으로 갈아입고 마을 입구에서부터 신부를 맞이한
다. 그들에게 이날은 가장 기쁜 날이고 신부는 아주 귀한 대접을 받는
다. 장충성당 앞에 늘어선 신자들을 보며 문 신부는 자기가 어느 공소
에 판공성사 나온 것 같은 착각에 빠졌다.

그들은 한결같이 "찬미 예수"를 외쳤다. 혹시 '김일성 만세'를 외치
면 어떡하나 했는데 언제나 찬미 예수였다. 문 신부는 당돌하게 우리

의 아버지가 누구냐고 물었다. 신자들은 하느님이라고 고백하였다. 그와 신자들은 기쁨으로 얼싸안으며 말과 행동으로 하느님 아버지께 예수님의 이름으로 찬미드렸다. 서로의 만남 자체가 큰 기쁨이었다.

그는 성당 안으로 들어가 제대 앞에 꿇어앉아 잠시 감격의 기도를 올렸다. 절멸된 듯한 신앙공동체가 새롭게 일어나도록 역사하시는 하느님께 감격의 눈물로 찬미와 감사를 드렸다. 민족공동체의 하나됨을 통하여 우리에게는 기쁨이요 당신께는 영광이 되게 하여주시기를 기도하였다. 그리고 함께 주님의 기도와 성모송을 드리고 신앙고백을 하였다.

이어서 문 신부는 방문의 의의와 목적을 말하고 통일 원년이 되기를 희망한다는 간단한 인사를 하였다. 인사 후에 신자들은 이러한 기회가 많지 않을 터이니 고백성사를 해달라고 청하였다. 베네로조 신부와 그는 시간 가는 줄 모르고 고백성사를 주었다. 함께 방북한 베네로조 신부는 평화봉사단원으로 한국 생활을 오래 한 사람이어서 우리말이 능숙했다.

고백성사를 원하는 사람이 너무 많았다. 많은 신자들이 신앙에 충실하지 못했다는 자기반성과 이웃사랑을 실천하지 못했다는 죄책감 등을 고백했다. 얼마나 갈증을 느꼈을까 생각하니 그만하자는 말을 하지 못하였다. 예정된 미사 시간인 2시가 10여 분이나 지나 있었다. 임진각에서 진행하고 있을 2시의 미사를 생각하니 더 늦출 수가 없었다. 임진각의 미사와 시간을 맞추고 싶었다. 2시 20분, 다음 주일로 고백성사를 미루고 미사를 봉헌하기로 했다. 미국에서 준비해 온 성물과 모든 제구 제의를 사용하였다.

"엄위하신 주 천주여 당신 제대 앞에 겸손되이 엎디어서 간구하나이다 천주여 이 미사로써 우리를 용서하소서 불쌍한 죄인 우리를 인자하신 주님 품에 주 천주여 받아들이소서 주 천주여 받아들이소서"

가톨릭 성가 337번, 입당 성가였다. 성가책도 없이 열창하는 그들 사이를 걸어 제단으로 나아가 몸을 돌렸다. 그들은 마음을 다하여 진실하게 성가를 부르고 있었다. 이런 그들을 동원된 배우로 매도하다니……. 그것은 그들의 신앙에 대한 모독이었다. 보지도 않은 자들의 편견이었다.

"아버지, 이 사람들이 모두 하나가 되게 하여주십시오. 아버지께서 내 안에 계시고 내가 아버지 안에 있는 것과 같이 이 사람들도 우리들 안에 있게 하여주십시오. 그러면 아버지께서 나를 보내셨다는 것을 세상이 믿게 될 것입니다."(공동번역* 요한 17,21)

그날의 복음**으로 문 신부가 고른 말씀이다. 신자들은 한 말씀이라도 놓칠세라 집중하였다. 이어진 강론은 공소 신자들에게 들려준다고 녹음하는 사람도 있었다. 혹자는 녹음하는 목적이 당국에 보고하기 위해서라고 한다. 그러나 그날 미사는 처음부터 끝까지 방송국에서 녹화를 하고 있었다. 그러니 신자들의 녹음이 보고용이라고 운운하는 것은 일부러 이상한 눈으로만 보려는 태도일 뿐이다. 그의 강론은 '민족 통일은 신앙인의 사명'이란 주제였다.

반만년 유구한 역사의 단일민족이 남과 북으로 갈려 전쟁과 증오로

---

* 1977년 4월 간행된 한글 번역 신·구약성서.
** 미사 중에 낭독되는 성경 말씀.

형제의 가슴에 못질을 한 지 어언 44년, 그 시간 너무 길고 고통스러 웠습니다. 이에 천주교정의구현전국사제단은 민족 통일을 위한 전민 족적 책임을 깨닫고 이에 대한 우리의 다짐을 하느님께 봉헌하기 위해 오늘 바로 이 시간 임진각에서 남북통일 염원 미사를 봉헌하고 있습니 다. 그러나 통일이란 7천만 겨레의 사명이기에 나는 오늘 민족의 반쪽 인 이곳 북부 조국에서 같은 뜻으로 임진각과 장충성당을 이어 동시적 으로 미사를 봉헌하고 있습니다.

그러나 이곳에 이르는 데는 이웃집에 오는 것이 결코 아니었습니 다. 불과 3~4시간이면 올 곳을 3일이 걸려 이곳에 올 수 있었습니다. 뿐만 아니라 국가보안법에 의해 처단될 각오까지도 하지 않으면 안 될 결단이 요구되는 일이었습니다. 실제로 이 시간 이곳을 찾아 민족 통 일의 전 민족적 과제의 실현을 위해 7천만 동포의 통일 염원을 안고 오신 문익환 목사님은 이것이 죄가 되어 70 노구에 영어의 몸이 되어 고통 속에 있습니다.

이러한 비극적 유산은 여기서 종식하고 결코 후손에게 넘겨주어서 는 안 되겠습니다. 주 예수 그리스도에게 골고타에 자신을 던지는 결 단이 새 역사의 시발점이었듯이 통일 민족의 새 역사도 분단이란 민 족의 골고타에 우리 자신을 던지는 민족적 요구에 동참하는 일일 것 입니다.

한 알의 밀알이 땅에 떨어져 썩지 않으면 작은 열매도 맺을 수 없 음을 알고, 이는 오늘 이 민족의 역사 한복판에서 또 다른 그리스도 되어 예수의 결단이 요구된 '하나 되게 하소서'라는 기도인이 될 수 있다고 믿기 때문입니다. 우리 사제단은 오늘 이 남북 동시 통일 염

● 장충성당 미사 후 신자들과 함께

원 미사를 통해 임진각과 이곳 장충성당에서 누구를 비판하기에 앞
서 민족의 분단 역사 앞에 가슴을 치는 민족 분단의 죄를 뉘우치고 회
개의 표시와 민족의 십자가를 지고자 하는 민족적 결단의 상징이고자
합니다.

민족 통일의 밀알이 되고, 가톨릭 공동체가 이뤄지고, 하나 될 조국
의 근원이 되기를 소망하며 "진심으로 축복합니다." 하며 평화의 인사
를 나누었다. 기쁜 마음으로 성찬도 나누었다. 북쪽 형제들은 옛적 모
습으로 손을 사용하지 않고 입으로 성체를 받아 모셨다. 마지막으로

1974년 4월 18일 한국천주교주교회의 상임위원회가 손 영성체 허용 여부를 각 교구장에게 일임하면서 우
리는 대부분 손 영성체를 하고 있다.

평화의 사도로서 하나 된 조국을 위한 증거자가 되자고 다짐했다.

"미사가 끝났으니 가서 복음을 전합시다."

"하느님 감사합니다."

문 신부가 북에서 미사를 거행하는 그때, 임진각에서도 정의구현사제단이 미사를 거행하였다. 이 미사에서 정의구현사제단은 북에서도 문규현 신부가 우리와 같은 염원으로 미사를 올리고 있다는 것을 밝혔다. 이렇게 문 신부는 이 미사를 그동안 분단에 안주했던 공동체적 모순을 회개하는 장으로 만들었다. 그리고 북의 인민들 속에도 역사하시는 하느님을 만났다.

미사를 마친 후 신자들과 함께 마당에서 노래하고 춤추며 하나가 된다. 그리고 외친다. 통일이란 이렇게 사상과 이념, 제도를 뛰어넘는 자주와 평화요 민족대단결이라고. 미사 후 함께한 시간들은 사상과 역사를 뛰어넘는 한마당이었다. 아리랑, 노들강변, 고향의 봄 등을 함께 부르며 그들과 하나가 되어갔다. 후에 평양중앙방송은 이 미사를 두고 민족적 화해와 통일 그 자체였다고 논평하였다.

"남쪽 교우들을 만나고 싶습니다.", "성체 대회에 함께하고 싶습니다.", "김수환 추기경님께서 우리를 찾아주시면 영광이겠습니다." 문 신부에게 간청하는 말들이 들렸다. 그리고 통일의 그날까지 6월 6일을 기념하며 보내겠다는 그들의 약속, 또다시 함께 어울려 미사를 봉헌할 수 있는 때를 기다리겠다는 그들의 눈빛, 이 모습은 오랫동안 문 신부의 뇌리를 떠나지 않았다.

합법적인 방북

문 신부는 북한의 여러 곳을 살펴볼 기회를 얻었다. 평양 시민들의 일상을 살펴보기도 했고, 공장 노동자들의 일터를 방문하기도 했다. 가극을 관람하고 유치원을 견학하기도 했다. 분단의 상징인 판문점을 방문하기도 했다. 판문점에서는, 훗날 자기가 이곳을 지나 남한으로 내려갈 줄은 꿈에도 모르고, 남으로 통하는 문이 굳게 닫혀 있는 것을 보며 비탄에 젖기도 했다. 문 신부는 이렇게 자기가 북한 방문의 목표로 세웠던 네 가지를 차근차근 이루어 나가고 있었다.

문 신부는 6월 10일 북한에서 그의 방북에 대한 대한민국 외무부의 공식적 입장을 전해 들었다. 문규현 신부는 미국 영주권 소지자로서 7·7선언에 의거 법적인 문제가 없다는 내용이었다. 법적으로 문제가 없다는 소식을 듣자 당연한 것인데도 기뻤다. 그의 방북이 사법 처리의 대상이 되지 않는 합법적 행위라면 문익환 목사의 방북 또한 문제될 것이 없다. 외국 영주권 유무에 따라 합법과 비합법을 구분하는 것은 동족을 편가르는 일에 불과하다. 따라서 문익환 목사의 구속은 잘못된 일이라 생각했던 그는 후에 항소이유서에서 이렇게 기술하였다.

사실 7·7선언 이전에도 해외 동포들에게 있어서 북한 방문은 그리 놀라운 일이 아니었습니다. 떠나올 때는 하나였던 조국이 이제 와서 둘이어야 할 필요는 없었습니다. 설사 조국이 남과 북으로 갈라져 서로 대립하고 있더라도 우리 해외 동포들은 그럴 수 없다는 의식이 있었습니다. 그래서 그들은 북도 남도 내 조국이라 부릅니다. 우리 해외 동포들은 자신이 빨갱이가 되고 친위대원으로 오해를 받는다 할지라도 조국의 분단된 아픔은 외면하지 못하였습니다. 그래서 그들은 북부 조국과 남부 조국을 거리낌 없이 방문하고 그를 승화시키려 하였습니다.

이는 거부할 수 없는 역사의 흐름이었습니다. 이러한 해외 동포들의 통일 노력을 인정할 수밖에 없었고 이를 인정한 것이 7·7선언입니다. 그러므로 7·7선언이란 민족의 하나됨을 향한 전 민족적 염원에 대한 분명한 항복 선언입니다. 국내에 대한 동등한 선언이었습니다. 이런 측면에서 문익환 목사님에 대한 사법 처리는 부당한 것이라 하겠습니다. 이에 대한 항의와 함께 전민족적 통일 의지는 꺾을 수 없으며 꺾어서는 안 된다고 온몸으로 보여주고자 했습니다.

문 신부는 그 후 두 번 더 장충성당에서 미사를 드렸다. 6월 11일과 18일에 주일미사를 봉헌했다. 11일 미사는 베네로조 신부가 집전하고 강론도 했다. 베네로조 신부는 메리놀 선교회 소속 신부이다. 메리놀 선교회는 1923년부터 1950년까지 북한 지역에서 선교 활동을 했었다. 북에서의 선교 활동이 중단된 후 40년 만에 이뤄진 메리놀 선교사의 공식 미사인 셈이었다. 베네로조 신부는 나중에 그때의 감회를 정말 '선교사의 꿈'이었다고 술회하였다. 현실로 다가온 꿈을 앞두고 흥분과 기쁨에 잠을 이룰 수 없었다고 그때를 기억하곤 했다.

베네로조 신부는 미사에서, "내가 사랑하는 한국인은 남북으로 40여 년이란 긴 세월을 갈라져 살아왔다. 이는 분명 민족의 불행이다. 분단으로 인한 비인간적 불행의 종식을 위해서는 동족을 적이 아닌 형제와 자매로서 끌어안아야 한다. 형제애는 이념과 체제보다 영원하다. 하느님 아버지께서는 오늘도 계속 용서할 수 있는 기회와 은혜를 주시고 계신다. 화해를 통한 하나됨의 역사만이 이 민족의 생존권을 회복하는 길이요, 주인으로서의 새역사를 창조해나가는 길이다. 나는 남과 북을 같이 사랑한다. 서로 사랑하자. 여러분의 사랑의 승리로 우리나라 미국도 새로워지기를 바란다.”는 내용의 강론을 펼쳤다.

베네로조 신부는 “나는 이태리 부모님에게서 태어났으니 몸은 이태리제이고, 미국에서 나서 미국에서 교육을 받았으니 정신 사고는 미제이고, 마음은 한국을 사랑하는 한국제입니다.”라고 말하는 사람이다. 그리고 한국 현대사에 관해 미국인으로서 책임을 느낀다며 미 제국주의 정책이 가위질하여 갈라놓은 이 민족을 자신이 바늘이 되어 다시 꿰매는 치유자로서의 사명을 다하겠노라고 다짐을 표명하였다.

문 신부는 북을 떠나기 전날인 18일 10시 장충성당에서 세 번째 미사를 봉헌했다. 이제 이 미사를 마치면 언제 이들과 성찬을 나눌 수 있을까 하니 최후의 만찬 때 예수님의 마음이 이러지 않으셨을까 하는 생각이 들었다. “아버지, 이 사람들이 모두가 하나가 되게 하여 주십시오. 아버지께서 내 안에 계시고 내가 아버지 안에 있는 것과 같이 이 사람들도 우리들 안에 있게 하여 주십시오.”(요한 17,21)라고 기도했다.

문 신부는 북의 당국자에게 종교에 관해 솔직하게 질문을 던졌다. “왜 당신들은 44년 동안이나 종교를 억압하고 있습니까? 당신들을 비난하거나 곤란하게 만들려고 묻는 것이 아니라, 단지 알고 싶어서입니다. 남한과 미국에 있는 우리 민족들이 알고 싶어 합니다. 우리는 교회가 북한에서 어떻게 핍박받아 왔는지를 들어 알고 있습니다. 그래서 그 이유를 알고 싶은 거지요."

그러자 북 당국자 역시 솔직하게 대답한다. "전쟁 직후 우리는 철저하게 파괴되어 있었습니다. 우리는 전후의 피해와 잿더미로부터 전적으로 새로운 사회를 건설하지 않으면 안 되었지요. 살아남기 위해서 우리에게는 무엇보다도 하나로 뭉친 인민들의 헌신과 힘이 필요했습니다. 그래서 우리는 그와 같은 긴급한 과업을 놓고 종교가 인민들을 혼란시키는 것을 그대로 두고 볼 여유가 없다고 감지했지요."

이 대답에 문 신부는 몇 가지를 지적했다. 그 이후로 세상과 교회는 많이 변했다는 것, 특히 교회는 가난하고 억압받는 자들의 편에 서려고 의식적으로 노력하고 있다는 것, 그리고 많은 나라에서 종교가 새로운 사회 건설에 기여하고 있다는 점들을 들었다. 그러나 북의 당국자는 이제는 북한 사회도 많이 발전했기 때문에 더 이상 어떤 종교도 필요치 않다고 딱 잘라 말한다. 옆에 있던 베네로조 신부가 이에 대해 "왜 그렇죠? 이곳 사람들에게는 용서가 더 이상 필요치 않다고요? 당신들은 의식주 외에도 삶을 위해 필요한 그 무엇인가가 더 있다는 것을 진정 모르십니까?"라며 북의 종교 문제를 건드리기도 했다.

문규현 신부는 1989년 6월 5일에서 6월 19일까지 14박 15일 동안 북한을 돌아보면서 논문에서 주장했던 한반도의 통일 방안을 실천적으로 고민하였다. 그의 생각은 '생활 성서' 1989년 9월호에 실린 '하나의 조국, 하나의 민족, 하나의 교회'에 잘 드러나 있다.

분단 45년이 되는 오늘에 이르기까지 북은 우리 조국의 일부가 아닌, 찾아갈 수 없는, 세계에서 가장 먼 외국으로 강요되어 오고 있으며, 국경도 아닌 휴전선이 가장 견고한 국경이 되어 있습니다. '우리의 소원은 통일'이라고 노래하면서도 통일을 먼 훗날의 일로만 여기는 관념적인 생각으로 그칠 수만은 없어 통일의 길을 실천적으로 모색해야 하는 엄연한 사실에 저는 북의 동포를 찾아갔습니다. 이는 '민족공동체'라는 의식은 등진 채 서로를 대결의 상대로 여겨 적대관계가 격화되는 비극적 현실의 극복이 나의 민족적·크리스찬적 사명임을 인식함에서 온 작은 행위였습니다. 또한 이러한 오늘의 비극적 현실을 극복하고 민족의 통일과 평화를 나누는 일이 하느님의 명령이며 마땅히 교회가 담당하여야 할 사명(마태 5,23-24)임을 인식했기 때문입니다. 또한 교회는 민족의 땅에 평화를 구축하는 사도적 공동체로 부름을 받았기 때문입니다.(마태 5,9. 골로 3,15)

4　　　　　　2차 방북

깨어진 형제의 약속

　　흥분과 아쉬움과 안타까움을 뒤로
하고 미국으로 돌아온 문 신부는 북한을 방문하면서 느꼈던 소회를 강
연을 통해 동포들과 나누면서 다음 부임지인 필리핀으로 떠날 준비를
하고 있었다. 한편으로는 필리핀으로 떠나기 전에 형 문정현 신부와
함께 미국에 있는 장애인 시설을 돌아보기로 약속하였다.

　문정현 신부는 익산에서 장애인 시설인 '작은 자매의 집'을 운영하고
있었다. 마침 문정현 신부는 '작은 자매의 집'에 도움을 준 몇몇 분께
고마움을 전하고자 하였다. 더불어 선진지를 견학하면서 '작은 자매의
집' 운영을 위한 방안을 모색하기 위해 미국 방문을 계획하고 있었다.
또한 미국에 나가 있는 동생 문규현 신부를 만나 잠시나마 오붓한 시
간을 가질 수 있겠다는 소박한 기대도 있었다.

　7월 3일. 문 신부는 형을 만나기 위해 뉴욕에서 로스앤젤레스로 이
동한다. 두 사람은 같은 사제의 길을 걸으면서 이 땅에 진정한 하느님

의 정의를 심기 위해 수십 년 동안 자기 몸을 돌보지 않고 살아왔다. 그러나 학교를 같이 다녀본 적도 없었고, 서로 긴 시간 대화를 나눠본 적도 별로 없었다. 다만 서로에 대한 깊은 애정과 신뢰를 지니고 있을 따름이었다. 그래서 이번 참에 문 신부가 필리핀 임지로 떠나기 전 잠시 시간을 내서 미국 여행을 같이하기로 약속했던 것이다.

그러나 두 사람이 오붓한 시간을 가지기엔 한국의 현실이 너무나 척박했다. 뜻하지 않게 형 문정현 신부는 김포공항에서 출국 금지를 당해 익산으로 발길을 돌려야 했다. 로스앤젤레스까지 가서 형을 기다리던 문 신부는 어떤 상황인지 한국에 확인을 해보았다. 형 문정현 신부가, 동생 문규현 신부의 지난번 방북과 서경원 의원 방북에 관련하여 불고지죄 혐의가 있어서 출국 금지를 당했다는 것이다.

그리고 서경원 의원 방북으로 가톨릭 단체, 특히 가톨릭농민회가 좌경용공 세력으로 매도되고 있으며, 임수경이 평양축전 참가를 위해 입북한 것까지 겹쳐서 천주교가 용공 세력처럼 인식되고 있다는 것이다. 그래서 정의구현사제단도 중대한 결단을 하려고 하니 혹시 어디를 갈 때는 꼭 연락처를 남기고 다니라고 당부하는 것이었다. 뭐가 뭔지 이해할 수 없는 말이었다. 아무튼 머릿속이 혼란한 가운데 연락처를 남기고 전화를 끊었다.

천주교정의구현전국사제단의 부름

7월 7일 새벽 1시경 미국 텍사스주 휴스턴 한인 천주교회에 요란하게 전화벨이 울렸다. 형과 함께 가기로 한 휴스턴에 혼자 가서 아쉬움을 달래다가 깊은 잠에 빠져든 시간이었다. 전주교구 박병준(필립보) 신부의 전화였다. "사제단에서 평양에 간 임수경 수산나에게 짐을 보내려는데 형님이 수고 좀 해주셔야 되겠습니다. 12일에 여기서 신부님 한 분이 LA로 들어갈 거니까 그때 자세한 내용을 들으십시오. 건투를 빕니다." 알았다고는 했지만 어딘가 좀 엉성한 구석이 있었다. 전화 통화로는 할 수 없는 말이 많다고 하였다. 어쨌든 7월 18일 한국에서 온 신부와 뉴욕에서 만나기로 했다.

정의구현사제단은 7월 5일 청량리성당에서 열린 전국상임위에서, 평양에서 개최되는 '세계청년학생축전'*에 남한 학생 대표로 참석한 임수경에 대한 정부의 처벌 방침을 규탄하고, 현 정부의 반통일 정책을 폭로한다. 그리고 정의구현사제단의 민족 통일 의지를 천명하기 위하여 사제단 대표 한 명을 북한에 파견하여 임수경이 판문점을 통해 귀환할 때 동행하기로 결정한다. 그 대표로 미국 영주권자이며 이미 북한을 다녀온 바 있는 문규현 신부를 선정한다. 그리고 이 결정은 비밀을 유지하다가 그가 평양에 도착할 때 공식 성명서를 통해 발표하기로 계획하였다. 그래서 전화 통화로 모든 것을 이야기할 수 없었던 것이다.

지난 6월 6일 남북통일 염원 미사를 준비할 때는 정의구현사제단 관계자들이 그에게 북한에 가는 것을 신중히 고려해 달라며 굼뜨게 움직

1989년 7월 1~8일 열린 제13회 평양 세계청년학생축전은, 북한이 남한의 서울올림픽보다 더 큰 행사 규모로 세를 과시했다. 이 대회에 전국대학생대표자협의회(이하 전대협) 대표로 임수경이 참석하여 문제가 되었다.

였었다. 그런데 이번에는 아주 촉박한 시간에, 아무 준비도 안 돼 있는 사람에게 덜컥 평양으로 가라고 한다. 평양이 어디 소풍 가는 것처럼 가볍게 갈 수 있는 곳인가. 이웃 동네도 아니고 왕래가 쉽지 않은 곳인 줄 뻔히 알면서 이렇게 갑자기 결정해버린 정의구현사제단을 이해할 수 없었다. 아, 어떻게 해야 한단 말인가. 문 신부는 숨이 가빠왔다. 그가 감당해야 할 무게가 짐작이 되는 만큼 결단을 내리기가 어려웠다.

숱한 망설임 속에서 문 신부는 속이 타들어 갔다. 그는 머지않아 7월 31일에 필리핀 마닐라에 있는 아시아주교회의 인성회 사무총장 자리에 부임하기로 예정되어 있다. 그런데 이대로 평양에 간다면 언제 필리핀으로 갈 수 있을지 모를 일이다. 아시아주교회의에서는 문 신부가 미국에서 공부하는 2년을 꼬박 기다려주기까지 했는데 혹시 약속을 어긴다면 그건 도리상으로도 참 염치없는 노릇이다.

어떻게 흘러갈지 모르는 미래, 인간이기에 가질 수밖에 없는 부담스러운 마음이 그의 어깨를 짓누르고 있었다. 그러나 결국 사제는 제 마음대로 행동반경을 결정지을 수 있는 신분이 아니다. 문 신부는 자기 생각과 다르게 흘러가는 이 모든 상황들도 자신이 지고 가야 할 짐이라 생각하며 평양 갈 준비를 시작한다.

다행스러운 것은 그의 옆에서 같이 울고 기도하며 그의 결단을 도왔던 형제자매들이 있다는 것이었다. 그들이 있어 다소나마 마음 편하게 준비할 수 있었다. 사제 이전에 한 인간으로서 느끼는 부담감을 형제자매들이 같이 보듬어 주었다. 한없이 고마웠다. 그는 결국 모든 것을 하느님 뜻에 맡기고 부딪쳐 보기로 결심했다. 그렇게 마음먹고 나니 북에 가서 외롭게 행진하고 있을 임수경에 대한 무한한 연민과 책임감이 솟아나는 자신을 발견했다.

7월 13일. 형 문정현 신부에게 전화를 걸어 정의구현사제단의 결정 사항을 상의한다. 형님 신부는 하마오 주교가 허락해 준다면 사제단의 결정에 따라 북으로 가고, 그렇지 않으면 마닐라로 가는 것이 좋겠다고 조언한다. 그는 형의 조언처럼 자기를 기다리고 있는 아시아 주교협의회 인간개발위원회 책임자인 하마오 주교를 먼저 만나보아야겠다고 생각했다. 신부들에게 있어서 주교의 권위는 절대적이다. 관할과 행정 업무에 따라 담당 주교가 정해지면 국적과 상관없이 순명해야 한다.

7월 18일. '한반도의 평화와 통일을 위한 국제평화대행진'의 윤한봉을 만나 북한 입국 초청장 문제를 해결한다. 윤한봉은 5·18 광주민중항쟁 때 지도부로 활동하다가 핍박을 피해 미국으로 밀항한 민주투사였다. 그의 도움으로 국제평화대행진을 위해 이미 북한에 도착하여 일하고 있는 사람이 정기열 목사다. 문 신부는 정 목사를 통해 북한에 통보하여 베이징 주재 북한대사관에 협조를 요청하고 이미 발급된 초청장으로 중국 입국을 준비한다. 그는 하마오 주교의 승인 여부에 따라 마닐라행이나 평양행을 결정키로 하고 준비하게 된 것이다.

그리고 남국현(사도 요한) 신부에게 전화를 했다. 24일 일본으로 가서 하마오 주교를 만나 정의구현사제단의 결정 사항을 보고하고 승낙해 주면 사제단의 뜻을 따르고 그렇지 않으면 마닐라로 부임하겠다고 말했다. 남국현 신부는 정의구현사제단의 중요한 결정이니 꼭 이뤄져야 하고, 필요하다면 하마오 주교에게 사제단의 뜻을 편지로 전하겠다고 말했다. 자정쯤 남국현 신부가 그에게 전화를 걸어 어려운 사정이 있겠지만 정의구현사제단의 중요한 결단이니 꼭 성취되도록 최선을 다해달라고 재차 당부한다. 마닐라 일도 중요하겠지만 이 일이 더욱 중요하니 꼭 이뤄져야 한다고 강조하면서 전화를 끊었다.

7월 22일. 그는 케네디 공항을 출발한다. 너무나 갑자기 이루어진 결단이라 간단한 손가방 하나만 들었다. 가까운 몇 명의 형제자매들만이 걱정스럽게 환송해 주었다.

7월 23일. 나리타 공항에 도착하여 요코하마의 한 호텔에 투숙한 후 전화로 북경 경유 평양까지의 비행기표를 예약한다.

7월 24일. 오후 1시경 요코하마에 있는 주교관을 방문하여 출장 중인 하마오 주교를 기다린다. 그곳에서 예상치 않게 정의구현사제단이 하마오 주교에게 보내는 편지를 갖고 도착한 미국 메리놀 선교회 소속 켄 부제를 만났다. 그와 전혀 약속이 없었고, 남국현 신부와 전화할 때도 굳이 그렇게까지 할 필요가 있겠느냐고 했었기 때문에 더욱 반가웠다. 하느님께서 든든한 지원군을 만들어주신 것이다.

　✝ 주의 평화

　존경하올 하마오 주교님

　저희들은 한국의 천주교정의구현전국사제단 신부들(각 교구 상임위원들)입니다. 우리 한국의 사정에 대해서 주교님의 깊으신 이해를 바라면서, 우리가 합의한 내용을 주교님께 청원드리고자 합니다.

　이웃 나라에서 우리 한국 사정을 접하고 계시리라 믿습니다마는, 한국은 지금 40여 년 동안 이어져 오는 남북 분단으로 갖은 어려움을 겪고 있습니다. 최근에 문익환 목사, 서경원 의원, 임수경 양 등의 입북 사건으로 우리 한국 사회와 교회는 현 정권의 강경한 압박과 박해를 받고 있습니다. 우리나라의 뜻 있는 재야 세력과 많은 인사들(교회 내 인사들도 포함한)이 구속, 수배, 투옥되고 있으며, 언론 매체를 통해 정부 권력의 지향대로 매도되고 있습니다. 현 정권은 우리 국민들의 통일 염원을 외면한 채, 상기 사건들을 구실로 극심한 탄압 정국으로 몰아가고 있습니다.

차제에, 우리 한국 교회는 민족의 아픔을 외면할 수 없고, 고난받은 자들과 고통을 함께 하며 그리스도의 십자가를 지기로 결의하였습니다. 결의 내용은, 현재 한국 전대협(전국대학생협의회)의 대표로 임수산나(수경) 양이 홀로 북한 평양에서 열린 세계 청소년 축전에 참가하고 있습니다. 이 사실을 우리는 주님의 뜻 안에서 깊이 숙고하며, 한국 사제 한 사람을 이북에 가시도록 요청하는 결정입니다. 길 잃은 한 마리 양을 찾아 길을 나서는 목자의 소명을 생각하며, 한국에 있는 신부를 보내려 했지만, 여러 한국의 여건상 거의 불가능하다고 판단되었습니다. 때문에 전국 사제단의 대표로 미국 영주권이 있는 문규현 신부님을 북한으로 파견하여, 임수산나를 데리고 함께 판문점을 통과하여 조국의 품으로 돌아오도록 결정하였습니다.

이 편지를 소지하고 가시는 메리놀회 소속 켄 부제를 만나주시고, 우리 한국 천주교정의구현전국사제단의 뜻을 헤아려 주시기를, 주님의 이름으로 기도하며, 주교님께 간청을 드립니다. 다만, 한 가지 우려되는 점은 사정상 한국 추기경님 및 주교님들께는 미리 알려드리지 못하는 상황을 깊이 통찰해 주시기를 바랍니다. 그러나 수일 내에 추기경님과 주교님들께 정식으로 말씀드릴 것입니다.

다시 한번, 우리 사제단의 결의를 도와주시기를 간절히 바랍니다. 주교님과 일본 천주교회에 주 성모님의 축복이 풍성하기를 기원합니다.

1989. 7. 22.
한국천주교정의구현전국사제단 대표 남국현 신부

문 신부는 하마오 주교를 만나 켄 부제가 가져온 편지를 전달하면서 정의구현사제단의 결정 사항을 말씀드렸다. 승낙 요청을 하자 하마오 주교는 기쁘게 '성부와 성자와 성령의 이름으로' 축복해 주었다. 그는 하마오 주교 앞에 무릎을 꿇었다. 이제 하느님의 뜻을 확실히 알 수 있었다.

나중에 하마오 주교는 문 신부가 재판받을 때 한국을 방문하여 재판 과정을 방청하기도 하고 교도소까지 면회를 와서 그를 축복해 주기도 했다. 하마오 주교는 후에 교황청에서 일하다가 추기경으로 임명된다.

도쿄에 있는 메리놀 사택으로 이동한 후 그는 남국현 신부에게 전화를 했다. 모든 일이 잘 되었고 내일 떠난다는 말에 "와!" 하는 소리가 그의 귀를 때린다. 후에 안 일이지만 전화할 때 정의구현사제단 상임위원들이 모여 있었다고 한다. 그들 역시 앞으로 닥칠 고난에도 불구하고 하느님의 뜻이 함께하신다는 사실에 기뻐하였을 것이다.

7월 25일. 메리놀 사택에서 하룻밤을 묵은 후 아침에 나리타 공항으로 향한다. 공항 매표소에서 평양까지의 왕복항공권을 구입한 후 눈에 띄지 않게 조심하며 있다가 출발 30분 전인 10시경에 남국현 신부에게 전화를 걸어 출발을 알렸다. 오후 2시경 베이징에 도착하자마자 북한 대사관을 찾아 본국과의 연락을 요청했다. 1차 방북 때 비자 발급의 어려움을 겪었기 때문이었다.

그런데 문제가 생겼다. 26일에 가기로 되어 있던 정규 여객기가 항공 일정이 바뀌어 25일 그날 떠나버린 것이었다. 26일에 못 들어가면 북한에 가는 의미가 사라진다. 임수경의 귀환 예정일은 27일이다. 낭패였다. 그러나 이번에도 역시 하느님께서 함께하셨다. 변경된 비행 일정에 낙담하고 있을 때, 마침 수송기 한 대가 오게 되어 있고 그 수송기를 탈 수 있다는 소식이 들렸다. 하느님께 감사하며 이제 비자 발급만 제대로 되기를 기도했다.

7월 26일. 아침 일찍 북한 대사관을 찾았다. 본국에 조회했으나 아직 회신이 없다고 한다. 초조히 대사관에서 기다렸다. 정오가 다 되어서야 본국의 조회가 떨어져 비자를 발급받았다. 하느님 감사합니다. 여기서 그는 니카라과 혁명 10주년 기념식에 참석 후 평화대행진에 늦게라도 참여하고자 달려온 반전 평화운동가 브라이언 윌슨 부부를 만나 동행하게 된다. 기장이 그들이 탄 수송기가 백두산 정상을 지나고 있다고 알려주었다. 국제평화대행진 의 시작점인 민족의 영산 백두산을 뭉클한 마음으로 그려본다.

브라이언 윌슨(S. Brian Willson), 1987년 9월 1일 윌슨은 니카라과에 대한 미국의 무기 지원에 항의하는 의미로 동료 두 명과 함께 캘리포니아주 콩코드에 있는 미 해군 무기저장소 앞 선로 위에 드러누웠다. 무기 반출을 중단시키기 위해서였다. 해군과 철도 당국에는 이미 사흘 전에 자신들의 계획을 예고해 둔 상태였다. 그런데 기관사들은 기차 운행을 중단하지 말라는 명령을 받았다는 이유로 200미터 전방에 누워 있는 시위자 세 명을 보고도 전혀 속도를 줄이지 않고 그대로 달려들었다. 동료 두 명은 간발의 차이로 화를 면했지만, 윌슨은 급히 피하던 중 다리가 걸려 무릎 아래가 절단되는 사고를 당하고 말았다. 베트남에서 4년이나 복무한 경험이 있는 윌슨은 놀랍게도 이 불행한 사고와 관련해 기관사나 위생병을 비난하지 않았다. 그들도 희생양일 뿐이라는 것이었다.

'세계 청년 학생 축전'이 폐막된 이후에도 북한에 머물던 임수경은 6·25 참전국 16개국을 포함해 5대륙 30여개국에서 온 평화운동가 300여 명과 함께 20일부터 1주일간 '조국의 평화와 통일을 위한 국제 평화 대행진'에 오른다.

함께 십자가를 지고

7월 26일. 문 신부는 다시 북에 도착했다. 지난 6월 19일, 보름간의 북한 방문을 마치고 떠난 지 한 달여 만에 두 번째로 방문하게 된 것이다. 긴 시간 마음 졸이며 어려운 여건들을 헤쳐나가며 다시 북을 찾은 것이다. 이번 방북은 어쩌면 그 스스로 결단하였다기보다도 어쩔 수 없이 떠밀려갔다는 편이 옳을지도 모르겠다. 문 신부는 여기까지 오게 한 힘을 생각했다. 그를 밀어 여기까지 오게 한 보이지 않는 힘은 무엇일까. 자연스럽게 자신의 성구가 떠올랐다.

'너 어디 있느냐?' '예, 저는 지금 평양에 있습니다.'

평양에 도착하자마자 그는 임수경이 있는 개성으로 안내해 줄 것을 요구했다. 그러나 안내원은 우선 평양에 여장을 풀고 나서 논의하자고 한다. 그는 임수경과 함께 내일 27일 판문점을 통과하기 위해 정의구현사제단의 대표로 파견받았다는 것을 분명히 했다. 그러니 오늘 중 개성으로 내려가는 것이 옳다고 주장했다. 안내원은 그 일을 협의하기 위해 우선 이곳에서 여장을 풀자고 한다. 안내를 받아야 하는 상황이라 어쩔 수 없이 평양 보통강 호텔에 여장을 풀었다. 초조한 마음으로 상황을 지켜볼 수밖에 없었다.

저녁 7시쯤 조국평화통일위원회 서기국장 안병수가 왔다. 안병수는 큰 결심을 하셨다고 하면서도 임수경이 7월 27일에 판문점을 통과 못할 경우도 생각해야 한다고 말했다. 북측에서 군사정전위원회에 판문점 통과를 요청하였으나 유엔사측이 불응하고 있는 상황이라는 것이었다. 정전협정상 쌍방은 판문점을 통과할 시에 상대에게 요청해야 하고 이 요청이 승인되어야 통과할 수 있었다. 북에서 아무리 요구해도 유엔사측에서 승인하지 않으면 통과할 수 없는 것이다.

이전에 문익환 목사도 판문점을 통과하여 남으로 가기를 원했으나 뜻을 이루지 못했었다. 이번에도 유엔사측에서 쉽게 응하지 않을 것임을 북은 알고 있었다. 이런 상황에서 혹시 문 신부가 판문점 통과를 강하게 주장하고 나서면 임수경도 판문점 통과를 더 고집할 수 있으니 시간을 벌고자 하는 것이었다. 그러나 문 신부는 평양에 앉아서 상의하려고 온 것이 아니니 임수경이 있는 개성으로 가서 상의하자고 거듭 요구했다.

안병수는 자기 혼자 결정할 사항이 아니니 다시 논의해 보겠다고 했다. 그러면서 군사정전위원회를 통해서 유엔사측에 판문점을 통과할 수 있도록 요청서도 보냈고, 남측 당국과 적십자사를 통하여 요청도 하였으나 거부당하고 있다고 했다. 거기다 남측 경비구역에는 무장이 강화되고 병력까지 증강되고 있는 등 상황이 경색되어 가고 있음을 알려 주었다.

7월 27일. 아침 8시 안병수 서기국장이 다시 와 바로 판문점으로 떠나도 된다고 했다. 그는 대답이 떨어지면 어느 때라도 떠날 수 있도록 옷을 입은 채 선잠을 자면서 소식을 기다리고 있던 참이었다. 어젯밤까지 그렇게 완강하던 입장이었는데 밤새 정책에 변화가 생긴 것이었다. 어쩌면 분단선을 통과할 수도 있겠다는 기대감을 갖고 판문점으로 향했다. 판문점 가는 길에 비가 쏟아지기 시작했다.

12시경 판문점 통일각에 도착하니 2백여 명이 모여 평화대행진 종료식 및 임수경의 환송식을 준비하고 있었다. 문 신부는 그제서야 드디어 자기가 '보호'하고 '동행'해야 할 임수경을 만났다. 어려움에 처한 양을 찾아 나선 문 신부와 든든한 목자를 만난 임수경은 뜨겁게 포옹하며 인사를 나누었다. 그는 자기도 모르게 눈물이 났다. 그동안 북에서 모든 것을 혼자 결정해야 했던 임수경은 얼마나 외로웠을까. 자신과 함께 남으로 내려가기 위해 북으로 온 문규현 신부를 만난 임수경은 이때를 '내가 만난 것은 나의 주님 나의 하느님이었다.'고 회상하였다.

1989년 7월 27일은 정전협정 36주년 되는 날이다. 백두산부터 판문점까지 걸어 온 평화대행진단은 정전협정일에 정전협정을 파기하고 평화협정의 의미를 세우고자 했다. 한국전쟁 참전 16개국에서 온 참가자들이 함께 모여 전쟁 피해자들에 대한 위령제를 지내고, 잘못된 전쟁 역사를 뉘우치고 종결짓는 날로 삼고자 했다. 한반도의 불행한 역사와 분단을 극복하고 평화통일을 향한 첫발이 되자는 뜻으로 백두에서 한라까지의 국토 종단을 결정하고 이를 실현하기 위해 판문점을 넘고자 한 것이었다.

오후 4시 30분. 평화대행진 판문점 대회를 마친 후 분단 통과의 결의를 다지고 판문점을 향해 나아갔다. 북한 당국의 판문점 통과 승인 요청은 거부된 상태였고 판문점 일대의 긴장은 최고조였다. 이런 상황에서 정기열 목사는 판문점 통과의 연기를 제안하였다. 그러나 문 신부는 임수경의 뜻을 확인하고 일단은 어느 쪽이든 심한 제지가 없는 한 통과를 단행키로 했다. 어려운 상황이라 판단될 때 그 자리에서 단식 투쟁에 돌입하기로 했다.

판문각에 이르자 임수경은 태극기를 둘러 달라고 요청한다. 언제 어떻게 준비했는지 임수경은 태극기까지 준비하고 있었다. 나중에 들은 바로는 임수경이 북한에서 재료를 구입하여 직접 만든 거라 했다. 북이든 남이든 어떤 정부 당국자도 무서워하지 않고, 눈치를 보지 않는 그녀의 당당함이 당돌함 이상으로 빛나는 순간이었다. 문 신부는 임수경의 목에 태극기를 매어주고 그와 어깨를 걸고 분단선을 향했다.

판문각을 내려가자 북한 판문점 경비병들의 제지가 완강했다. 북한 경비병 대표는 유엔 당국이 승인을 거부하고 있고, 판문점 상황이 너무 긴장되어 있기 때문에 통과는 허락할 수 없다는 것이었다. 신변 보장이 어렵다는 것이다. 세계 30개국의 평화 인사들의 동참과 지지 그리고 백만 학우들의 통일 염원, 7천만 통일 민중이 함께한 대장정이 막히는 순간이었다.

임수경은 "저는 지금 판문점을 통해 그리운 부모, 그리운 학우들에게 돌아가고자 하나 한 발짝도 움직이지 못하고 있습니다. 그리운 부모와 학우들이 맞으러 올 때까지 이곳에서 단식으로 기다리겠습니다."라고 호소했다. 문 신부와 임수경은 유엔사와 남한 정부가 통과를 허가할 때까지 무기한 단식에 돌입한다고 선언했다. 그들에게 단식은 낯선 풍경이었다. 정치적 선전 목적 달성에만 관심이 있었던 북한 당국은 적잖이 당황하였다. 북한 당국은 짧은 기간 동안 수차례 군사정전위원회 개최를 요청해야만 했다.

분단선 가까이에 농성장을 차리기로 했다. 그러나 오후 5시 이후에는 그 누구도 판문점 부근에 있어서는 안 되며, 예기치 못한 긴장 사태의 우려도 있어서 허락할 수 없다 한다. 어쩔 수 없이 통일각으로 농성장을 정한다.

너무 많은 이들이 단식 동참을 원하여 조정이 필요했다. 이에 단식 투쟁의 인원을 백여 명으로 제한하기로 결정한다. 준비되지 않은 단식인지라 판문점 경비 부대의 모포를 빌려 침구로 사용하기로 한다. 통일각 회의실을 정리하여 남자 대원들의 침실 겸 중앙회의실로 사용키로 하고, 여자들과 타민족 동포들은 소회의실을 침소로 배정한다. 모두 피곤함을 느껴서인지 일찍 휴식에 들어갔다. 그러나 문 신부는 피곤함을 느낄 수 없을 정도로 힘든 하루였다. 그는 저녁 9시 북의 중앙TV 보도를 통해 자신에게 사전구속영장이 발부되었다는 소식을 접한다.

노태우 정부는 북방정책과 개혁 개방의 일환으로 7·7선언을 해놓고는 정작 국민들의 접근을 철저히 가로막았다. 자유롭게 남북 왕래를 허용한다면 봇물처럼 쏟아지는 통일 요구에 통제할 수 없는 상황이 올 것이 두려워 다시 과거 통제의 길로 방향을 정한 것이다. 노태우 정부의 승인 없이 방북했던 문익환, 서경원, 황석영이 사법 처리된 것은 이 때문이었다. 임수경과 문 신부에 대한 사전구속영장 또한 같은 맥락의 일이었다.

이런저런 생각에 잠을 못 이룬다. 같이 구속영장이 발부된 구일모(베드로), 남국현, 박병준 신부는 어떻게 될까? 어머님은 어떠실까? 걱정만 끼쳐드리는 이 불효를 어떻게 용서받을까? 그나저나, 어린 딸로 인한 수경이 부모님의 고통은 얼마나 클까? 어떻게 대처하고 계실까? 여러 가지 상념이 그를 괴롭힌다. 문 신부는 그렇게 뜬눈으로 밤을 지샜다.

7월 26일에 남쪽 정의구현사제단에서는 성명서를 발표한다.

교회는 모든 세대를 통하여 그 시대의 특징을 탐구하고 복음의 빛으로 그것을 해명해 줄 의무를 가지기에(사목헌장 4항) 우리 사제들은 신앙적 양심에 입각하여 이 시대의 징표를 읽고 선포하며 더 나아가서 양떼들의 아픔에 동참하는 사제적 결단을 내리지 않을 수 없습니다.

이에 따라 천주교정의구현전국사제단은 7월 5일 전국상임위원회에서 사제단의 일원인 문규현 신부를 우리의 대표로 북한에 파견하여 임수경 양과 함께 판문점을 거쳐 귀환토록 결의했습니다. 이에 따라 우리 사제단은 문 신부를 7월 25일자로 북한에 파견하였고, 문 신부는 오늘 오후 5시경 북한 도착 즉시 임수경양과 만나 임양의 귀환 문제를 협의할 것이며, 임양이 원하는 바에 따라 귀환하리라 믿습니다. 이는 앞서 언급한 바와 같이 그리스도를 따르려는 사제로서 신앙적 양심에 입각한 전달이며, 목자로서 양떼의 고난을 함께 겪으신 그리스도의 모범에 따른 것입니다. 특히 중요한 것은 이번 문규현 신부의 방북이 문 신부 개인의 결단이 아니라 천주교정의구현전국사제단의 결정에 의하여 사제단의 대표 자격으로 파견했다는 사실입니다.

사제단은 이러한 결단이 결코 북한 정권을 이롭게 하고자 하는 것이 아님을 밝혔다. 북한 당국에 대해서도 민족의 통일을 위한 더욱 성의 있는 노력과 자세를 촉구하며, 사회 전반에 대한 폭넓은 민주화 조치를 취해줄 것을 강력히 요구했다. 그리고 이러한 결단은 부족하나마 이 시대의 고난받는 자들과 함께 그 고난에 참여하는 방법의 하나였음을 천명했다.

그러나 남한에서는 문 신부의 판문각 연설을 트집 잡아 공안 정국의 분위기를 조성했다. 신부인 그를 공산주의자로 몰아갔다. '미 제국주의자'라는 발언을 문제 삼아 빨갱이로 매도하기 바빴다. 여론이 들끓었다. 양떼의 고난을 제 것으로 받아들이는 목자의 심정으로 시작된 그의 북한 방문은 한 치 앞을 내다볼 수 없는 상황으로 치달았다.

7월 31일 오후 7시쯤. 단식 5일째 임수경이 쓰러졌다. 통일각에서 문화 토론에 참가하던 임수경이 갑자기 의식을 잃었다는 소식이었다. 급히 그쪽으로 가보니 의사와 간호사들에 둘러싸여 누워있는 임수경의 모습이 눈에 들어왔다. 아무리 불러봐도 한마디 대답이 없다. 간호사만 눈물과 땀으로 범벅된 채 응급치료에 바빴다. '안 됩니다, 하느님. 죽어서라도 휴전선 장벽 위에 통일의 징검다리를 놓겠다고 하였지만, 아버지, 절대로 무슨 일이 있어서는 안 됩니다. 건강하게 손을 잡고 분단을 넘어 통일 조국의 증거자가 되어야 합니다. 아버지, 도와주소서.'

문 신부는 임수경의 손을 잡고 기도했다. 그러나 임수경은 눈을 뜰 줄 모른다. 기도하고 또 기도한다. 얼마나 지났을까. 집중 치료를 받던 임수경의 맥박, 혈압이 정상을 찾아간다는 의사의 말이 들린다. 임수경이 살짝 눈을 떴다. 그러나 말이 없다. 의사는 문 신부까지 쓰러지면 큰일이라며 밀어냈다. 하릴없이 임수경을 두고 방 밖으로 쫓겨나올 수밖에 없었다.

문 신부는 의료진에 임수경을 맡기고 나와 사람들과 대책을 논의한다. 중론은, 임수경이 더 이상 단식을 지탱할 수는 없다는 것, 함께하는 동지들도 점점 탈진되어 가고 있다는 것, 그러므로 단식을 종료해야만 한다는 것이었다. 그러나 문 신부는 이 기회에 북측의 동의라도 받아내려면 그럴 수 없다고 강력히 맞섰다. 신변에 이상이 생긴다면 신병 인도라는 명분으로라도 판문점 길을 막지 않겠다는 언약을 받아낼 생각이었다.

북한 당국자들은 임수경의 건강이 염려되므로 8월 8일 제450차 군사정전위원회 본회의에서 판문점을 통해 돌아갈 수 있도록 유엔사 측에 강력히 요구하겠다고 했다. 그리고 대한적십자사와 세계적십자사를 통해 인도주의적 차원에서 허락할 것을 촉구하겠다는 뜻도 밝혔다. 그제서야 문 신부는 전체 회의를 부쳐 단식을 정리할 계획을 세웠다. 기자회견을 통해 단식 투쟁 종료를 선언하고 새로운 투쟁에 진입키로 한 것이다.

겨우 깨어난 임수경은 기자회견을 통해 판문점을 거쳐 서울로 돌아갈 수 있을 때까지 효과적인 형태의 투쟁을 계속해 나갈 것이라고 밝혔다. 그리고 오는 8월 15일 광복 44주년을 맞아 판문점을 통하여 서울로 귀환하겠다는 뜻을 재차 밝히고 통과 허락을 호소했다.

그런 와중에 임수경과 문 신부는 평양 외국인 병원에 입원해야 했다. 북한 의료진의 보호와 관찰을 거치고 문 신부는 8월 4일 퇴원하여 보통강 호텔로 옮겼으나 임수경은 퇴원하지 못했다. 무리한 일정과 단식으로 임수경의 몸이 정상으로 돌아오지 않고 있었다. 임수경은 그동안의 긴장과 수면 부족으로 위장병까지 심각했다. 또한 어릴 때 다친 무릎이 걸을 때마다 저려와서 이 또한 치료받아야 했다.

그런데 문제가 있었다. 비자가 만료되었다. 문 신부는 27일에 판문점을 통하여 귀환할 것으로 예상하였기에 비자 기한을 27일까지로 했었던 것이다. 그는 병원에 임수경을 혼자 남겨두는 것이 마음에 걸렸지만, 비자 문제와 지금의 상황 정리를 위해서 미국에 다녀와야만 했다. 임수경에게는 차마 이를 밝히지 못한다. 문 신부는 자기가 돌아올 때까지 병원에서 잘 치료해 줄 것을 부탁하고 무거운 마음으로 미국으로 향했다.

문 신부는 7월 27일 판문점을 통과하여 귀환하지 못한 것이 몹시 슬프고 가슴 아팠다. 특히 정의구현사제단에서 자신에게 부여한 책임을 다하지 못한 것 같아 죄스러운 마음이었다. 대책을 다시 숙의해야 할 필요가 있었다. 너무 갑자기 이루어진 방북 여정 때문에 정리하지 못한 미국 생활도 정리해야 했다. 일본을 경유하는 길에, 하마오 주교에게도 그동안의 경과와 앞으로의 계획에 대한 보고도 할 겸하여 미국행을 결단했다. 또한 판문점 통과의 역사적 의미 홍보, 이의 성취를 위한 연대 활동도 내심 모색해 보고 싶었다.

미국에 도착한 그는 신분 노출을 피하기 위해 세인트브리지드 한인교회 김영진(바르나바) 신부를 통하여 7월 27일 판문점 통과 무산 및 8월 15일 재통과 계획에 따른 정의구현사제단의 입장과 대책을 알아본다. 정의구현사제단에서는 8월 15일 통과를 원칙으로 하되 만약 무산될 경우 제3국을 통해 이른 시일 내에 귀국하라고 했다. 그는 메리놀 신학대학원 숙소에서 한국의 신문들을 탐독하며 고국의 분위기와 여론을 파악한다. 그리고 그와 함께 지난 6월에 방북했던 베네로조 신부에게 방북 체험에 대한 글 을 써서 남한의 언론 매체에 기고해달라고 부탁한다. 문 신부가 공산주의자가 아님을 1차 방북의 모습을 통하여 설명한다면 여론의 분위기가 달라질 수 있을 거라 생각했기 때문이었다.

8월 12일. 정의구현사제단의 뜻을 확인하고 미국 생활을 정리한 다음 문 신부는 다시 평양에 도착했다. 그는 임수경과 앞으로의 대책을 논의한다. 통일로 가는 역사적, 상징적 의미를 위해 이미 선언한 대로 8월 15일에 판문점 통과를 결행하기로 한다. 그는 북한 외무성에 전화를 걸어 판문점 통과 승인을 요청하면서 단호한 의지를 표명한다.

8월 13일. 아침 하늘은 가을만큼 높고 청명했다. 주일이었다. 문 신부는 다시 장충성당을 찾았다. 이번에는 임수경과 함께하는 미사였다. 민족의 화해와 통일을 기원하는 미사가 올려지기로 한 날이다. 그에게 장충성당으로 가는 길은 전혀 낯설지 않다. 지난 6월 아쉽게 헤어진 신자들의 얼굴이 떠올랐다. 45년 분단 역사를 함께 하신 성령의 살아 있는 징표, 깨끗하게 단장하고 기다리던 형제자매들, 그리고 '찬미 예수'라는 인사……

미사가 끝나고 하느님은 또 한 번 문 신부에게 기적을 내려주신다. 완강했던 북의 태도가 바뀐 것이다. 북한 당국이 8월 14일 오후 3시 평양 시민 환송대회를 마치고 판문점으로 떠날 수 있게 해주겠다는 것이다. 그런데 그때까지 여전히 남한 당국이나 유엔사 측에서는 아무 응답이 없었다. 유엔사 측이 동의하지 않은 채로 판문점을 여는 것은 정

조셉 R. 베네로조 신부는 '내가 알고 있는 문규현 신부, 그는 공산주의자인가 아니면 천주교의 한 선각자인가?'라는 제목으로 원고지 50여 장 길이의 글을 '월간 말' 1989년 9월호에 게재하였다.

전협정을 어기는 행위가 되므로 북측 입장에서도 쉽지 않은 결정이었을 것이다. 북한 당국은 정전협정을 어기는 한이 있어도 판문점 통과를 실현시키는 것에 정치적 의미가 크다고 판단한 것 같았다. 문 신부는 이날을 북한 체류 중 가장 기쁜 날로 기억한다.

통일의 꽃 임수경

임수경은 1989년 6월 30일 북한에 도착해서 북한 사회의 모든 이슈를 빨아들이고 있었다. 북한뿐만 아니라 남한에서도 최대의 뉴스거리였다. 그 당시 임수경의 행적은 '사진 한 장으로 보는 대한민국 현대사'의 다음 글에 잘 정리되어 있다.

> 1989년도 각 대학 총학생회장 선거의 뜨거운 이슈는 단연 그 해 평양에서 열리는 '세계 청년 학생 축전' 참여 문제였다. 전대협은 1988년 12월 28일 대한적십자사를 통해 북한의 학생위원회가 보낸 축전 참가 권유 서한을 받고 한 달 뒤 공개적으로 수락 의사를 밝혔다. 정부가 이미 '7·7선언'에서 북한을 같은 민족공동체로 인정하고 경제·문화 전반에 걸쳐 교류협력하려는 의지를 밝혔기 때문이었다. 그러나 한때 평양축전 참가를 허용할 듯하던 정부는 돌연 태도를 바꿔 6월 6일 참가 불허 방침을 밝혔다.

현대사 스토리텔러, 사진 한 장으로 보는 대한민국 현대사, 네이버 블로그, 2024년 5월 25일
https://blog.naver.com/telience92/223356900619

이 축전은 2차대전 직후 항구적 세계 평화를 도모한다는 취지에서 영국 런던에서 열린 '국제청년학생회의'로부터 시작된 행사다. 체코, 동독, 루마니아 등 동구권 사회주의 나라와 핀란드, 오스트리아 등 중립국들이 축전을 이미 개최했으며 1985년 모스크바 축전에 이르러서는 157개국 2만여 명이 참석한 국제적 행사로 성장했다. 제13차 축전은 7월 1일부터 8일까지 평양에서 개최될 예정이었다.

문익환의 방북을 용공으로 매도하면서 관제 언론을 통한 대대적인 공안몰이에 나선 정부의 기세 앞에 전대협은 심각한 고민에 빠졌다. 그러나 통일 운동으로 일대 방향을 전환한 전대협으로서는 운동의 동력을 지속적으로 끌어내려면 정부의 탄압을 뚫고 평양축전 참가를 결행해야 할 입장이었다.

전대협 의장 임종석은 남쪽의 '평균적 대학생'을 물색한 끝에 전대협 산하 평양축전준비위원회에서 활동중인 한국외국어대 학생 임수경을 찾아냈다. 그녀는 독실한 천주교 신자로 학생운동과 관련해 구속된 전력이 없는데다 여권을 가지고 있어 언제라도 출국하는데 문제가 없었다.

6월 21일, 임수경은 가족들에게도 알리지 않은 채 집을 나섰다. 도쿄, 베를린, 베이징 등으로 비행기를 바꿔 타며 지구를 한 바퀴 돌아 열흘만인 6월 30일 평양에 도착했다. 지친 임수경을 맞이한 것은 상상조차 할 수 없는 북한 동포들의 뜨거운 환영이었다. 공항에서 호텔로 가는 연도에 수십만 인파가 모여들어 그녀를 열렬히 환영했다. 차는 인파에 막혀 자주 멈췄다. 임수경은 그녀의 손을 잡아보려는 사람들에게 떠밀리기 일쑤였다. 악수 세례에 임수경의 손은 퉁퉁 부어올랐다.

평화와 친선, 반제 연대성을 내세운 평양축전은 북한이 서울올림픽의 성공적 개최를 염두에 둔 듯 세계 각국에서 2만여 명을 초청해 치른 해방 후 최대 규모의 국제행사였다. 재미 한국교포 2백여 명도 참가해 성조기를 휘날리기도 했다. 그러나 이 축전이 진행되는 내내 최대 주인공은 단연 임수경이었다. 그녀는 축전 장소뿐만 아니라 어디서든 자유롭고 당당한 행보로 자신이 평양에 온 이유를 말했다.

"핵무기 없는 조국에서 살고 싶다. 외국 군대 없는 나라에서 살고 싶다."

맑고 해사한 얼굴에 거침없는 언동으로 '하나된 조국'을 외치는 남한의 여학생. 북한 주민들은 임수경에 매료됐다. 가는 곳곳마다 그녀의 얼굴을 보기 위해, 손을 한번 잡아보기 위해 몰려드는 인파에 승용차가 찌그러들고 경계선이 자주 무너졌다. 악수 세례로 인해 붕대를 동여맨 손은 계속 부어올랐다. 축전 폐막일, 임수경은 남측 전대협 대표 자격으로 북한 학생위원회 위원장과 함께 '남북 청년 학생 공동 선언문'을 채택한다. '하나의 조국, 하나의 민족이 타의에 의해 겪어온 45년의 분열은 민족 비극의 45년이었다'로 시작되는 선언문 낭독이 끝나자 외국인 참가자들은 일제히 'Korea is one'을 외쳤다. 그 함성은 무더웠던 여름 그날을 더욱 뜨겁게 달구었다.

(중략)

그날 오후 1시. 통일각 앞마당에 도착한 행진대는 '한반도 평화통일을 위한 국제평화대회'를 열었다. 6·25 참전 16개국 대표들이 공동성명서를 채택한 데 이어 마지막 순서로 임수경의 고별 연설이 있을 차

례였다. 이때였다. 남쪽의 천주교정의구현전국사제단을 대표해 임수경과 함께 판문점을 통해 남쪽으로 귀환하기 위해 신부 문규현이 도착했다는 소식이 전해졌다. 문규현은 76년 사제 서품을 받은 뒤 미국으로 건너가 활동한 미 영주권 소지자였다. 그는 두 달 전에 이미 북한을 방문해 평양 장충성당에서 통일 염원 미사를 봉헌했으며 당시 필리핀 소재 아시아주교협의회 사무총장으로 부임할 예정이었다.

그러나 어려움에 처한 사람과 더불어 있어야 한다는 정의구현사제단의 사목적 결정에 따라 문규현은 임수경을 '보호'해 무사 귀환시키는 임무를 부여받았다. 그는 베이징에서 화물기를 타고 평양을 거쳐 판문점으로 달려왔다.

임수경은 어둠 속에서 한줄기 빛을 발견한 듯 흥분을 감추지 못했다. 그녀는 분단 독재의 상징이자 한민족 고통의 진원지인 판문점, 그 군사분계점을 가로질러 기어코 서울로 돌아가야 한다는 생각을 더욱 굳혔다. 그러나 그 귀환은 정전협정 당사자인 북한·중국과 유엔의 허가를 얻어야만 가능한 일이었다. 유엔 측이 이를 허용할 리 만무했다. 그녀는 참석자 100여 명과 함께 단식농성에 들어갔다. 임수경이 8월 15일 판문점 통과 강행을 선언하자 이 문제를 두고 군사정전위가 소집됐으나 역시 불허 결정이 내려졌다. 그러나 그녀는 한발도 물러서지 않았다.

마침내 광복절인 15일 오후 2시 20분. 임수경과 문규현은 손을 꼭 붙잡은 채 군사분계선을 넘었다. 평양으로 가는 길은 열흘이 걸렸지만 돌아오는 길은 너무 짧았다. 단 몇 초만에 두 사람은 반세기 분단의 장벽을 통과했다.

그들은 분단 이후 판문점을 통해 북에서 남으로 넘어온 최초의 민간인으로 기록됐다.

분단의 벽을 넘다

1989년 8월 15일. 드디어 임수경과 문 신부가 판문점 앞에 섰다.

미리 자리잡고 있던 사람들이 우레와 같은 박수로 그들을 맞이한다. 임수경과 문 신부가 마이크 앞에 선다. 판문각에서 불과 몇십 걸음 떨어진 자리다.

"북녘의 3천만 형제 동포 여러분······."

차분한 목소리로 임수경의 연설이 시작된다. 8월 한낮의 태양이 눈부시게 쏟아지고 있다. 눈물을 감추려는 듯 그 뜨거운 하늘을 응시한다. 동포들의 열렬한 사랑과 통일의 염원을 느끼고 돌아간다는 인사다. 점점 목소리가 격앙되어 간다. 말하는 중간중간에 박수가 뜨겁다.

"사제적 양심으로 이곳까지 와주신 문규현 바오로 신부님께 진심으로······."

또 하늘을 쳐다본다. 박수가 울려 퍼진다. 마지막으로 교황님께 드리는 편지를 낭독한다. 20여 분에 걸친 임수경의 연설이 끝났다.

이제 문 신부의 차례다.

"저는 지난 6월 방북 이후 다시 왔습니다. 이제 통일의 꽃을 안고, 7천만 민족의 타오르는 불꽃을 안고 가려 합니다. 동포애와 뜨거운 통일의 열망을 남한 동포에게 전하겠습니다. 통일의 광장에서 춤추고 노

● 분단선을 넘기 전 기도

래할 날을 기다립시다."

연설을 마친 문 신부가 '우리의 소원'을 부르기 시작한다.

"우리의 소원은 통일……."

금세 모두의 합창이 된다. 2절까지 이어진다. 임수경도 힘껏 부른다.

노래가 끝났다. 정말 작별해야 할 시간이다. 한 사람씩 나와서 으스러지도록 임수경을 포옹한다. 문 신부에게도 온몸으로 인사한다. 남측에 내려가면 사살될지도 모른다는 소문이 돌아서 그런지 그들의 모습은 더욱 격정적이다. 숨을 몰아쉬면서 펑펑 우는 사람도 여럿이다. 특히 임수경에게는 몇 번이고 안기며 눈물을 흘린다. 임수경도 눈물을 흘린다. 다시 탈진하지나 않을까 걱정된다. 임수경의 손을 잡고 아프지 말라고 당부하는 목소리가 애절하다.

뜨거운 8월의 태양 아래 빨간 셔츠와 하얀 바지를 입은 임수경과 로만칼라의 문 신부가 군사분계선으로 향한다. 일행이 우르르 따라 나온다. 경비병들이 급히 북쪽 사람들을 제지한다.

"나오지 마오, 나오지 마오."

어쩔 수 없이 멈춰 선 북쪽 사람들이 외친다.

"수경이, 다시 만나자 수경이."

여기저기서 수경이를 부른다. 부르는 목소리는 더욱 커진다.

● 분단선을 넘는 문규현과 임수경

두 사람이 분단선 위에 섰다. 문 신부가 기도한다.

"하느님 아버지, 이 비극의 자리를 당신도 보고 계시죠? ……."

격정의 기도가 이어진다. 두 손을 공손히 모으고 눈을 지그시 감는다. 그랬어도 눈물이 줄줄 흐른다. 북측 인사들은 그 자리에 멈춰서 기도를 듣는다. 옆에 임수경도 눈을 감고 있다.

"당신의 뜻에 따라 살게 해 주셔서 감사합니다."

고백하며 기도를 마친다.

임수경의 기도가 이어진다. 의외로 목소리가 차분하게 가라앉았다.

"주여, 나를 당신의 도구로 써 주소서. 미움이 있는 곳에 사랑을, 다툼이 있는 곳에 용서를, 분열이 있는 곳에 일치를, 절망이 있는 곳에 희망을, 어둠이 있는 곳에 빛을, 슬픔이 있는 곳에 기쁨을 가져오는 자되게 하소서……."

외신 기자 하나가 수경의 기도 내용을 어떻게든 한번 알아들어 보겠다는 듯이 뚫어져라 수경의 얼굴을 쳐다본다.

기도가 끝났다. 계속 분단선 옆을 지키고 서 있던 정기열 목사가 힘껏 문 신부를 안는다. 두 사람은 옆에 있는 사람들과도 또다시 포옹하며 작별 인사를 한다.

"수경이, 다시 만나자!"

외치는 소리가 절절하다. 둘이 북쪽으로 손을 흔들며 인사를 한다. 안녕히 계시라.

둘만 남았다. 둘이 손을 잡고 남쪽으로 몸을 돌린다. 순간, 군사분계선을 넘는다. 아무것도 아니라는 듯, 가뿐하게 넘는다. 분단은 그저 선일 뿐 아무것도, 아무것도 아니었다.

판문각 건물 사이를 빠져나가 오른쪽으로 돌자 남측 경비병 하나가 나타나 제지하려고 한다. 임수경이 언제 준비했는지 주민등록증을 꺼내 보이며, "나 대한민국 사람이에요." 단호하게 뿌리친다. 두 사람의 걸음이 점점 빨라진다. 정신없이 걷는다.

남쪽 조국이다. 고향이다. 그러나 마음이 무겁다. 어찌 될지 알 수가 없다. 2백여 미터쯤 걸어 내려가자 승합차가 기다리고 있다. 그 차로 전쟁기념관으로 연행되었다. 전쟁기념관에는 헬기가 도착해 있었다. 헬기를 타고 임수경은 서울대병원으로, 문 신부는 옥인동 대공분실로 연행된다.

1989년 8월 15일 14시 20분. 그들은 마침내 쏟아지는 햇살 아래 분단의 벽을 가볍게 건넜다. 겨우 5cm 높이였다. 선을 넘는 것은 정말 아무것도 아닐 정도로 허망했다.

분단선을 넘은 김구, 문규현

임수경 방북 뉴스(MBC)

누구를 위한 국가보안법인가

분단선 너머에서 그들을 기다리고 있는 것은 통일의 축복이 아니었다. 임수경은 국가보안법상 잠입탈출·찬양고무·회합죄 등으로, 문규현은 국가보안법 위반(탈출) 혐의로 구속된다. 조국의 허리를, 민족의 가슴을 동강 낸 악법, 국가보안법이 그들에게 적용된다.

그리고 그 혐의는 후에도 정권의 입맛에 따라 합법이 되기도 하고 불법이 되기도 한다. 이와 관련하여 이제훈 기자는 다음과 같이 정리했다.

1989년 7월 1일 평양 능라도 5·1경기장에서 열린 평양축전 개막식에 참가한 '대한민국 국민'은 임수경 혼자가 아니라는 사실을 기억할 필요가 있다. 김일성, 김정일 등 북한 최고 수뇌부가 자리한 중앙 주석단에 박철언 대통령 정책특별보좌관과 그 수행원인 강재섭 당시 민주정의당 의원이 앉아 "임수경 양이 우레와 같은 박수갈채 속에 영웅처럼 손을 흔들어대며 입장하여 경기장을 한 바퀴" 도는 모습을 지켜봤다.(박철언 〈바른 역사를 위한 증언〉) 노태우 정부의 승인을 받지 못한 임수경은 1989년 6월 21일 서울 김포공항을 떠나 일본 도쿄, 서독 서베를린, 동독 동베를린을 거쳐 열흘 만인 6월 30일 오후 1시 30분 평양 순안공항에 도착했다. 임수경은 공항에서 "자동차로 불과 네 시간이면 올 거리를 저는 240시간이 걸려 도착했다."고 밝혔다. 박철언은 6월 30일 군사분계선을 넘어 평양까지 직행했다. 박철언은 한시해와 1985년 7월부터 1991년 12월까지 남과 북, 제3국을 오가며 모두 42차례 비밀 회담을 했다고 '바른 역사를 위한 증언'에서 밝혔다.

박철언과 임수경의 방북을 대하는 노태우 정부의 '이중 잣대'를 두고 정치권과 시민사회가 들끓었다. 1989년은 정주영(1월 23일~2월 2일), 문익환 등 각계 인사의 방북을 둘러싼 논란이 특히 심했다. 문익

이제훈, 평양축전의 임수경과 박철언, 그리고 국가보안법, 한겨레신문, 2021년 12월 6일

환과 임수경은 국가보안법 위반죄로 감옥에 갇혔고, 정주영은 논란 끝에 '무사'했으며, 박철언은 방북 사실 자체를 당시엔 인정하지 않았다. 방북 논란은 노태우 대통령과 정부의 누군 되고 누군 안 된다는 고무줄 잣대가 논란을 키운 측면이 있지만, 방북과 관련한 법과 제도가 정비돼 있지 않은 현실이 근본적 문제였다.

권력 내부와 외부로부터 서로 다른 방향의 공격을 받은 노태우 대통령은 '통치행위'라는 논리로 가까스로 버텼다. 노태우 대통령은 정주영의 방북은 자신이 시킨 '심부름'이라고, 박철언의 방북은 "나의 허가를 받은, 정부 관리의 자격에서였으므로 (임수경 처벌과) 별개의 문제"라고 둘러댔다.('노태우 회고록' 하권, 361쪽) 하지만 이른바 '통치행위론'은, "현재의 국가보안법은 정주영, 박철언 등이 북한 땅을 밟으면 죄가 되지 않고, 한 시대의 보편성을 짊어진 작가가 북녘땅을 밟으면 '이적행위'이자 '반국가단체로의 잠입탈출'이 되는 등 도무지 기준과 형평성이 없고, 또한 적용하기에 따라 얼마든지 악의적으로 이용될 수 있는 분단 시대 최후의 악법"(작가 황석영 석방대책위 결성취지문)이라는 비판 앞에 옹색해질 수밖에 없었다. 더구나 노태우 대통령은 남과 북이 민족공동체이므로 자유 왕래와 교역 문호를 개방한다고 선언(7·7 특별선언)한 터였다.

그들의 판문점 통과는 정전협정 위반이 몰고 올 남북 관계에 파문이 우려돼 결행이 쉽지 않으리라는 예측이 지배적이었다. 그러나 그들은 선을 넘었다. 그들의 판문점 귀환은 그렇게 극적이었다. 그들이 이 분단의 벽을 처음 넘은 뒤 민간인인 이산가족들이 넘어가고 넘어오고,

소 떼가 넘어가고, 개성 공단 사람들과 물건들이 오고 가고, 금강산 관광객이 오고 갔다.

그러나 정부는 오직 국가보안법으로 사법 처리할 것을 작정한 듯했다. 그들의 판문점을 통한 귀환을 문익환 목사, 서경원 의원 방북 사건과 한 고리로 엮어 공안 정국을 장기화시킬 호재로 이용했다. 개학과 더불어 활기를 되찾게 될 대학가, 특히 전대협의 통일 운동을 이들의 판문점 통과를 빌미로 철저히 눌러 나갈 심산이었다.

이러한 정부의 입장에 힘을 실어준 것은 아이러니하게도 천주교 주교단 성명이었다. 1989년 7월 27일에 주교단은 성명서를 통해 문 신부의 방북에 대해 '정의구현사제단이 한국 천주교회에서 공인한 단체가 아니더라도 천주교 신부의 단체라는 점에서 주교단은 유감의 뜻을 표하지 않을 수 없다.'는 입장을 표명한다. 사제단의 행동은 '이 나라가 어떻게 되든 상관없이 각자의 판단에 따라 각자가 행동하는 사람들의 자기주장이 과도히 분출'한 것으로 단정했다. 이에 사법 처리를 망설이던 당국은 구속 수사라는 원칙을 천명하며 공안 정국의 분위기로 몰아간다.

이에 김수환 추기경은 "논란이 많으나 그들의 순수한 뜻은 이해되기를 바란다."며 우리 사회의 대립과 분열을 극복하기 위해서는 화해와 일치의 정신이 절실히 요구된다고 강조했다. 그리고 "나는 구속된 네 분의 신부님과 임수경 양을 아들딸같이 생각하며 그들이 겪는 고통을 직접 나눌 수 없음이 참으로 안타깝다."며 그들의 북한 방문이 남북 어느 쪽에서도 일방적으로 왜곡되고 악의로 정치 선전에 이용되는 부당한 일은 없어야 할 것이라고 안타까움을 표했다.

● 호송차를 탄 문규현 신부

　주류 언론을 비롯한 각종 보수 단체는 임수경은 물론이고 임수경과 동행하기 위해 북으로 간 문 신부를 빨갱이로 몰아 마녀사냥을 지속했다. 골수 유신론자인 신부를 공산주의 유물론자로 왜곡하는 것이었다. 심지어 어느 소설가는 칼럼에서 그에게 사제복을 벗으라고 소리치기도 했다.

　그러나 문 신부가 북한을 다녀오고 난 후 북한에는 변화가 나타났다. 종교에 대해 이해하고 긍정하기 시작했다는 점이다. 그가 방북하기 전 해인 1988년에 나온 북한사회과학원 언어연구소 간 ≪현대조선말사전≫에는 '종교'가 '지배계급이 인민을 억압 착취하는 도구로 인민대중의 혁명 의식을 마비시키는 아편'이라고 규정되어 있었다. 그러나 1992년에 나온 평양사회과학원 출판사 간 ≪조선말대사전≫에는 '종교'를 '초자연적이고 초인간적인 존재에 대한 절대적인 신앙, 신이나 하느님과 같은 거룩한 존재를 믿고 따르며 내세에 가서 영원한 행복을 믿는다.'로 바뀌었다. 그리고 문 신부가 북에 처음 갔을 때만 해도 그들 사전에는 '신부'라는 단어가 없었다. 그래서 북에서는 문 신부를 향해 자기들 나름대로 최고 존칭인 '선생'이라는 표현을 썼다. 그러나 문 신부의 방북 이후 '신부'라는 단어가 '천주교에서 교리를 전문적으로 선전하는 교직 또는 그 직책에 있는 자'라고 풀이되어 새롭게 등재되었다.

판문점을 넘어와서 임수경과 함께 구속된 그에 대해 형 문정현 신부는 "나는 내 동생이 감옥에 가는 것을 자랑스럽게 생각합니다. 내 신조는 우리 중 하나가 죽으면 둘이 생기고 둘이 죽으면 넷이 생기는 예수님의 부활의 신비입니다."라며 소신을 밝혔다. 문 신부의 어머니 또한 "임수경 그 어린 양이 혼자 오는 것보다 우리 문 신부가 함께 오기 위해 데리러 간 것은 참 잘한 일"이라며 아들의 입북은 신부로서 당연히 해야 할 일이라고 말했다. 그러나 어머니는 판문점을 통과하는 아들의 모습을 방송을 통해 보면서 TV를 부둥켜안고 오래도록 울었다 한다.

5

투쟁의 길

법정 투쟁

구속된 문 신부가 처음 조사를 받은 곳은 옥인동 대공분실이었다. 고립된 상황이었기에 그도 두려웠다. 말로만 듣던 악명 높은 대공분실 아니던가. 이근안과 같은 고문 기술자들이 아직도 있을 터였다. 조사 장소가 박종철 열사가 고문당하다 죽었다는 조사실과 구조가 비슷해 가슴이 섬뜩했다. '전 세계가 보고 있는데 설마 죽이기야 하겠어.'라고 마음먹어도 위축되는 것은 어쩔 수 없었다.

조사 전 옷부터 벗으라 했다. 문 신부는 완강하게 거부했다. 그들의 요구대로 순순히 응했다가는 그들의 의도대로 조사가 진행될 게 뻔해서였다. 인간이 알몸을 드러내는 순간 자존감이 보장될 수 없기 때문이었다. 다행히 더는 요구하지 않았다.

온갖 회유와 압박을 받으면서도 그는 대공분실의 취조를 잘 견디어 냈다. 신념과 가치에 따라 움직이는 것이 정답이라 생각했고 그것이

용기라고 믿었다. 조사관들은 임수경의 파북을 정의구현사제단이 꾸민 걸로 접근했다. 그는 임수경의 파북을 전혀 몰랐고 미국에서 신문을 통해 알았노라고 대응했다. 그들이 거짓을 이야기하면 그는 사실을 제시하며 맞섰다.

중요한 것은, 그들의 조사는 자기네들이 만든 시나리오에 따라 계속 반복된다는 것이다. 이는 정신 똑바로 차리고 넘어서야 할 함정이다. 자기도 모르게 그들에게 세뇌되어 그들의 이야기를 자기가 한 것으로 착각하게 될 수도 있다. 그러면 조사관들은 이것을 자필로 쓰게 하고 확인 지장을 찍게 한다.

문 신부 또한 그들의 끊임없이 반복되는 질문과 퍼즐 맞추기 유도 심문을 넘어야 했다. 북에 가본 문 신부보다도 북의 사정을 더 잘 알고 있는 그들이 오히려 그를 세뇌시켰다. 그러면 그는 차라리 당신들이 쓰라고 하며 버텼다. 만약 그가 독자적으로 북에 갔다면 빨갱이로 몰아갈 수도 있었겠지만 정의구현사제단에서 파견했기 때문에 쉽게 조작을 할 수는 없었다. 덕분에 그는 다른 양심수들에 비해 수월하게 조사를 받은 셈이었다.

재판이 시작되었다. 문규현은 1989년 11월 7일 서울형사지방법원 대법정에서 다음과 같이 모두진술을 하며 자신의 무죄를 주장한다.

저는 이 법정에 나오기 전에 이미 심판을 받았다고 생각합니다. 그 심판의 내용은 "천주교 신부가 단신 월북하다니 공산주의자가 아니냐." 하는 내용이었고, 메시아를 거부하는 사람들, 차라리 사제복을 벗으라는 이런 내용의 심판이었습니다.

저는 분명히 대한민국 사람이고 이 민족의 통일을 염원하는 사람이며, 통일을 염원하는 사람들과 고통을 함께 나누기 위해 북한에 갔었습니다. 실정법상의 판결을 받아야 한다면 달게 받겠습니다. 그러나 드리고 싶은 말이 있습니다. 본 피고인의 생각에 이 법정은 전국민적인 차원의 것이며 매우 중요한 자리라고 생각합니다.

통일이란 하나의 민족이 이념, 제도의 차이에도 불구하고 한 민족 공동체를 이루는 것입니다. 7·4 남북공동성명의 정신이며, 7·7 선언을 통해 국민에게 약속했고, 대통령의 유엔 연설 등으로 세계에 공표한 정신입니다. 따라서 국가보안법상의 판결을 내리기 이전에 역사적 의의를 먼저 생각해야 합니다. 통일의 정신으로 이 사건을 보아야 한다고 생각합니다. 저는 진실을 밝히고 재판부의 의로운 판단으로 국민적 의지, 통일의 뜻을 세우는 자리가 되기를 기도하는 마음으로 이 자리에 섰습니다.

그러나 당국은 정의구현사제단에서 파견했고, 하마오 주교의 승인 하에 방북한 그를 북한 지령에 의해 움직이는 고정간첩이라고 발표했다. 그러면서 피고인 임수경과 문규현의 인권을 쉽게 무시해 버렸다. 그들에 대한 1심 공판은 공개재판의 원칙과 법의 형평성을 잃은 재판이었다. 부당한 방법으로 방청권을 제한했다. 이는 국민들이 정당하게 말할 수 있는 권리와 공정하게 판단할 수 있는 기회를 박탈하는, 공개재판의 원칙을 저버린 처사였다.

또한 법원 주위에 천여 명의 전투경찰을 동원하여 삼엄한 분위기를 조성하여 일반인의 접근을 차단했다. 법정에 입장하는 과정에서 방청

권 소지자들에게 과도하고 모욕적인 몸수색을 진행했다. 법정에는 수십 명의 사복경찰을 배치하여 피고인들이 억압적 분위기에서 재판을 받도록 만들었다.

1990년 2월 5일 반인권적인 재판으로 일관한 1심 재판부는 북한을 방문해 국가보안법 위반 혐의로 구속 기소된 임수경에게 징역 10년 자격정지 10년을, 문 신부에게는 징역 8년 자격정지 8년을 각각 선고한다.

역사의 심판, 하느님의 심판

1심 재판은 법관들의 오만과 독선, 독재 권력의 노골적인 간섭으로 점철되었다. 비극적인 사회 현실을 그대로 보여주는 재판이었다. 기본 진술과 증언도 제대로 할 수 없었던 것이다. 그에 비해 2심 재판은 비교적 부드러운 분위기 속에서 진행되었다. 2심 재판부는 그런대로 그들의 진술과 증언을 경청해 주었다.

문 신부는 1990년 5월 28일에 열린 2심 4차 공판 최후 진술을 통해 자신의 생각을 밝혔다. 그는 먼저 변호인단에게 깊은 감사를 표했다. 아울러서 '진실을 밝히기 위해 1심, 2심, 3심 계속 노력해 보자. 그래도 안 되면 4심에 맡기자. 4심에는 역사와 하느님의 심판이 기다리고 있다. 현실 재판에서 패배할지라도 역사 속에서, 민중들 속에서, 또한 하느님 안에서는 진실이 항상 승리해 왔다. 이 재판의 주체는 7천만 겨레 모두이며, 이 재판의 궁극적인 심판자 역시 통일 운동의 주체가 되는 민중'이라고 규정지었다.

또한 분단된 후 많은 시간이 흐르다 보니 대한민국 내부에서도 통일의 방법에 있어서 다양한 견해가 나올 수밖에 없다. 소위 정부 쪽의 공식적인 통일 방안과 다른 견해를 가진 사람들이 존재할 수도 있음을 인정해야 제대로 된 통일 논의가 이루어질 수 있다. 서로 다른 견해들이 토론과 설득을 통해서 일치되어 나갈 때 그 정당성과 대중성을 획득해 나갈 수 있다. 그래서 통일 논의는 허름한 대폿집에서도 허심탄회하고 당당하게 이뤄져야 한다.

문 신부는 많은 생명을 앗아간 KAL기 폭파범 김현희는 사면해 놓고도, 정작 전 세계에 자랑하고도 남을 우리 통일의 꽃 임수경에게는 10년의 실형을 선고하는 것은 부당하다고 주장했다. 만약 임수경을 처벌해야 한다면 자신을 대신 처벌해 주기 바란다며 임수경이 받은 10년을 자신의 형기에 더해서 기꺼이 18년을 살겠다고 했다. 그것만이 기성세대의 한 사람으로서 젊은이를 법정에 세운 것에 대한 죄책감에서 벗어날 수 있는 길이라고 말했다. 아울러 교회의 외면에 대해 사제로서 부끄러움도 피력하였다.

솔직히 나는 그리스도교 사제로서 가톨릭 사제로서 재판에 임할 때마다 솟구치는 부끄러움을 견디기 힘들었습니다. 그것은 제가 사제의 신분으로서 본 법정의 피고인 석에 앉아있는 처지이기 때문이 결코 아닙니다. 로마 식민지 법정에서 반란죄를 뒤집어쓰고 사형선고를 받고 십자가에 처형당하신 그리스도를 신앙하고 그분과 같은 삶을 살겠다고 하는 사제가 피고인석에 서서 불의하게 단죄받는 것은 전혀 낯선 일도 아니고 또 그렇다고 해서 부끄러운 일도 아닙니다. 오히려 내가 부끄럽다고 하는 것은 나와 교회가 박해를 당하는 일 때문이 아니라 그와 반대로 이 시대 민중의 고난에 너무 무관심한 교회가 자신이 지녀야 할 십자가를 외면해 왔다는 사실을 더 깊이 깨달을 수 있었기 때문입니다. 부끄러운 것은 제가 고난을 받고 있는 이 현실이 아니라 고난을 외면해 온 교회의 과거와 현재입니다.

문 신부에게 통일은 이론이 아니라 실천이요 삶 자체였다. 그것은 갈라진 겨레를 껴안고 입 맞추는 구체적인 행위 바로 그것이었다. 그 통일을 위한 실천적 모색의 첫 번째가 1989년 6월 6일 남북을 이은 남북공동 통일 염원 미사였다. 이는 민족의 분단 앞에서 자신의 죄를 뉘우치는 회개의 뚜렷한 표식이었고 민족의 십자가를 지고자 하는 결단의 징표였다. 그리고 이 회개의 결실이 정의구현사제단이 그를 파북한 것이고 임수경과 함께 분단선을 통과한 것이었다.

1990년 5월, 이날의 재판을 참관한 익산 창인동성당 조정희(말가리다) 신자는 재판 방청 후에 이렇게 적어놓았다.

시간이 지나자 검사와 판사가 입장하였다. "기립"이라고 외쳤으나 방청석은 아무도 일어서지 않았다. 바로 이어서 문규현 신부님과 임수경 양이 입장하자 우레와 같은 기립 박수가 터져 나왔다. 박수 소리가 오래 지속되자 재판부에서 "여기는 유치원이 아닙니다."라고 하면서 우리의 자제를 요구하였다.

(중략)

중요한 것은 변호인과 검사의 심문이 아니라 문규현 신부님의 목메인 최후 진술이다. 그분의 말씀 한마디 한마디가 절규였고 숭고한 민족의 기도셨다. 신부님께서는 먼저 주교님의 왕림에 뜨겁게 감사하다며 서두를 꺼내셨다. 변호인단께도 깊게 감사하다 하였다. 문 신부님은 자신이 한 사제로서 통일의 제물이 되기를 기꺼이 원하시고 자랑스럽게 생각한다고 하셨다. 그러나 노모께 불효한 자식을 용서해 달라시며 목이 메자 법정은 눈물과 흐느낌으로 가득 찼다. 나와 대각선으로 앉아 계시던 문 신부님 어머님의 어깨가 흔들렸다.

문 신부님의 뼈아픈 진술은 50분의 시간에 강론처럼 이어졌는데 진통 없이는 들을 수 없었다. 하찮은 이 글로는 도저히 표현해 낼 수 없는 나의 한계에 안타까움을 느낄 뿐이다. 마지막까지도 임수경 양을 사랑한다면서, 그녀의 10년 형마저 자기에게 더해 달라는 사제의 아름다운 그 진술을 내가 들을 수 있다는 것은 분명 은총이었다.

임수경 양의 진술이 시작되었고, 그녀의 진술은 나이답지 않게 논리정연하고 정교했고 신선했다. 그녀는 성 프란체스코의 평화의 기도를 읊으면서 그 기도문은 문규현 신부님을 위해 쓰여진 것이라면서 울먹였고, 그녀 또한 통일을 위해 행한 자기의 행동을 자랑스럽게 생각한다 하였다. 그러면서 다시 볼멘 소리로 외로운 감방에서 홀로 미사를 드리신다는 문 신부님께 뜨거운 눈물의 인사를 하였을 때, 다시 또 울지 않을 수 없었다.

홀로 감방에서 보리밥으로 미사 드리는 사제, 나는 내 허약한 기도와 신앙이 부끄러웠다.

그 후에도 임수경양의 진술은 계속되었지만 '홀로 감방에서 보리밥으로 미사를 드리시는 신부님' 그 부분에서 내 의식은 멈춰 섰다.

항소이유서, 분단의 장벽을 넘어서

1심이 끝나고 난 후 문 신부는 항소이유서를 쓴다. 이 항소이유서는 2심 재판만을 위한 항소이유서가 아니라 그가 분단의 벽을 넘어온 역사적 의미를 염두에 두고 적어나갔다. 그는 처음부터 재판 결과보다는 재판을 통하여 드러나야 할 진실 규명에 더 관심을 기울였다. 1심 재판이 진실을 규명하기는커녕 그 절차적 의무마저 포기해버렸기 때문이다. 그리고 날이 갈수록 뜨겁게 달아오르는 민중의 통일 열망을 담기에는 현재 이 땅에서 진행되고 있는 재판은 이미 낡은 부대가 되어버렸기 때문이다. 이러한 이유로 그는 이 항소이유서가 재판부만이 아니라 진리에 목말라하는 모든 사람들에게 공개되기를 바라며 논리를 전개해 나갔다. 이후 이 항소이유서는 두레출판사에서 ≪분단의 장벽을 넘어서 상·하≫로 묶어 책으로 출간된다.

문 신부는 항소이유서를 통해 그가 왜 분단의 장벽을 넘으려고 했는지를 밝힌다. 항소이유서는 1968년 메델린 회의에 모인 라틴아메리카 교회의 주교들이 '교회의 목자들인 우리는 정의를 유린하고 평화를 파괴하는 일체의 것에 대하여 규탄할 의무를 지니고 있다.'고 선언한 데서부터 시작한다. 그는 정의와 평화를 지키는 것이 사제의 본분이므로 교회와 그리스도인을 사회로부터 분리시키려는 세력들은 잘못됐다고 경고했다. 하느님과 세상을 분리시키고, 교회와 사제를 분리시키고, 마침내는 분단의 장벽을 눈물과 기도로 함께 넘어온 사제와 신도를 분리시키려는 정권을 비판했다. 그리고 이 모든 분리를 기정사실화하고 정당화하기 위하여 재판으로부터 국민들마저 분리시킨 1심 재판을 비

● 분단의 장벽을 넘어서 겉표지와 속표지

판했다. 그는 국가보안법이라는 실정법에 의해 심판받기 위해서가 아니라 통일을 가로막아 온 국가보안법이라는 악법을 고발하기 위해서 재판에 임하는 것이라고 천명한다.

문 신부는 북한은 밟아서는 안 될 금단의 땅이 아니라고 주장했다. 그가 북한 땅을 밟으면서 느낀 것은 가슴 속을 일렁이며 다가오는 '우리는 하나'라는 인식이었다. 그래서 북한을 선입견 없이 객관적으로 바라보려는 노력을 잊어서는 안 된다고 목청을 높였다.

북한은 함께 해야 할 통일의 주체이며 7·4남북공동성명의 정신인 자주, 평화, 민족대단결의 원칙에 따라 함께 통일을 모색해야 할 파트너다. 이 원칙을 토대로 남북 관계를 인정하고, 통일을 위한 실천적 행동을 펼쳐야 한다. 이 실천적 행동은 '긴장 완화와 군비 축소'라고 주장했다.

또한 그는 주교의 승인 없이 밀입북한 것이 아니라 주교의 승인하에 당당히 북한을 방문하였다는 사실을 명시했다. 하마오 주교는 '나는 문 바오로 신부를 만났고 그가 평화를 위해 북한을 방문하기에 가장 적합한 사람이라는 점을 이해하게 되었습니다. 그래서 나는 그가 판문점을 향하는 그 길을 허락해 주었습니다. 나는 이 행사를 성공리에 마치기를 기대하며 그가 앞으로 인간개발위원회에서 나와 함께 일하게 되기를 기원합니다.'라는 서신을 통해 그가 합법적으로 북한을 방문하였음을 밝힌 바 있다. 그가 임수경을 데려오는 것은 개인의 결단이 아니라 교회의 사명이었음을 밝힌 것이다. 교회와 사제의 사명은 길 잃은 어린 양과 함께하는 것임을 밝힌 것이다.

문 신부는 현재 한국 교회의 사목의 중심은 '통일'이 되어야 한다고 말했다. 그러므로 이제 분단 신학에서 통일 신학으로 나아가야 한다고 생각했다. 분단 현실을 당연한 것으로 받아들이는 분단 신학을 넘어서 분단 현실을 타파하기 위해 분투 노력하여 신앙 실천 일체를 복음의 빛으로 밝혀주고자 하는 통일 신학이 되어야 한다고 주장했다.

그리고 그는 지금이 결단의 시기라고 강조했다. 화해와 개방을 향한 세계의 흐름은 그 누구도 막을 수 없는 시대적 소명인데도 불구하고 한반도에 와서는 냉전의 장벽을 넘지 못하고 있다. 그렇지만 이 모든 염려와 위험을 낙관으로, 낙관을 통일이라는 결실로 맺게 할 수 있는 것은 오로지 우리 민중의 주체적 참여뿐이다. 그는 항소이유서에서 통일은 멀지만 기어이 가야 할 목표이고, 이제 남은 것은 통일 운동의 주체로 우뚝 서야 할 우리 모두의 결단뿐이라고 호소했다.

감옥살이

문 신부는 끝내 국가보안법 위반으로 징역 5년 자격정지 5년을 선고받았다. 사제일 때도 혼자 생활했는데 사상범이 된 그는 감옥에서도 독방이었다. 독방이어서 외로움이 있을 수도 있었겠지만 소신학교 시절부터 몸에 밴 생활이라 그리 어렵지 않았다.

그는 감옥에서 책도 많이 읽었다. 특히 항소이유서를 쓰기 위하여 형 문정현 신부에게 많은 자료를 부탁했다. 그에게 영치된 책이 100권이 넘었다. 그는 이 책들을 읽으면서 항소이유서를 구상했다. 메리놀 신학대학원에서 썼던 논문을 토대로 전체적인 맥락을 잡고 교도소 측에 집필 허가를 요구했다. 그는 밤낮 가리지 않고 책 두 권 분량의 항소이유서를 완성했다. 항소이유서를 쓴 후에도 문 신부는 독서하고 사색하며 옥중 사제의 삶을 살았다. 그는 이곳도 사목 현장이라 생각하며 생활했다.

감옥이라는 곳은 근본적으로 행복할 수 없는 곳이기에 곳곳에 도사린 어려움을 헤쳐나가야만 했다. 그렇지만 어려운 수감 생활 중에 그를 지지하는 사람들을 만나기도 했다. 운동권 학생들이나 공안 사범들과 연대해 교도소 내 불의에 맞서기도 했다.

특히 그곳에서 평생 같은 길을 가게 되는 통일 화가 홍성담을 만난다. 홍성담은 국가보안법 위반 혐의로 문 신부와 임수경보다 보름 먼저 체포되었다. 그는 갑오농민전쟁부터 통일 운동까지를 그린 '민족해방운동사'를 평양청년학생축전에 보냈다는 이유로 25일간 모진 고문을 당했다. 당시 안기부는 홍성담이 임수경, 문규현 방북 사건과 연관되었을 것이라고 의심하며 더욱 가혹하게 고문하였다. 일면식도 없었던 문 신부가 홍성담의 고초를 늘리는 역할을 한 것이다.

감옥도 사람 사는 곳이어서 온갖 희로애락의 사연들이 펼쳐지기도 한다. 교도관 몰래 재소자들과 커피나 요구르트로 빚은 막걸리를 나눠 마시기도 하면서 고단하고 불안한 하루하루를 버티기도 했다. 물론 그 중심에 비교적 제재를 덜 받고 있는 문 신부가 있었다.

또 하나 일화는, 경비교도대원 중 한 명이 날마다 그에게 커피 한 잔씩을 가져다준 일이었다. 계속 그러다 보니 다른 교도관들도 그 사실을 알게 되었다. 어느 날 보안과장이 그를 불러 주의를 주었다. 그런데도 그 경비교도대원은 "문규현 신부님께 하루에 커피 한 잔씩 드리는 게 제 보람입니다."라고 말하며 그 일을 계속하겠다는 의지를 보였다. 그의 의지가 완강하여 보안과장도 그 일을 묵인하기로 했다. 보안과장은 신앙이 참 무서운 거라고 중얼거렸다. 그러나 그 경비교도대원은 신자가 아니었다. 단순히 문 신부를 존경하는 마음으로 커피를 한 잔씩 대접한 것이었다. 후에 그는 세례를 받고 가톨릭 신자가 된다. 문 신부가 석방된 후 그의 결혼식 주례는 당연히 문 신부가 맡았다.

1심이 끝나고 얼마 지나지 않아 문 신부는 서울구치소에서 공주교도소로 이감되었다. 그가 어떤 마음으로 감옥살이를 했는지는 편지에서 잘 드러난다. 맨 먼저 그는 어머니께 편지를 썼다.

† 찬미 예수

어머님께 드립니다.

어머님 건강은 어떠신지요? 연로하신 어머님께 불효가 큽니다. 그러나 어머니께서는 이해해 주시리라 믿었고 오늘도 믿습니다. 어머님은 저희들만의 어머님이 아니시고 이 민족의 어머니이시기에 더더욱 그렇습니다. 이 편지는 저의 교도소 생활 1호의 편지입니다. 이 절호의 기회만은 어머님께 드리고 싶었습니다.

어머님, 처음 사제단으로부터 제의를 받았을 때 솔직히 매우 어려웠습니다. 고통스러워하실 어머님의 모습이 어른거리기도 하였습니다. 그러나 어머님의 아들은 이 어려움을 피하여 갈 수만은 없었습니다. 누가 어머니께 말씀하셨듯 우리 어머님은 오늘의 성모님이시기에 잘 극복하실뿐더러 함께 가 주시라 믿었기 때문입니다. 어머님께서 늘 기도하시는 아들, 하느님과 모든 이들의 기쁨이 되기 위해 오늘도 고뇌하고 있습니다.

주께서 가장 비천한 위치를 수용하시어 죽음에 이르셨으나, 그것도 가장 치욕적인 십자가의 죽음을 택하셨으나, 당시 부활로 승리하셨듯, 저도 그 승리의 길을 함께 가고자 하오니 그리 상심마십시오. 제가 무엇이라 심판받고 그 이전에 가진 자들의 질시를 받더라도 괘념치 않습니다. 어머님께서도 괘념치 마시고 굳게 마음 가지시고 건강에 유념하여 주십시오. 저의 육체를 괴롭히고 죽인다 할지라도 저의 정신은 죽일 수 없는 저들 앞에서 저만을 보호하며, 주어진 생활에 안주하고 사는 이보다는 오늘과 내일을 주관하시고 과거를 통해 가르쳐 주시며 오늘에 말씀하시는 분을 따라, 그분에게 나의 모든 것을 맡기고 오늘을 기쁘게 사는 아들이 되렵니다. 그러니 무슨 소리에도 상심치 마시고 자랑스럽게 기쁜 나날을 보내시기를 바라오며 그런 뜻으로 어머님 위해 매일 기도합니다.

이곳에서도 많은 분들의 위로와 도움을 받으며 기쁘게 살아갑니다. 이곳에 많은 분들, 저와 함께 살아감을 기쁘게 생각하며 좋아들 합니다. 자신들의 삶이 결코 소외된 외로운 삶이 아니며 하느님이 함께 하시는 진리의 길임을 확인하기 때문이라고 생각합니다.

필리핀 임지에 가면 이제는 아시아를 구경시켜 드리려 했는데⋯⋯. 건강하시면 이 시련 끝나고 꼭 함께 이 뜻을 실현하겠으니 건강하십시오. 그러나 지금은 보다 나은 하느님 원하시는 우리의 내일을 위해 꼭 해야 할 일은 해야 하기에 잠깐 보류하고 희생으로 드려야 되겠지요.

어머님, 새 세상 통일된 우리 민족의 내일은 누가 그냥 주는 것이 아니요, 우리가 이루어야 합니다. 기다릴 수만은 없으며 그날을 위해 힘차게 가며 자신을 던지는 한 알의 밀알처럼 사는 오늘이어야 하지 않겠습니까? 매일의 기도와 함께 어머님께 축복을 보냅니다. 다시 뵈올 때까지 자랑스런 아들 되기 위해 노력하겠습니다.

그는 형 문정현 신부에게도 편지를 통해 심정을 토로한다.

"아버지, 이들 모두가 하나가 되게 하여 주십시오."
애절한 주의 기도가 되고자 하였지요. 이는 저만의 기도가 아닌 형님의 사랑하는 제자 조성만을 포함한 이 땅에 하느님의 평화의 사도로서 자신들의 삶을 다하고자 했던 형제자매들의 역사의 기도였으며 오늘도 계속 살아있는 통일 조국, 통일 민족의 부활한 생명의 혼이기에 그 생명을 떠나 저는 있을 곳이 없었던 것입니다. 사제단의 저에 대한 신뢰에 찬 요구는 저에게 이 생명의 소리를 새롭게 듣게 한 것이었지요. 생명의 혼을 감지하게 하였던 것이죠. 부활한 혼과 하나 되었죠. 그래서 저는 오늘 이 시간도 세상이 무엇이라 한들 누가 고래고래 소리치며 우리를 위해 자신들의 탑을 세우려 한다 하더라도 역사의 주이신 그분의 미래를 보며 기쁨 잃지 않고 살아갈 수 있으며, 오늘도 누구에게도 빼앗길 수 없는 평화 속에 살아가고 있습니다. 오늘의 저를 인도하시고 함께 하시는 우리 '님'께 깊은 감사와 함께 말입니다. 그분이 모든 것 바르게 세워주실 것을 믿습니다. 텅 빈 곳에 그분으로 충만하게 채워주심을 믿기에 다 빼앗기고 엉망진창이 되어 나의 얼굴이 짓이겨진다 할지라도 그분은 나에게 꼭 아름다운 얼굴, 고통받는 이들 역사 안에서 분단으로 신음하는 이 조국, 동포들의 그리고 하느님 역사의 자취이며 행동이어야 할 교회의 사제로서의 얼굴을 새롭게 해주시리라 믿습니다.

문 신부는 매일 아침 빵과 포도주를 대신하여 농민들이 푸대접받으며 가꾼 보리밥과 물 한 대접을 제물 삼아 나름대로의 미사를 봉헌했다. 비록 감옥이라는 담 속에 살지만 답답하거나 그리워 못 견딜 일 없다고 마음먹으며 생활했다. 담 밖과 소통할 수 있는 것은 편지였다. 그러나 감옥에서 그에게 허락된 편지는 오직 하루에 한 장이었다. 편지마저도 마음대로 쓸 수 없는 상황이었다. 그래서 주로 형 문정현 신부에게 보낸 편지가 많지만 타국에 있는 신자들과도 편지를 주고받으며 소통했다. 그러면서 그는 매일의 기억과 기도 속에 모두와 함께하고 있음을 전했다.

함께 분단의 벽을 넘은 임수경과는 형 문정현 신부를 통해 소통을 했다. 임수경은 문정현 신부에게 편지를 통해 그의 안부를 물었다.

또다시 성탄을 옥중에서 맞으셔야 하는 작은신부님을 떠올립니다. 작은신부님의 얼굴을 마지막으로 뵈온 지도 벌써 8, 9, 10, 11, 12월 다섯 달째에 접어들었습니다. 우리야 항상 텔레파시가 띠·띠·띠 통하기는 하지만 이렇게 인위적으로 떨어져 얼굴마저 못 보는 상황에 처해버리니 엄청나게 보고 싶습니다. 잘 지내고 계시겠지 하는 막연한 안도감보다는 아무래도 걱정하는 마음이 앞서는 것은 당연한 일일 것입니다.

자연스럽게 임수경은 문정현 신부를 큰신부님, 문규현 신부를 작은신부님, 문 신부의 어머니는 할머니로 불렀다. 할머니의 안부를 묻고, 작은신부님이 감옥에 있을 때 더 건강하셔야 한다고 당부했다. 한 가족처럼 지내서인지 가끔 문정현 신부가 실수를 하기도 했다. 동생 문규현 신부에게 보낼 내의를 임수경에게 보내기도 했다. 그러면 임수경은 그 내의를 자기 가족을 통해 다시 문규현 신부에게 보냈다.

문규현 신부는 갇힌 지 3년 4개월이 지난 1992년 12월 24일 공주교도소에서 성탄절 특사로 석방된다. 그날 임수경도 같이 석방되었다.

6 　한국천주교회사

민족과 함께 쓰는 한국천주교회사

　　　　　　　　1993년 2월 12일, 문 신부는 석방된
지 두 달 후에 전주교구 김제 요촌성당 주임신부로 부임한다. 3년 4개
월 만에 돌아온 사제의 직분이었다. 1984년 1월에 군산 팔마성당을 떠
난 지 거의 10년 만에 다시 본당 사제로 돌아왔다.

　요촌성당에서 그는 본당 사목과 통일 강연 요청들에 응하느라 정신
없이 바빴다. 그 바쁜 와중에도 그는 감옥에 있을 때부터 고심해 온 교
회사 쓰는 일에 매진했다. 민족의 운명과 함께하지 못하고, 민중의 처
지에 깊이 들어가지 못한 채, 분단과 반민족의 자리에 서 있었던 그간
천주교회의 모습을 성찰하고자 하였다.

　1994년 3월에《민족과 함께 쓰는 한국천주교회사 1》이, 9월에《민족
과 함께 쓰는 한국천주교회사 2, 3》이 출간되었다. 이 책은 17세기 교
회 창설부터 해방 이후까지 우리나라 천주교회가 걸어온 길을 공들여
정리한 책이다. 문 신부는 교회사 전문가는 아니었지만 민중의 자리에

서 바라보며 교회의 이야기를 풀어나갔다. 만약 예수님께서 이 땅에 오신다면 그분께서는 무엇을 하셨을지를 생각하며 썼다. 이 책은 한국 현대사 속에서 분단과 한국전쟁, 5·18광주민중항쟁을 비롯한 1980년 대 민주화 운동 등 한국 현대사의 굵직한 순간과 통일, 반공, 북한 등의 문제에 한국천주교가 어떤 태도를 취했고 어떤 역할을 했는지를 비판적으로 되돌아보았다.

일제강점기에는 교회가 신사를 참배하는 등 식민지 권력과 타협했고, 해방공간에서는 철저히 반공으로 일관하였다. 한국전쟁이 터지자 그 전쟁을 '멸공십자군전쟁'으로 규정하고 이승만의 북진 통일 노선을 줄곧 지지했다. 이후 분단이 고착화되면서 남북 민족은 반공 혹은 반미를 내면화시킴으로써 오늘의 분단 체제를 유지하게 됐다고 비판했다.

문 신부는 이 책을 통해, 교회가 민족 앞에 철저히 사죄하고 민족의 교회로 거듭 태어나기를 바라는 마음을 담아내고자 했다. 그는 교회와 신앙공동체는 민족공동체 안에 존재하고, 민족공동체를 기반으로 자란다고 생각했다. 민족과 역사 앞에 깨끗하지 못한 알몸뚱이를 드러내고, 덕지덕지 달라붙어 있는 죄의 흔적을 고백해야만 희망을 이야기할 자격이 있는 거라고 그는 믿었다.

민족 안에서 숨쉬고, 민족과 더불어 기쁨과 슬픔을 같이 하라. 이는 어느 민족주의자나 국수주의자의 주장이 아닌, 예수 그리스도의 말씀이며 그분 삶의 궤적입니다. 민족이 민족으로 온전히 설 수 있도록 그분께서 오셨던 것입니다.

● 민족과 함께 쓰는 한국천주교회사

　　주께서 이 민족 앞에 내세워 주신 우리 교회가, 생각과 말과 행위로 민족 앞에 지었던 숱한 죄를 낱낱이 고백하고자 했습니다. 그것은 다른 누구의 증언도 비판도 아닙니다. 특히는 우리 교회 언론들 속에 나타난, 교회 스스로가 뚜렷이 남긴 흔적입니다.

　　불의한 세속권력에 기대고 타협하며 키워온 교회. 한번도 온 공동체가 진정으로 참회하며 진리 앞으로 다가가 본 적 없는 교회입니다. 그 역사를 가르치지 않는 교회입니다. 굴절된 교회의 모습을 두고 어느 한 켠에서의 수군거림과 자탄이 있을 뿐입니다.

　　　　－≪민족과 함께 쓰는 한국천주교회사 1≫ 289쪽에서

　굳이 캐내어 본들 제 얼굴에 침 뱉기로 득 될 것이 없으니 그냥 덮어

두자는 사람들도 있었다. 그러나 그는 과거를 털고 가지 않으면 희망의 미래에 닿을 수 없다고 믿었다. 그래서 두려움과 부끄러움으로 뒤범벅이 된 과거의 반성과 회개를 통해 희망의 교회를 만들기 위해 이 책을 쓴 것이다. 그리고 이 세 권의 책은 영어판 ≪세상을 통해 본 한국 천주교회사≫ 한 권으로 요약되어 세계에 알려진다.

열린 교회 요촌성당

거의 십여 년 만에 문 신부는 본당 주임신부로 돌아왔다. 요촌성당 주임신부가 된 그는 세상과 함께하는 교회로 거듭나기 위한 노력을 다한다. 그는 요촌성당을 열린 교회로 만들고 싶어했다.

지은 지 60년이 넘어 여기저기 물이 새는 성당 건물을 전체적으로 새롭게 손질하였다. 이어 3층 건물을 신축하여 1층은 교육관, 2층은 유치원, 3층은 강당으로 사용하기로 한다. 이 일련의 과정은 교회의 겉모습뿐만 아니라 신앙공동체의 내면도 새단장하는 계기가 되었다. 내 손으로 우리의 힘으로 성당을 수리하고 짓고. 작은 시골 본당에서 일군 자부심이었다. 그리고 그만큼 교회를 중심으로 신자들의 일치를 끌어낼 수 있었다.

해마다 바자회를 열어 신자와 비신자가 함께 어울리는 기회를 만들었다. 교육관은 김제 시민들에게 문화공간으로 제공하였다. 노래를 통해 시대를 이야기하는 정태춘, 박은옥과 같은 가수를 초청하여 노래마당을 열기도 하고, 우리의 소원은 통일이라는 대형 그림판에 색칠하는 이벤트를 열기도 한다. '아름다운 청년 전태일' 영화를 상영하며 시대와 함께하려는 성당의 모습을 실현해 간다. 요촌성당에서 이와 같은 일련의 활동은 제2차 바티칸 공의회 정신을 삶의 현장에서 실현하고자 하는 문 신부의 의지였다.

교회는 자기 고유의 구원 목적을 추구하며 인간에게 하느님의 생명을 나누어 줄 뿐 아니라 그 생명의 빛을 어느 모로 온 세상에 되비추고 있다. 특히 인간의 존엄을 치유하고 향상시키며, 인류 사회의 결속을 강화하고, 인간의 일상 활동에 더욱 깊은 의미와 중요성을 부여함으로써 세상에 빛을 비춘다. 이렇게 교회는 그 구성원 각자와 온 공동체를 통하여 인류 가족과 그 역사를 더욱 인간답게 만드는 데에 많은 것을 이바지할 수 있다고 확신한다.

– 제2차 바티칸 공의회 문헌. '인간의 소명과 교회' 제4장 40항 중에서

요촌성당 시절에 그는 본당 사목 이외에도 바쁘게 사회 활동을 해나간다. 문 신부는 1994년에서 2006년까지 '평화와통일을여는사람들(이후 평통사)' 상임 대표, 1994년부터 현재까지 '전북평화와인권연대' 공동대표, 1995년부터 1999년까지 '천주교정의구현전국사제단' 공동대표 등을 역임한다.

3차 방북

청년들의 서학동성당

1997년 8월 전주 서학동성당 주임신부로 자리를 옮긴다. 성당은 전주교대와 좁은 길 하나를 사이에 두고 문을 마주하고 있다. 서학동은 오래된 주택들과 100년 가까운 역사를 지닌 대학, 그리고 주변의 대학촌이 중심을 이룬다. 문 신부의 소신은, 교회의 인력과 시설을 이용해 지역사회의 문제들을 조사하고 그 개선 방향을 제시하며 이를 실현하기 위해 노력하는 것이다. 교육대학이 담장을 허물고 이웃에게 캠퍼스를 개방하자, 성당도 냉큼 담을 허물었다. 그리고 허물어진 담을 딛고 성당도 세상으로 사람들 곁으로 나아갔다.

문 신부는 청소년들을 향한 애정이 각별했다. 오래전 일이 되었지만, 신학대학에 다닐 때도, 군대 시절에도 그는 야학에 깊은 애정을 갖고 있었다. 서학동성당에 부임해서는 학교를 떠난 청소년들을 위한 대안교육을 고민했다. 대안교육이라는 말조차 아직은 낯선 때였다. 교회가 학교 밖 청소년들을 끌어안아야 한다고 생각했다. 교육까지는 아니더라도 쉼터라도 마련하고 싶었다. 그래서 뜻있는 후원자의 도움으로 성당 근처에 조그마한 시설을 마련하고 집과 학교를 나와 떠도는 청소년들을 위한 임시 쉼터를 시작하였다. 이는 후에 부안성당 시절의 '풀꽃학교', 평화동성당에서 '청소년 미래학교'와 '꽃밭정이 방과후학교'로, 제도교육 안의 청소년과 함께 걷는 모임인 '뚜버기' 활동으로 이어진다.

부처님오신날 축하 현수막을 성당에 게시하고, 화답하는 의미로 실상사에서 보내온 성탄 축하 현수막도 기쁘게 걸었다. 지금이야 종교 간의 대화가 어색하지 않지만 그때만 해도 이러한 활동이 이상하게 보이던 시기였다. 이후로도 목사님과 스님 등을 초청하여 성당에서 강연을 열기도 하였다. 후에 이러한 종교 간의 화합의 모습은 새만금을 살리기 위한 행보에서 가톨릭, 개신교, 불교, 원불교가 함께 할 수 있는 원동력이 되기도 한다.

국민의 정부, 햇볕정책

1998년 2월 25일 취임한 김대중 대통령은 미국, 중국, 일본, 북한 등과 다자 외교를 시도했다. 이 가운데에서 가장 중요한 외교 정책은 북한을 향한 햇볕정책이었다. 햇볕정책은 해방 이후 분단과 한국전쟁, 그리고 냉전으로 악화된 북한과의 관계를 녹이는 정책이었다. 북한과 대화를 통한 직접 외교로 전쟁 위협을 낮추고 인도적인 지원 및 경제적 교류를 통해 남북 관계를 호전시켜 전쟁의 위험을 방지하고 평화를 구축하는 정책이었다.

햇볕정책이 자리를 잡자 남북 관계는 변화의 물결을 타기 시작하였다. 마침내 2000년에는 분단 이후 최초로 남북정상회담이 성사되어 6·15남북공동선언이 발표되었다. 이는 분단 50여 년 만에 처음으로 남북 최고 지도자들이 평화통일의 당위와 그 구현 방식에 있어 같은 목소리를 낸 남북 역사상 큰 업적이었다. 이러한 햇볕정책은 다양한 분야에서 통일과 평화를 위한 행동으로 확산되어 갔다. 종교계도 마찬가지였다.

정의구현사제단은 1997년 10월 광주 망월동에서 '통일은 제2의 개천'이라는 주제로 '한겨레 성찬제'를 거행하였다. 이어 1998년 정의구현사제단 정기총회에서 9월에 개최할 2차 한겨레 성찬제에는 북한 천주교 신자들을 초대하자는 결의가 있었다. 이를 위해 5월 통일부에서 북한 주민 접촉 승인을 얻어 북한 천주교회에 전문을 발송한다. 그 결과로 북측으로부터 북경에서 만나자는 회신이 온다.

이의 성사를 위해 정의구현사제단은 7월 16일부터 18일까지 공동대표이던 박승원(니코메데스) 신부, 전종훈(시몬) 신부, 중국에서 수학 중이던 맹제영(로마노) 신부, 문규현 신부가 조선천주교인협회 중앙위원회 위원장 장재철 등 3명과 북경에서 만난다. 북측 인사들은 8월 평양 장충성당 축성 10주년을 맞아 신부님들을 모시고 기념 미사를 봉헌하고자 초청한다는 뜻을 전했고 초청장을 건넸다.

방북 초청 외에도 정의구현사제단과 조선천주교인협회 중앙위원회가 합의했던 사항에는 남과 북이 교차하여 한겨레 성찬제를 실시하고,

판문점을 통한 왕래 문제까지도 실무 회담을 거쳐 조율 확정하자는 논의 등이 있었다. 이때 정의구현사제단은 방북 일정이 북측의 8월 15일 통일대축전 행사와 맞물리게 된다는 점을 문제로 제기하였고, 북측으로부터 10주년 기념 미사와 통일대축전은 무관하게 이행될 것이라는 확인을 받기도 하였다. 아직도 국가보안법이 서슬 퍼렇게 날을 세우고 있었기에 합의 하나하나에도 신경을 써야 했다.

3차 방북

이러한 접촉 결과를 가지고 정의구현사제단은 청와대와 국가정보원 등 관계 기관과 협의한다. 정의구현사제단의 방북 일정이 북한에서 있을 통일대축전과 맞물려 있다는 점을 고려하여 관계 기관의 판단과 협조가 필요하다고 생각했기 때문이었다. 또한 사제단의 방북이 성사되면 남북 관계에 중요한 전기가 될 수 있으리라고 생각했다. 그 결과 마침내 긍정적인 답변을 얻어냈다.

그리하여 최종적으로 정의구현사제단 고문들과 공동대표 등 9명이 8일간 일정으로 방북에 오르게 된다. 통일대축전과 맞물린 일정 때문에 여러 문제를 인식한 정의구현사제단은 평양 순안비행장에 도착했을 때 내외신 기자들 앞에서 "우리는 평양 장충성당 건립 10주년을 맞아 8월 15일 성모 승천 대축일에 기념 미사를 봉헌하기 위해서 왔다."고 방북 목적을 분명히 한다.

그러나 실제 상황을 보면, 북한 천주교인들이 통일대축전 행사에 사제단 신부들이 참석해 주기를 간절히 바라는 상황이었다. 실제로 8월 15일 장충성당 미사 일정 자체가 잡혀있지 않고, 전원 판문점 통일대축전 행사에 참여하는 것으로 일정이 짜여 있었다. 그래서 신부들은 판문점 행사 참가를 거부한다. 이는 방북 목적과 전혀 다르며 특히 성모 승천 대축일 미사도 봉헌하지 않고 판문점 행사에 갈 수 없다고 강하게 반발한다.

계속된 회합에서도 합의에 이르지 못하였다. 아침 일찍 미사를 봉헌하고 판문점으로 가도록 하자는 데까지 논의가 접근되기도 했지만 북측이 판문점 범민족회의에 참여해야 한다고 계속 요청했다. 신부들은 더 이상 합의가 불가능하다고 최종적으로 판단하고, 다음날인 15일에 평양에서 철수하겠다고 북측에 통보한다. 혹여 남한으로 돌아가서 시끄러운 문제들이 생길까 염려한 것이었다.

그러나 북쪽 천주교인 대표들은 "신부님들은 그냥 남쪽으로 돌아가시면 그만이지만 우리 천주교회의 처지는 어떻게 됩니까? 불쌍한 양들을 살펴주십시오."라며 눈물로 호소하였다. 14일 오후 북측에서 새로운 제의가 들어온다. 신부 2명만 판문점 통일대축전 행사에 참여한다면 같은 시간에 장충성당에서 성모 승천 대축일 미사를 신자들과 함께 봉헌할 수 있다는 것이었다. 그리고 16일 주일미사도 약속했다. 자유토론 후 반보씩 양보하여 서로의 목적에 부합되게 합의하는 것이 향후의 지속적인 교류를 위해서도 도움이 될 것이라 생각하여 그 요청을 받아들인다. 9명의 사제들은 고뇌를 거듭한 끝에 전종훈 신부와 문규현 신부를 대표자로 판문점 통일대축전에 보내기로 결정한다. 다른 신부들은 평양 장충성당에서 미사를 공동 집전하기로 결정되었다.

문 신부는 통일대축전 자리에서, 정의구현사제단 신부들은 평양 장충성당 건립 10주년 축하 기념 미사를 봉헌하고자 왔으며, 자기와 전종훈 신부 외 7명의 신부들은 지금 평양 장충성당에서 기념 미사를 봉헌하고 있음을 분명히 한다. 그리고 그는 남과 북의 당국자들이 남북의 화해를 갈망하는 민중들의 열망을 우선하지 않음에 대해 유감을 표명한다. 나아가 통일대축전을 남북한이 공동으로 개최하지 못한 점을 비판한다. 남과 북 양측에 대하여 7·4 남북공동성명과 남북 기본 합의서를 이행하고, 상호 존중과 상호 인정의 자세로 대화와 협력에 나설 것을 촉구한다. 그리고 마지막으로는 정의구현사제단이 10여 년을 한결같이 겨레의 하나 됨을 위해 기도를 드리고 있으니 통일을 향한 뜨거운 심정이 7천만 겨레의 가슴속에 활화산처럼 타올라 분단의 어둠을 거두고 통일의 새벽이 어서 오게 해달라는 염원을 피력하였다.

또다시 국가보안법

그러나 문 신부는 이 방북으로 또다시 구속되었다. 국가정보원과 검찰은 1998년 8월 27일 국가보안법 제6조 제1항(잠입·탈출), 제7조 제1항(찬양·고무), 형법 제37조, 제38조에 의거 그를 구속한다. 하나는, 김일성 주석의 시신이 안치된 금수산 기념궁을 방문했을 때 그가 방명록에 썼던 내용을 문제 삼았다. 금수산 기념궁은 북한을 방문하는 외국인은 누구나 방문하게 되어 있는 곳이었는데, 그는 방명록에 '경애하올 김일성 수령님의 영생과 조국의 평화와 통일을 기원합니다.'라고 쓰고 서명했다. 이 글이 국가보안법상의 찬양·고무죄에 해당한다는 것이다.

또 하나는, 통일대축전 참가를 문제 삼았다. 문 신부가 의도적으로 이 통일대축전에 참가하기 위해 북한을 방문했다고 보고 국가보안법을 적용한 것이었다. 그러나 그는 판문각에서 한 그의 연설을 토대로 그렇지 않음을 주장했다. 문 신부는 이 연설의 어느 부분에 잠입·탈출의 고의성이 들어 있느냐고 물었다. 그리고 그의 행위 어느 것이, 그가 말한 것의 어느 부분이 찬양·이적 동조에 해당하는 것이냐고 따졌다.

화해의 물꼬가 트인 것처럼 보이는 시대였지만 남북문제는 여전히 관계 당국을 통해야만 하는 원트랙 정책을 고집하고 있었다. 거기다 햇볕정책은 보수주의자들로부터 퍼주기식 남북 관계라는 비난을 받는 시기이기도 했다. 그래서 정부는 이 비난을 잠재우기 위해서라도 문규현 신부를 구속한 것으로 보인다.

정의구현사제단과 일정에 대해 사전 사후 긴밀하게 협의했던 국정원 관계자는 막상 일이 터지자 책임을 회피했다. 결국 문 신부는 2000년 5월 26일 징역 2년, 자격정지 2년, 집행유예 3년을 선고받았다. '국가보안법 위반(잠입·탈출) 및 1998년 8월 13일자 국가보안법(찬양·고무)은 무죄'로 판단받았다. 2000년 5월 29일 항소, 2000년 7월 18일 항소이유서를 제출한다. 2002년 5월 10일 서울고등법원에서 징역 8월, 집행유예 2년을 선고한다. 2002년 5월 16일 상고, 2003년 2월 11일 대법원의 상고 기각으로 3차 방북 사건이 종결된다.

생명과 평화

인간이
동료 인간이나 환경과 맺는
관계를 결정짓는 것은
바로 인간이 하느님과 맺는 관계이다.
그리스도교 문화는
언제나 인간을 둘러싸고 있는
피조물을 하느님께서 주신 선물로,
창조주께 감사하는 마음으로
기르고 보살펴야 할 존재로 인정해 왔다.
–

간추린 사회 교리, 10장 464항

◉ 삼보일배 1주년(2004년 3월 28일 해창장승벌) 허철희 사진 제공

1 　　　　　　　　　삼보일배

새만금 개발의 민낯

　　　　　　　　새만금 지역은 만경강과 동진강이
흘러드는 하구로서 세계 3대 갯벌 중 하나이다. 이곳은 우수한 생태계
를 보유하고 있으며 전북 수산업의 핵심 어류 종에게 산란지를 제공하
여 새만금 사업이 시작되기 이전에는 전북 경제에서 매우 중요한 위치
를 차지했다. 새만금 사업은 식량이 부족했던 시절인 1971년에 수립된
옥서지구 농업 개발 사업 계획에서부터 시작되었다. 계획으로만 존재
하던 것이 표면화된 것은 1987년 대통령 선거부터였다. 다음 칼럼*은
새만금 사업이 어떻게 진행되었는지를 잘 알려준다.

　　　13대 대선을 엿새 남기고 민정당 노태우 후보는 전주역 유세에 나
　　　섰다. '광주학살 주범 물러나라!' 돌멩이가 빗발쳤다. 연설을 중단한

전북 옥구군(지금의 군산시)과 충남 서천군을 가리키는 말.
양권모, 새만금서 기억해야 할 이름들, 경향신문, 2006년 4월 24일

노 후보는 부랴부랴 전주 시내 한 호텔로 자리를 옮겨 기자회견을 가졌다. "서해안 지도를 바꾸게 될 새만금 지구 대단위 방조제 축조 사업을 최우선 사업으로 선정, 신명을 걸고 임기내 완성하여 전북 발전의 새 기원을 이룩하겠습니다."

박정희 정권 시절에 유사한 구상이 수립됐으나 경제적 타당성이 없다는 이유로 사장된 새만금 사업은 이렇게 탄생했다. 기만적인 노태우 정권도 새만금이 국민 혈세만 쏟아붓는 경제성 없는 개발이라는 정도는 알았다. 그런데 예산 한 푼 들이지 않고 백지화될 수 있었던 새만금은 김대중 총재(평민당)가 있어 살아났다. 1988년 7월 16일 노태우 대통령과 영수회담에서 김 총재의 숙원인 지방자치제 실시와 함께 얻은 게 하나 더 있는데 그게 바로 새만금이다. 곧장 새만금 사업비 2백억 원이 추경 예산에 편성됐고, 그해 11월 18일 새만금 방조제 축조가 시작되고 그 이후 새만금은 성역이 됐다.

왜곡된 정보와 선전으로 전북 도민의 숙원이 되어버린 새만금을 백지화하는 것은 정치생명을 걸지 않고는 불가능했다. 1992년 대선에서 김영삼·김대중 후보, 1997년 대선에서 김대중·이회창·이인제 후보 모두 새만금을 약속했고 그 이후도 동일하게 재방송되었다. 호랑이 등에 올라탄 정치인은 이제 그 누구도 내려올 수 없게 되었다. 전북에 선물을 주려했지만 오히려 짐만 된 새만금만 생각하면 답답한 김 대통령에게 당시 노무현 해양수산부 장관은 '갯벌의 가치가 상승해 최근에는 매립공사를 중단하고 복원하는 추세'라고 조언했다. 그럼에도 대법원은 농지 조성을 전제삼아 '새만금 사업 계속' 판결을 내렸다. 대법원도 이 판결의 모순을 알았기에 "법원은 행정처분의 무효나 취소 사유가 있는지를 법적 관점에서 판단하는 것이지, 새만금 사업의 타당성을 정책적 관점에서 평가하는 게 아니다."라는 보충의견을 냈다. 새만금은 책임을 회피한 지도자와 정부 덕분에 결국 사법의 잣대로 결론났다는 증언이다.

다만 여기서 잊지 말아야 할 것이 있다. 새만금 방조제로 인해 사라진 갯벌, 복털조개·진주담치·가는갯능쟁이·비오리·말오줌때 같은 생명의 이름과 함께 새만금을 만든 이 나라의 지도자들이다. 새만금의 허위가 드러났을 때, 새만금 같은 선심성 토건 공약이 어떤 재앙이 될수 있는지를 교훈으로 세우기 위해서도 그들의 이름을 똑똑히 기억해야 한다.

이 사업은 이처럼 치밀하게 짜여진 계획도 없었던 데다가 사업을 주도적으로 집행할 부서도 없이 갈팡질팡해왔다. 30여 년이 훌쩍 지난 현재에도 전북 경제에 별 도움이 되지 못하고 있다. 오히려 이 때문에 다른 주요 사업은 뒷전으로 밀리기 일쑤여서 오히려 전북에 피해를 입혀 왔다. 언제 끝날지도 모르는 이 사업은 지금도 전북 도민에 대한 희망 고문이 되고 있다. 지금도 정치인들은 전북 도민의 정서를 볼모 삼아 새만금 사업을 정치적 자산으로 교묘하게 이용하고 있다.

새만금 사업은 태생부터 문제여서 여러 번 수정되었다. 농업 용지 100% 사업으로 시작되었으나 2007년에는 농업 용지 70%와 산업관광 용지 30%로 수정되었고, 2008년에 다시 농업 용지 30%와 산업 및 관광 용지 70%로 수정된다. 2021년 변화된 새만금 기본 계획에서는 재생 에너지를 중심으로 한 '그린 성장'을 실현하는 글로벌 신산업 중심지로 비전을 재설정하고, 농업용수를 새만금호 외부로부터 공급하기로 결정하여 실질적 새만금호 담수화를 포기하였다. 새만금호는 농사도 짓지 못하는 4~6급수로 이미 오염이 심하다는 증거다. 새만금호 3~4m 하부는 산소 농도가 생물체가 살아가는 데 필요한 최소 산소 농도인 5mg/l보다 낮아 생물체가 살아갈 수 없을 정도로 수질이 악화되었다.

썩은 물로는 농사도 지을 수 없으며 공업용수로도 사용할 수 없다. 이미 농지 확보라는 간척 사업 명분도 사라졌다. 아무것도 할 수 없는, 썩어가는 황무지를 만들기 위해 정부는 죽음의 사업을 계속 강행하고 있다. 2022년 기준 새만금호 수질 개선에만 이미 4조 원을 퍼붓고도 그 모양인데 앞으로 더 나아질 전망이 없다. 그러고도 애초 예상과는 달리 새만금은 총 개발비만 23조 원에 이를 거라고 한다.

30여 년간 매립이 진행되면서 수산업을 비롯한 새만금 주변 지역경제는 완전히 무너졌다. 이미 전북의 수산물 생산은 새만금 사업 이전에 비해 2018년 현재 74% 감소되었다. 2만이 넘는 어민들의 생계 터전이 사라졌고 이름 모를 수많은 생명체가 사라졌다.

그런 가운데 한국의 갯벌이 생태계 보전 및 어민의 삶과 수산업의 활성화 그리고 기후 위기 극복에 매우 중요하다는 이유로 2021년 유네스코 세계자연유산으로 지정되었다. 이를 바탕으로 고창 등 각 자치단

23조 원 국책사업
– 새만금 수질 이대로 괜찮
나 (추적60분 1352회 KBS)

체마다 관광성 홍보에 열을 올리고 있다. 모순된 일이다. 이는 우리나라 최대의 갯벌을 무참히 학살하면서 작은 갯벌들을 모아 세계유산으로 지정하는 처사가 앞뒤 맞는 것인지 묻고 있다.

새만금 개발 반대 운동에 뛰어들다

새만금 사업에 대한 반대는 환경 단체에서부터 시작되었다. 간척 사업으로 생긴 경기도 시화호가 썩어가는 심각성을 1990년대 중반부터 인식하면서 새만금에 대해서도 환경 단체들이 반대의 목소리를 본격적으로 내기 시작한다. 녹색연합, 새만금사업을반대하는부안사람들, 새만금사업즉각중단을위한전북사람들, 풀꽃세상을위한모임, 환경운동연합 등 2백여 환경 시민 단체들이 '새만금 간척사업 백지화'를 위하여 투쟁한다.

그러나 정치권과 정부가 오직 정략적 이익에 붙잡혀 이 사업을 강행하기에 여러 환경 단체들은 생명과 평화를 절대적 가치로 생각하는 종교인들이 나서줄 것을 호소하게 된다. 이에 종교인들과 환경 운동가들이 조계사에서 만나 모임을 가진다. 여기서 새만금 개발 문제가 심각하고 긴급하다는 데 의견을 같이하고 교단을 초월하여 '새만금 사업 즉각 중단을 위한 범종교인 생명·환경 선언'을 하기에 이른다.

(전략)

우리는 새 대통령과 새 정부에게 이 터전의 숨통을 조이고 있는 방조제 공사를 중단하여, 저 갯벌과 저 바다를 살려나가도록 촉구할 것입니다. 그보다 먼저 우리는 파괴와 개발지상주의의 노예가 되어온 이 세태를 정화하는 데 앞장서오지 못한 우리 자신의 부끄러움을 깊이 들여다보며, 참회와 속죄의 정진을 계속할 것을 약속합니다.

우리 범종교인들은 오늘 바로 이 자리에서 감히, 살아나는 새만금 갯벌의 이름으로 생명과 평화의 시대를 선언합니다. 또한 화해와 존중, 존엄성과 공존의 시대를 선언하며, 한마음으로 온 마음으로 다음과 같이 서원합니다.

– 우리 종교인들은 생명과 평화를 존중하는 환경의 시대를 만들기 위해 기도와 수행을 다하겠습니다.

– 우리 종교인들은 새 대통령과 새 정부가 생명과 평화를 존중하는 환경의 시대를 위해 친환경 정책을 펼칠 수 있도록 특별히 기도하겠습니다.

– 우리 종교인들은 새만금 간척사업 등 대규모 생명 파괴 사업이 중단되고, 그곳의 생명들과 인간이 더불어 살아가는 세상을 만드는 날까지 계속해서 정진하겠습니다.

문 신부가 새만금에 관심을 두기 시작한 것은 1993년 요촌성당 주임 신부로 있을 때였다. 솔직히 그도 처음에는 땅이 커지면 좋은 줄로만 알았다. 그런데 날이 갈수록 바다에 죽음의 그림자가 드리워지는 것이

새만금 간척사업 등 대규모 생명 파괴 사업의 조속한 중단을 위한 생명·평화·환경을 위한 범종교인 기도회에서 발표한 '생명과 평화 환경의 시대를 위한 범종교인 서원문' 중에서, 2003년 1월 22일

었다. 갯벌은 자꾸 썩어가고 고기 잡고 조개 캐는 것밖에 모르던 사람들은 생계에 위협을 받았다. 그도 처음에는 갯벌을 살려달라는 어민들의 슬픈 목소리가 하도 간절해서, 그저 그 목소리가 꺼지지 않게 도와야겠다는 단순한 심정으로 새만금 문제에 발을 담갔다.

당시 갯벌을 삶의 터전으로 두고 있던 어민들은 어촌계를 중심으로 얼마간의 보상을 받았기 때문에 목소리를 크게 내지 못하고 있었다. 더구나 국가가 나서서 그럴듯한 새만금 청사진을 제시하는 데야, 지도가 바뀐다는 '국책사업'을 대놓고 반대하기 어려웠다. 그러나 시간이 지나면서 보니 자기들이 생각하는 그런 청사진이 아니었고 갯벌에서 얻는 수입은 갈수록 줄었다.

변산반도 곳곳에 있던 크고 작은 해태건조장과 가공공장이 먼저 문을 닫았다. 김 양식업이 파탄난 것이다. 더구나 어촌계에도 들지 못해 알량한 보상마저도 받지 못한 바닷가 빈민들의 삶은 말이 아니었다. 문 신부도 갯벌에 천막을 치고 농성하는 지역 주민을 만나고 나서야 그 심각성을 깊이 인식하게 되고 단순 참가자나 조언자에서 한 걸음 더 나아가 전면으로 나서게 된다.

문 신부가 현장에 가보면 언제나 죽어가는 새만금 생명들이 눈앞에 뒤집혀서 흰 배를 드러내고 있었다. 한 할머니는 예전엔 갯벌에 나가 하루만 일해도 10만 원 넘게 바지락을 캤는데 지금은 2만 원도 안 된다고 울상을 지었다. 어민들이 받은 보상금은 곶감 빼먹듯 금방 사라졌다. 해창 갯벌 길 건너 2백m가 넘었던 해창산은 돌을 캐내 방조제를 쌓는 바람에 20m 정도만 남아 뼈를 드러내고 있었다.

옛말에 갯벌 한 마지기는 논 열 마지기와도 안 바꾼다고 했는데 그 말이 딱 맞았다. 농약도 비료도 필요 없고, 트랙터도 필요 없다. 오로지 몸뚱이 하나로 호미와 망태만 들고 나서면 되었다. 가뭄과 홍수를 걱정하지 않아도 되고 시간마다 삽을 들고 물꼬를 볼 일도 없다. 썰물 때만 맞추면 되니 세상에 이렇게 편한 농사가 없다. 다 하느님이 주시고 자연이 함께한 기적이다. 무지한 자들은 이런 갯벌을 없애고 논과 공장지대로 만들려고 했다. 갯벌의 자원 가치는 농지의 3.3배 정도라고 하는데도 말이다.

새만금 갯벌은 전국 주요 조개생산량의 50% 이상이 나온 갯벌이었다. 이곳 어민들은 동죽, 맛, 백합 등 다양한 조개를 캐며 살아왔는데 이제 이들은 조개들과 함께 뿔뿔이 흩어져 사라졌다. 방조제로 제일 먼저 피해를 입게 된 계화도 주민들은 예전에는 논 한 마지기 없어도 갯벌에서 나는 것만 가지고 자식들 대학까지 보낼 수 있었다고 입을 모았다.

뒤늦게 실상을 알게 된 문 신부는 그간 갯벌의 신음 소리를 듣지 못한 죄에 가슴을 두드렸다. 그래서 그는 서학동성당 임기가 끝날 즈음에 새만금을 위해 좀 더 적극적으로 활동할 수 있는 시간과 공간이 주어지기를 바랐다. 그러다 마침 부안성당으로 새로이 부임을 하게 된다. 앞으로 문 신부와 부안이 운명적으로 떼려야 뗄 수 없는 관계로 얽히는 계기가 된 것이다.

간척으로 생기는 새만금호는 어떻게 해도 썩을 수밖에 없음을 알게 되면서 문 신부는 자신의 무지와 무관심이 바로 개발 지상주의자들이나 간척 강행론자들의 모습과 다름없었다고 스스로 한탄했다. 이에 그는 새만금 살리기 운동 참여를 바로 자신의 무지와 무관심에 대한 참회의 여정으로 삼기로 했다.

　이런 문 신부에게 어떤 이들은 통일 운동을 해야지 왜 환경 운동을 하느냐고 종종 비난을 섞어 묻는다. 이런저런 이유로 저명한 민주화 운동가나 노동운동가들이 치열한 운동 전선에서 이탈하여 생명운동 쪽으로 옮겨 가는 것에 대한 우려였다. 오마이뉴스와의 인터뷰에서 그는 이렇게 답했다.

　여러 사람들이 내가 소위 환경 운동에 뛰어든 것을 의아하게 생각하고 심지어는 비판하기도 했습니다. 지금 한창 민족 통일 운동을 할 때이지 그런 작은 일에 매달려 있느냐는 거였습니다. 하지만 나는 통일 운동가가 아닙니다. 그저 예수 그리스도 생애를 묵상하고 그분이 가신 길을 따르는 데 평생을 바치고자 하는 사제일 뿐입니다. 모든 이와 마찬가지로 내게 중요한 것은 그리스도께서 나를 어디로 부르고 계신지 예민하게 귀 기울이고 적절하게 응답하는 일입니다.

　사목 현장에서 내가 만나는 모든 사안은 소중합니다. 비록 때마다 관심의 경중이나 우선순위가 변할 수는 있으나, 사안 자체에는 귀함과 천함이 따로 없습니다. 그러는 중에 새만금을 만났고 생명과 평화는 나의 화두처럼 되고 말았습니다. 생명과 평화. 그렇습니다. 통일이 된다 해도 어떤 몸뚱이로 통일할 것인가? 통일이 형식에 관한 것이라면 생명과 평화는 내용에 관한 것입니다. 통일이 민족이라는 틀의 생명과 죽음에 관한 문제라면 생명과 평화는 그 민족 구성원들(자연과 인간)의 실체와 존재 방식에 관한 문제입니다. 숨쉬지 못하고 누더기가 된 땅과 하늘과 바다, 파괴된 영혼과 심성을 갖고 진행되는 통일은 어떤 의미가 있습니까?

- 문규현 메모, 오마이뉴스, 2003년 12월

신부 문규현의 본질은 직업적인 운동가나 혁명가가 아닌 사제였다. 어려움에 처한 어린 양을 위해 북으로 가서 임수경과 함께 분단선을 넘어왔듯, 부안성당으로 사목지를 옮긴 그 앞에 새만금의 죽어가는 생명들이 놓여 있었다. 문 신부는 그가 있는 곳에서 새만금을 만났고 새만금을 살리고자 뛰어든 것이다. 그리하여 문 신부는 자의 반 타의 반으로 어느새 새만금 개발 반대 투쟁의 중심에 서게 된다.

죽으면 되죠

환경 운동가들은 그동안 물막이 공사를 저지하기 위해서 크고 작은 소송부터 공사장 시위, 연좌 농성 등 안 해본 것이 없었다. 그러나 막무가내로 진행하는 공사를 더이상 막을 방법이 없었다. 새만금을 지키는 일은 전북 도민의 지지도 없고, 오히려 비난받는 외로운 싸움이기에 성과 없이 계속되고 있었다. 얼마 남지 않은 구간의 방파제가 완공되면 이제 더 이상 기회가 없을 거라는 절박함이 안 그래도 싸움에 지쳐있는 운동가들을 흥분시키고 있었다.

환경 운동가들은 수도 없이 고민을 나누고 토론을 진행했다. 원주에 있는 박경리 토지문학관에 활동가들이 모여 향후 대책을 논의할 때였다. 그날 회의에서 어떤 중심 활동가는 소위 '에코 테러'를 언급하기도

했다. 에코 테러는 환경 단체에서 극단적인 방법으로 반대 운동을 펼치는 것을 말하는데 방법이 폭력적이라서 최후의 수단으로 거론되는 것이었다. 회의 막판에 다이너마이트로 방파제를 폭파하자는 일부 강경파의 주장까지 흘러나왔다. 물막이가 가까워질수록 환경 단체의 반응도 극단적 방향으로 흘러가고 있었지만 뾰족한 수가 없었다.

2002년 2월 당선된 노무현 대통령에게 전향적인 새만금 정책을 기대했지만 그 기대가 무산되었다. 대통령직 인수위 때부터 외면하고 피했다. 환경 운동가들에게는 '역시 정치인의 말은 믿을 수 없다.'는 생각이 자리 잡았다. 이제는 어쩔 수 없이 행동으로 나서는 수밖에 없다는 주장이 대세가 되고 있었다. 정부와 환경 단체가 강 대 강으로 부딪칠 일만 남아 있었다. 정부에 대해 더 이상 미련을 둘 수 없었지만 그렇다고 뾰족한 대안도 찾을 수 없었다. 여러 여건상 새만금 개발 반대 투쟁은 이제 되돌아갈 수도, 해체할 수도, 그렇다고 무작정 기다릴 수도 없었다. 이대로 가다가는 어민이나 환경운동가 중 어떤 희생자가 나올지도 모르는 상황으로 흘러가고 있었다. 결론을 내지 못한 채 원주 회의에서 돌아오는 문 신부는 깊은 고민에 빠져들었다. 지혜로운 해법을 찾아내야 할 터인데 도무지 떠오르는 방도가 없었다.

잠 못 자는 고민 끝에 문 신부는 평소 환경 문제에 대해 오래전부터 죽이 맞았던 수경 스님에게 전화를 걸어 부안성당에서 만나자고 요청했다. 문 신부는 수경 스님에게 이 일을 어찌하면 좋겠는가 물었다. 우리가 생명 평화 운동을 한다고 하면서 이렇게 죽음으로 치닫는 폭력을 사용하는 일이 생기면 안 된다. 그러나 우리가 아무리 발버둥쳐도 새만금 둑은 높게만 쌓아지고, 수많은 생명이 죽어나가고 있다. 지금 남은 건 저기 저 갯벌 하나뿐인데 어떻게 하면 좋겠냐고 하소연했다. 답답한 마음에 큰 기대도 없이 줄줄이 넋두리를 늘어놓은 것이다. 그런데 뜻밖에도 수경 스님의 일도난마(一刀亂麻)의 말이 툭, 화두처럼 던져졌다.

"죽으면 되죠, 뭐."

"아……!"

잠시 멍하니 있었다. '죽으면 된다?' 문 신부는 수경 스님과 2년 전 함께했던 삼보일배가 떠올랐다. 새만금 살리기를 위해 명동성당에서 조계사까지 진행했던 삼보일배였다. 짧은 구간이지만 많은 사람들의 이목을 끌었다. 시위 방법으로서 삼보일배는 2002년 스페인 람사르 회의에서 환경 운동가들의 감탄을 자아내기도 했다. 삼보일배야말로 뾰족한 방법이 없는 지금 상황에서 최선의 선택지라는 생각이 들었다.

'그래, 가다가 죽자. 어찌 될지 모르지만 가다가 죽자. 분노와 슬픔과 외로움에 끓어 넘치는 저 열망을 파멸이 아니라 죽음을 관통한 부활의 길로 가자. 죽더라도 길에서 죽자. 이것 말고는 달리 방법이 없다.'

"우리 부안 해창에서 서울 청와대까지 가는 거야. 비폭력 운동으로 가는 거야. 목숨을 걸고 하면 되지, 다른 사람들 희생할 것 없이 우리가 희생하면 되지, 뭐."

두 사람은 막혔던 운동의 방향과 방법에 드디어 물꼬가 트인 것으로 판단했다.

수경 스님과 문 신부는 서로의 마음을 읽고 새만금 반대 운동 집행부에 뜻을 전했다. 맨 처음 실무 팀에서는 두 분이 너무 답답하니까 그냥 해보는 소리라고 생각했다. 일부 실무진들은 가능성과 효과에 대한의구심을 드러냈다. 삼보일배 투쟁은 워낙 시간도 많이 걸리고 결과를 예측할 수 없었기 때문이었다. 그러나 수경 스님이 앞장서서 회의 중에 삼보일배를 하겠다고 선언을 해버림으로써 이제 주워 담을 수 없게 되었다.

실무진에서는 일단 삼보일배 순례를 진행하기로 결정하고 준비를 서둘렀다. 그런데 가고자 하는 길은 이전처럼 짧은 구간이 아니었다. 부안에서 청와대까지는 10~20㎞가 아닌 3백㎞가 넘는 길이다. 그냥 걸어가기도 힘든 길이다. 이야기는 던졌지만 한편으로는 겁이 나고 피하고 싶은 일이었다. 어떻게 될지 모르는 채 가야 하는 길이기에 마음이 무거웠다. 그러나 모든 것을 하늘에 맡기는 수밖에 없었다. "아버지, 이 잔이 비켜 갈 수 없는 것이라서 제가 마셔야 한다면, 아버지의 뜻이 이루어지게 하십시오."(마태 26,42) 그는 나지막히 읊조렸다.

13년간 논란 속에 방파제 완공이 가까워오고 이제 수많은 생명은 몰살을 눈앞에 두고 있었다. 그만큼 기도는 간절했고 마음은 촉박했다. 지금 이 순간에도 마지막 구간을 향해 돌과 흙을 실은 덤프트럭이 먼지를 일으키며 달려가고 있을 터였다. 어찌 보면 부질없어 보이는 이 작은 순례 행렬이 과연 그걸 막을 수 있을까? 문 신부 자신도 회의적이었다. 그럼에도 절박하게 반대하는 사람이 여기 있다는 것을 몸으로 외치며 보여주어야 했다.

같이 삼보일배 고행의 길을 거침없이 동행키로 한 천주교, 불교, 개신교, 원불교 4대 종단의 성직자들은 환경과 생명을 살린다는 명분으로 의기투합하였다. 환경에 관한 한 부르면 언제든지 달려올 사람들이었다. 명실공히 4대 종단 새만금 삼보일배순례단이 꾸려지게 되었다.

수경 스님은, 지리산 살리기·댐 백지화 범불교 연대 활동을 하던 조계종 승려다. 그는 2001년 초여름 땡볕 아래 문 신부와 함께 새만금 개발 반대를 주장하며 명동성당에서 조계사, 정부종합청사로 이어지는 길에서 삼보일배를 하기도 했다. 2002년 겨울에는 미군 장갑차에 깔려 죽은 효순이와 미선이의 죽음에 항의하며 미 대사관 옆 길바닥에서 1주일간 단식농성을 같이했다. 두 사람은 눈빛만 봐도 무슨 말을 하려는지 짐작할 정도로 마음이 맞았다.

원불교의 김경일 교무는 1999년부터 '새만금살리는원불교사람들'이란 모임을 이끌며 새만금을 살리기 위해 동분서주하고 있었다. 원불교 쪽에서 이 일을 맡기를 원하는 이가 없어 어려운 상황에서도 결단을 내려 순례에 합류했다고 한다. 하지만 나중에 보니 새만금 사업에 대한 이해와 논리가 가장 잘 정리되어 있었다.

이희운 목사는 기독생명연대 공동대표로서 사회 밑바닥에 있는 사람들을 위해 애쓰는 목사였다. 2002년 2월부터 해창 갯벌에 컨테이너 하나 놓고 기도와 목회를 하고 있었다. 그 또한 새만금 개발을 적극적으로 반대하는 한 사람이었다.

삼보일배의 시작

2003년 3월 28일. 부안에서 청와대까지 삼보일배를 시작하는 날. 아침부터 날이 흐렸다. 옅은 구름이 변산 서쪽 바다에 이어지고 있었다. 쌀쌀한 날씨는 8백여 명의 걱정스러운 눈빛들을 더욱 흔들리게 했

● 삼보일배를 시작하며

다. 형 문정현 신부는 순례가 시작되는 3월 28일을 달력에서 지워버리고 싶다며 눈물 바람으로 가는 길을 말렸다. 그뿐만이 아니라 대부분 사람들이 이들의 무모한 길을 말리고 있었다. 조금 젊은 김경일, 이희운 두 성직자는 앞으로 전개될 이 무모한 걸음의 고통을 앞에 두고 주위 사람들과 걱정과 안부를 나누고 있었다. 이 고난의 행군이 몇 달이 될지, 건강상의 문제 없이 갈 수 있는 곳이 어디까지일지 모르기에 모두 무거운 마음으로 지켜보고 있다.

11시에 시작한 출범식은 천주교, 불교, 개신교, 원불교 4대 종단 대표들의 떠나는 마음이 낭독되었다. 이어 멀리서 온 틱낫한 스님과 다른 환경 운동가들의 연대사가 이어졌다. 울분과 안타까움과 걱정이 곳곳에서 묻어 나왔다. 수백 명이 원을 그리며 해창 갯벌에 생명의 염원으로 세워놓은 장승 주위를 돌았다. 갯벌에 발을 적시며 자비와 평화를 기도했다.

　이희운 목사는, "바다와 생명의 창조자이신 하나님을 생각할 때 목사의 한 사람인 저는 이 생명 죽임과 어촌공동체의 파괴를 그냥 두고 볼 수 없기에 하나님께 간절히 새만금 갯벌에 살고 있는 생명들을 위해 기도합니다." 수경 스님은, "모든 죽어가는 것을 위해 스스로 제물이 되자. 이 모든 것이 우리가 지은 업이다."라고 떠나는 소감을 전했다. 문 신부도 삼보일배를 떠나는 마음을 기록으로 남겼다.

> 　저는 다가올 수난을 앞두고 겟세마네 동산에서 고뇌와 번민으로 밤을 지새우며 기도하신 예수님 마음을 감히 헤아려보았습니다. 예수님, 당신은 얼마나 힘들고 괴로우셨을까요, 하고 깊은 침묵 속에 여쭈어보기도 했습니다. 지금의 내 복잡한 심정이 89년 방북 때의 그것을 닮은 것 같기도 해 저 혼자 위로해보기도 했습니다.
>
> (중략)
>
> 　이 길은 선택의 여지가 없는 길입니다. 이런저런 타산과 계산을 허용하지 않는 길입니다. 생명과 죽음, 그 가운데 중립이란 있을 수 없습니다. 저는 온 힘을 다하여 삼보일배의 여정을 끝까지 갈 것입니다. 기어서라도 가겠습니다. 살고자 하는 이는 죽고, 제 목숨을 버리고자 하

는 이는 산다고 했습니다. 수난과 십자가의 죽음 없이 부활의 영광과 기쁨을 누릴 수는 없으니, 저는 이 고행을 기쁘게 기꺼이 받겠습니다.

- '삼보일배를 떠나며' 중에서, 2003년 3월 27일

이제 드디어, 시작이다. 세 번 걷고 한 번 엎드려 절하는 삼보일배. 문규현 신부, 수경 스님, 김경일 교무, 이희운 목사. 네 사람이 절을 올리며 자벌레처럼 길을 나선다. 앞으로 비와 바람이, 서리와 진눈깨비가, 먼지와 굉음이 이들을 위협하고 괴롭힐 것이다. 그리고 몸의 여기저기에서 비명이 터져 나올 것이다. 열을 지어 한 걸음을 떼었다. 슬픔의 덩어리들도 뒤를 따라 한 걸음씩 따라 걸었다. 땅바닥의 차가운 기운이 무릎과 실장갑 낀 손을 통해 전해졌다.

한 걸음을 내디딜 때 자신의 이기심과 탐욕을 참회합니다.
두 걸음 내디딜 때 죽어가는 모든 생명에 대한 연민의 마음을 일으키겠습니다.
세 걸음 내디딜 때 고통받는 모든 생명을 돕고 살리겠다는 큰 서원의 마음을 일으키겠습니다.

한 걸음 옮길 때마다 느리고 무거운 기도를 올렸다. 참으로 '무식한' 기도의 시작이었다. 앞으로 3백여km를 이처럼 엎드려 가야 하는 것이다. 어찌 될지는 아무도 모른다. 그냥 가는 것이다. 무릎 보호대와 장갑 등 긴 순례에 나름대로 준비한다고 했는데도 온몸이 쑤시고 아프다. 그렇게 첫날 일정은 흥분과 걱정 속에 진행되어 부안 등룡공소(현

등룡성당)에서 마무리되었다.

북적였던 군중도 사라지고, 언론의 카메라도 사라졌다. 적은 인원만 남아 외롭고 먼 길의 하루를 수습하고 있었다. 이름도 긴 '온 세상의 생명·평화와 새만금 갯벌을 살리기 위한 삼보일배'의 깃발이 밤이슬에 젖어 무겁게 내려앉고 있었다. 부안 해창 갯벌에서 내디딘 첫발은 김제-군산-서천-보령-홍성-예산-아산-천안-안성-평택-오산-수원-과천을 거쳐 서울 광화문을 향한다. 아직 적응되지 않은 몸이 흥분과 함께 뒤척였다.

둘째 날은 서리가 하얗게 내려 추웠고 셋째 날은 바람이 세차게 불어 추웠다. 절을 할 때마다 먼지가 일어 눈을 뜨기가 힘들었다. 도로에 짙게 깔린 배기가스에 목이 칼칼했다. 상당수가 기침을 해댔다. 수경 스님은 다리를 절룩거렸다. 이제 시작인데, 걱정스러움이 순례단에 감돌았다. 문 신부와 일행은 조심스레 수경 스님에게 상태를 물었다. 종교는 달랐지만 비가 오나 눈이 오나 온갖 고난을 함께해 온 동생이자 도반인 수경 스님에게 내내 마음이 쓰였다. 걱정하는 마음을 감추며 문 신부는 수경 스님에게 농을 던졌다.

"야 이 사람아, 맨날 부처님께 절하는 게 전문인 사람이 비전문가보다 먼저 나자빠지면 어떻게 해? 형 앞에서 이러면 안 되지?"

그럼에도 수경 스님의 불편한 다리는 거짓말을 못하고 자꾸 절뚝거렸다. 수경 스님은 녹내장 질환부터 시작해서 온몸 안 아픈 곳이 없었다. 그런데 왜 이런 결단을 내렸을까? 그는 남 탓하기는 쉬워도, 내 탓하기는 어렵다고 했다. 우리 자신부터 변하지 않으면 안 된다고 말한다. 따라서 이 순례는 참회가 시작이고 목적이어야 한다고 말한다. 문 신부가 무겁게 고개를 주억거렸다. 달리 무슨 말을 더할 것인가? 그렇게 아프고 힘든 또 하루의 일정이 끝났다.

나흘째 되던 날 아침 행진을 시작하자마자 시내를 주행하던 택시 기사에게 욕을 한 바가지 얻어먹었다. "미친 놈들 뭐 할라고 저 지랄을 해……." 화가 났지만 되받아치지는 않는다. 앞으로도 무수히 겪을 일이기에 여기서부터 화를 내고 신경을 쓰다가는 얼마 못 가서 쓰러질 판이다. 욕하는 그도 부안 사람이었다. 부안 사람들도 찬반이 나누어져 있었다. 새만금 어민들도 찬반이 나뉘었는데 대체로 방조제 바깥 주민들은 찬성하고 생존이 막막한 방조제 안쪽 사람들은 반대하고 있었다. 심지어 한 사람이 낮에는 반대하고 저녁에는 찬성하는 경우도 있다고 했다. 세상에 누가 미쳤고, 누가 온전한 정신을 가지고 사는지는 나중에 알게 될 것이라며 웃어 넘겼다. 목까지 차오르는 원망은 입밖으로 내지 않았다.

부안과 김제를 잇는 동진강 다리를 지났다. 지평선이 보인다는 드넓은 호남평야를 가로질러 서천에 당도한다. 장항 어부 여길욱은 물고기가 다 사라졌다며 새만금 반대 투쟁에 힘을 실어주었다. 시대착오적인 토목사업 때문에 애꿎은 갯벌 생명들이 수없이 죽어 나가고 있었다.

우리도 미물이다

봄 날씨는 수시로 변했다. 비가 오다가도 서리가 내리고, 날이 눈부시게 맑다가도 황사와 먼지가 자욱한 날이 반복되었다. 아무리 좋은 날씨여도 도로에 깔린 매연과 먼지는 피할 길이 없었다. 코끝에 와 닿는 타이어 가루와 먼지에 한 시간도 안 돼 얼굴이 검게 변하고 콧속은 검은 먼지로 가득했다. 뜨거운 날은 녹아내리는 아스팔트에 이마를 댈 수가 없어 헤어밴드를 하고 엎드렸다.

비가 내리는 날은 더 힘들었다. 비옷을 입으면 입은 대로 안 입으면 안 입은 대로 힘들었다. 온몸에 땀과 비가 범벅이 되어 무겁게 짓누르기 때문이다. 그러나 무엇보다도 괴로운 것은 비에 젖은 길에서 로드킬 당한 무수한 생명들을 수없이 목격해야 하는 일이었다. 바닥에 널브러지고 짓이겨진 사체를 볼 때마다 수경 스님은 '관세음보살'을 중얼거렸다.

트럭이 지나간 자리에 온몸이 처참하게 짓이겨진 개구리의 주검이 흩어져 있다. 더욱이 비가 오는 날이면 가는 길마다 작은 생명들의 사체가 가득하다. 차를 타고 가면 도저히 볼 수 없는 죽음이 눈앞에 전개되어 있었다. 엎드리니 우리도 같은 미물임을 깨닫는다. 봄은 부처님의 자비가, 하느님의 가호가 어느 때보다 필요한 계절이었다.

밤이 되어 잠이 들 때면 순례단원들이 온몸에 파스를 붙인다. 문 신부 자신도 허리와 무릎에서 '아이구 아이구' 소리가 절로 나왔다. 순례 내내 특별한 날을 제외하곤 야영을 하기 때문에 불편한 잠자리가 고통스러웠다. 오랜 야영에 함께 자는 사람들 몰골이 모두 노숙자와 다름없이 꾀죄죄하다. 발 냄새 땀 냄새가 어우러진 공간에서 여럿이 웅크려 잔다. 그들은 인간의 가장 기본적인 욕망을 끊고, 악취마저도 감내하며 수도승처럼 자신을 다스리는 길을 가고 있다. 요령이 생기고 익숙해지면 좀 나아질 것으로 기대했지만 그다지 수월하지 않은 게 삼보일배다.

28일째 되는 날, '새만금 갯벌 생명 파괴 참회의 날'이 열렸다. 줄곧 함께한 시인 박남준이 다음과 같이 읊었다.

해창 바다에서 광화문까지

박남준

나 아주 어려 벌거숭이의 몸을 내맡겼었네
뻘밭 가득 뛰어놀던 짱뚱어 같은 아이들과
게걸음치며 달려가던 농게 같은 아이들과
온몸에 갯벌을 바르며 뻘 싸움을 하고
미끄럼틀을 만들어 놀이터가 되어주었던
푸른 것들이, 찬란한 것들이 치솟고 일렁이던
뻘밭의 바다

내게 만약 끔찍한 저주가 있다면
뻘밭을 막아 없애려는 무리에게 쏟아내야겠네
내게 만약 죽음보다 더 지독한 증오가 있다면
뻘밭을 팔아 배 부르려는 무리에게 퍼부어야겠네

싱싱한 것들로 온통 번쩍이는 생명으로 꿈틀거리는
소중한 선물의 뻘밭

살아서 아름답게 흘러온 것들 흐르는 대로 두어야 하듯

밀물과 썰물로 들고나는 뻘밭의 바닷길 막아서는 아니 되네

이 땅에 내린 축복의 뻘밭 우리 아이들에게 돌려주어야 하네

그 뻘밭의 바다에 순결한 입맞추며

엎어지고 자빠지며 내달리게 해야 하네

이제 우리 해창 바다에서 광화문까지 삼보일배로 나아가네

사랑으로 나아가네, 뉘우침으로 참회로 간절함으로 나아가네

그 길 한걸음 한걸음에 전쟁 중단과 평화 기원의 마음으로

그 길 무릎 꿇고 엎드린 자리 자리마다에

새만금 갯벌에 생명과 평화를 소원하는 마음으로

해창 바다에서 광화문까지 삼보일배로 나아가네

4대 종단 화합으로

　4대 종단 합동 삼보일배는 종교 간 차이와 갈등을 넘어 새로운 평화의 세상을 꿈꾸게 했다. 종교 간 갈등 또한 인간의 탐욕에서 비롯된 결과물이다. 2천 년 기독교 역사 또한 그 비판에서 자유롭지 못함을 제2차 바티칸 공의회에서 공식적으로 고백한 바 있었다. 새만금을 살리기 위한 삼보일배 또한 고백이고 참회이다. 그 대상이 인간만을 향한 것이 아닌 뭇 생명을 향한 것이다. 그래서인지 순례 내내 불교계의 반응이 뜨거웠다.

● 4대 종단 삼보일배 순례자들, 오마이뉴스, 권우성 사진 제공

물론 한편의 우려도 있었다. '삼보일배는 다분히 불교적인 의식인데 개신교나 가톨릭에서 우상숭배라는 의혹을 받지는 않을까?' 하는 걱정이었다. 그러나 '절'이라고 하는 것이 불교의 전유물은 아니지 않은가. 또 4대 종교가 순례의 오랜 일정을 처음부터 끝까지 같이 하기로 결정하면서 이런저런 차이를 넘어 큰 이해에 도달하는 표현 방식이었기에 큰 걱정은 없었다. 다만 이희운 목사는 여러 이유로 절하지 않고 십자가를 들고 엎드려 기도하는 삼보일도를 행하였다. 이 또한 차이를 인정하는 모습이었다.

삼보일배는 철저히 자기 자신을 내려놓고 하루하루 진심을 다해 엎드려 겨우 5~6㎞ 간다. 차이와 편견을 내려놓지 않으면 그 무게 때문에 수십 일간의 대장정을 끌고 나갈 수 없다. 삼보일배를 계획하고 준비하면서 크고 작은 이견 때문에 좀 시끄럽기도 했지만 이내 잦아들었다. 삶은 결국 나와 다른 마음을 만나고 겪고 조율하는 과정이다. 따라서 처음 시작했을 때 마음으로 돌아가면 갈등은 어지간히 해결되었다.

순례자들은 순례를 하면서, 자기를 내어주면 남도 내 안에 들어오는 놀라운 경험을 했다. 종교를 떠나 서로 챙겨주고 걱정해 주면서 서로를 내어주는 순간, 경계선이 허물어지고 대동의 길로 향하게 되었다. 문 신부는 자신을 온전히 다 내어주신 예수님을 생각했다. 그리고 자신을 어디까지 내어줄 수 있는지 한 걸음마다 확인하고 싶었다.

며칠째 후텁지근한 날씨가 순례단을 괴롭혔다. 오로지 몸뚱이에만 신경을 써야 한다. 팔과 다리, 손목과 무릎, 눈과 코와 귀만의 시간이다. 거시적이고 거창한 것은 손에 잡히지 않고 머리에 들어오지 않는다. 힐끗, 힘들어하는 수경 스님과 이희운 목사, 김경일 교무의 옆 모습을 간간이 살피면서 오늘 하루도 무탈하기를 기도한다. 아마 다른 사람들도 옆 사람을 걱정하면서 함께하고 있으리라. 자신만 생각하면 너무 힘들었을 이 길을 뜻이 같은 사람들과 함께하다 보니 어느새 절반 가까이나 온 것이다. 벗들과 손잡고 걸으면 그 길이 바로 희망의 길이 되었다.

삼보일배한 지 한 달을 넘긴 4월 28일 충남 아산에 접어들었다. 이날은 원불교 4대 명절 중 하나인 대각개교절인데 함께 삼보일배하는 김경일 교무 생일이기도 하다. 김 교무는 눈에 띄지 않게 위아래를 아우르며 순례단을 이끌고 있다. 그는 순례길에 서보니 망상과 망념이 사라진다고 했다. 과거와 미래에 얽매이지 않으니 자고 나면 매번 새로운 삶이 다가온다며 본래 수행의 자세로 돌아옴을 기뻐했다. 김 교무는 생일을 맞아 원불교 종단 생일과 더불어 모두의 축하를 받았다. 종교와 종파를 떠난 축하였고 잔치였다.

저녁에는 온양 용화동성당 마당에서 대각개교절 행사를 개최했다. 천주교 성당에서 원불교 행사가 치러진 것이었다. 원불교 김현 교무는 '물질이 개벽하니 정신도 개벽하자.'라는 원불교 창시자 소태산 박중빈 대종사의 법문처럼 물질문명이 발달할수록 21세기에는 정신도 개벽해야 한다고 경축사를 했다. '과학과 물질문명은 삶을 유용하게 하지만 이에 너무 정신을 빼앗기면 집착이 생기고 고통이 따르는데 삼보일배는 문명의 새로운 개벽을 여는 대장정이 될 것이며 생명의 예언적 거사가 될 것'이라고 말하는데 참석자 모두가 머리를 끄덕였다.

이에 대한 답사로 문 신부는 "새로운 시작을 위해 모든 종교가 자신을 버리고 떠날 수 있어야 합니다. 온 세상 생명과 평화를 기원하며 모든 것을 버리고 떠나지 못했던 우리 종교인들의 모습을 참회하고, 개벽 세상을 열어가기 위해 천주교와 개신교, 불교, 원불교가 나섰습니다. 모든 생명의 아픔을 우리의 아픔으로 끌어안기 위해 마침내 종교 간 벽이 허물어지고 있습니다."라고 말하며 대각개교절을 축하했다. 이날은 종교를 떠나 모두 한마음이 되는 날이었다.

한국 종교사에서 종교 간 만남과 연대가 가장 빈번하게 이뤄진 시기는 아마도 새만금 갯벌 살리기 운동이 전개되던 시기일 것이다. 삼보일배 기간 내에 사순절과 부활절이 있었고, 부처님 오신 날과 원불교 대각개교절이 있었다. 교리와 섬기는 대상이 각각 달랐으나 갈등을 넘어 서로가 축하하고 서로가 생명을 향해 기도하는 아름다운 시간이었다. 세상에서 가장 화합하기가 힘들다고 하는 종교 간 화해와 일치의 현장이었다. 남북의 통일, 인간과 자연의 통일에 이은 문 신부의 통일 여정 세 번째 주제가 작지만 의미 있게 시작되었다. 이는 후에 전북을 중심으로 '세계종교평화협의회'를 꾸려 종교 간 화합이 현장에서 실제로 이루어지도록 노력하는 계기가 되었다.

희망의 순례길 시속 1km

5월로 접어들면서 더운 날씨가 지속되어 산과 들의 초록빛이 짙어 갈수록 순례단은 쉽게 지쳐갔다. 순례단은 일주일도 안 되어 닳아빠진 신발을 갈아신어야 했고, 하루에 장갑 두 켤레가 구멍 났다. 갈 길을 어림잡아 헤아려보니 앞으로 다섯 번은 신발을 더 갈아 신어야 할 것 같았다. 그러나 이 길을 언제까지 어디까지 갈 수 있을지는 아무도 모른다. 누가 중간에 무너져 주저앉을지도 모른다. 아무것도 예정된 것이 없다. 다만 그저 걷고 절하고, 일어나서 또 걷고 절할 뿐이다.

시속 1km의 아주 느린 순례길은 자동차 운전자들에게 짜증 나는 일이다. 그래도 운전자 대부분은 후미 안내자의 신호에 따라 조용히 지나간다. 그런데 어떤 사람은 응원의 말을 하고, 어떤 사람들은 고함을 치며 욕을 하기도 한다. 삿대질하는 그들의 손에는 조급함과 화가 묻어나고 있다.

삼보일배순례단은 살기 바쁜 현대인 입장에서 보면 답답하고 비효율적이며 비과학적인 사람들이다. 그러나 이들은 광포한 자본주의의 질주에 브레이크 역할을 한다. 가속 페달만 밟고 있는 자본주의가 파멸로 가지 않도록 조금이나마 늦추어 주고 있는 것이다. 시속 1㎞의 속도로 이동하면서 세상에 느림의 가치를 전파하고 있었다.

삼보일배는 희망이면서 희생이다. 한 생명이 제 몸으로 다른 생명에게 길을 만들어 주고 함께 가는 여정이다. 순례단의 삼보일배에 방송들도 관심을 보이기 시작했다. 5월 4일에는 'KBS 저널'에서, 5월 8일에는 불교방송 라디오에서 부처님 오신 날 특집으로 순례단 이야기가 방송되었다. 이에 새만금 찬성 단체들은 KBS에 몰려가 악취 나는 젓갈을 뿌리며 격렬하게 항의 시위를 했다고도 한다.

희망은 더디 오는 손님이다. 그 희망에 다가가기 위해서는 조급하지 말아야 한다. 설사 삼보일배가 끝난다 해도 희망이란 손님은 겨우 옷자락만 살짝 보일 것이다. 희망을 품는 일은 아주 답답하고 지루한 일이다.

5월 8일, 어버이날이자 부처님 오신 날이다. 순례 진행 팀에서 네 성직자 가슴에 카네이션을 달아줬다. 새만금 갯벌에 살고 있는 무수한 생명을 낳지는 않았지만 이들의 목숨을 살리기 위해 고행길에 나선 네 성직자야말로 조개와 게와 망둥어와 갯지렁이들의 어버이라는 진행 요원의 말에 숙연한 눈빛과 박수가 터져 나왔다.

그동안 순례단에서는 우스갯소리로 수경 스님을 일러, 새만금 갯벌에 사는 수억의 생명을 신도로 둔 세계 최대 '해창사' 주지라고 말해왔다. 어찌보면 주지보다 어버이가 더 맞는 것 같았다. "자식도 없는 중과 신부가 뭘 후세를 생각한다고 저 지랄을 하냐."고 비난한 사람도 있었지만, 자식 없는 문 신부도 이제 어엿한 만 생명의 어버이가 된 셈이었다.

생명 파괴의 땅

경기도에 접어들면서 처음 만나는 평택은 한반도 최대 규모의 미군 기지가 있는 곳이다. 평택 시민 김용환은 부지가 454만 평이나 있는데도 추가로 5백만 평을 더 내놓으라는 미국을 성토한다. 문 신부가 카투사로 군 생활을 하면서부터 느낀 것이지만 미군기지가 들어서는 순간 그 땅은 대한민국 땅이 아니라 식민지 조차지이다. 미군기지가 있는 땅은 주소도 한국 주소가 아니다. 미군기지는 미국의 첨병이자 무자비한 점령지이다. 따라서 반전 평화를 갈구하는 순례 행렬이 이곳을 그냥 눈감고 지나칠 수는 없는 노릇이었다. 앞으로도 오산, 송탄, 평택, 수원 등 곳곳에 철조망으로 둘러쳐진 미군 기지를 볼 터인데 벌써 마음이 답답해졌다.

경기도에 접어들면서 또 하나 만난 것은 쿵쿵 땅을 울리는 요란한 소리였다. 각종 공장과 아파트 단지 건설 현장들이 줄지어 있었다. 평택 장당지구에서는 대형 아파트 단지를 만들기 위해 한창 터를 다지고 있었다. '꿈이 있는 살기 좋은 집 ○○아파트'라고 선전하는 울타리 간판이 보였다. 개발로 야생동식물의 보금자리를 빼앗은 그 자리에 과연 어떤 사랑과 꿈이 남아 있을까? 의문을 품으며 순례단은 허리를 접었다 폈다를 반복했다.

문 신부가 삼보일배를 반복하면서 뚜렷하게 깨달은 것이 있었다. 하늘만 바라봐서는 하느님의 나라가 건설되지 않는다는 것, 하느님의 나라는 종교인의 것만도 아니고 사람들 것만도 아닌 모든 생명의 것이라는 사실이었다. 새만금 갯벌 역시 결코 사람들만의 것이 아니다.

이제는 인간 중심의 인본주의를 넘어 뭇 생명과 공존하는 생태주의로 전환되어야 한다. 그것이 느리지만 가장 빠른 평화의 길임을 순례를 통해 다시 확인하였다. 그 첫걸음이 탐욕에서 벗어나는 것임을 가장 낮은 자리에 엎드리면서 배웠다. 이번 순례를 통해 인간과 생명의 화해와 일치가 그의 마지막 통일 여정이 될 것이었다. 그것은 바로 인간과 자연의 통일이다.

함께한 사람들

부안 사람 신형록은 문 신부를 새만금의 길로 인도했다. 십여 년의 지긋지긋한 싸움을 때로는 홀로, 때로는 사람들과 같이 끈질기게 물고 늘어져 쟁점으로 만든 '새만금사업을반대하는부안사람들' 대표다. 그는 계화도 주민들과 서울대 환경동아리가 함께 만든 '새만금유랑단'을 조직해 서울을 향했다. 계화도부터 서울까지 눈길과 칼바람 속을 걸었다. 2003년 1월의 일로 삼보일배 바로 전이었다.

1990년대 중반부터 만삭의 몸으로 새만금 운동에 뛰어든 녹색연합 김제남, 방파제 물막이용 토사로 쓰기 위해 파괴되던 해창산 절벽에 7일간이나 매달렸던 조태경, 매립을 온몸으로 막아서던 주용기와 오두희 등 수많은 활동가들이 문 신부와 순례단을 고난과 영광의 골짜기로 이끌고 밀었다.

원불교 천지보은회 이선종 교무와 사랑의씨튼수녀회 오영숙 수녀, 그리고 장지영과 마용운, 명호 등 각 시민단체 활동가들이 65일간의 순례길을 몸을 던져 지원했다. 의료인들은 쉬는 시간마다 순례자의 고통을 줄이기 위해 혼신의 힘을 다했다.

연대의 뜻을 가진 사람들이 수시로 순례단을 찾아와 함께 이야기를 나누고 삼보일배에 동참하기도 했다. 세계 3대 환경 단체인 지구의벗 국제본부 리카르도 나바로 의장과 환경운동연합 최열 대표와 녹색연합 이병철 대표는 순례단의 고난에 미안한 마음으로 위로의 뜻을 전했다. 노동절인 5월 첫날에는 천성산 도롱뇽 지킴이 지율 스님과 인도인 목사 프라싸드, 한국법제연구원 전재경 박사가 함께했다. 다들 처지가 비슷해 서로의 안부를 묻는 안타까운 눈빛이 오갔다.

시각장애인 송경태는 맹인 안내견 찬미와 함께 찾아왔다. 1999년에 미 대륙을 횡단했던 그는 육신의 눈 대신 세상의 옳고 그름을 판단하는 눈을 가졌다. 그를 안내하는 안내견 찬미의 양 옆구리에는 '새만금 방조제 공사를 중단하고 죽음의 방조제를 생명의 갯벌로'라는 홍보물이 걸쳐져 있었다. 돈과 권력에 눈먼 현대인들에게 던지는 뼈 아픈 메시지 같았다.

최성각 풀꽃평화연구소 소장은 삼보일배 순례를 "우리 사회를 윤리적으로 고문했고, 마침내 참회할 수 있는 능력을 자극시켰다."고 평가했다. 그는 새만금 국책사업을 건설업자와 정치인이 언론과 함께 저지른 '토목 범죄'라고 분을 삭이지 못하고 지금까지 싸우고 있다.

시민 방송 백낙청 이사장은 새만금에 대한 정치인들의 정략적 접근을 개탄했다. 가수 정태춘 박은옥 부부는 '갯벌의 노래'를 만들어 왔다. 정태춘은 평택 출신으로 갯벌은 자신 정서의 대부분이라고 말해 순례단의 마음을 움직였다.

≪전환 시대의 논리≫로 지식인과 학생들의 미몽을 깨뜨린 리영희 교수도 지팡이에 의지한 채 방문했다. 몸이 불편한 노구임에도 카랑카랑한 말과 눈빛으로 순례단에게 힘을 주었다. 함께했던 만화가 박재동은 "천둥 치고 비바람 몰아치는 날씨에도 기어가는 삼보일배를 보고 울었고, 삼보일배 반나절 해보고 너무 힘들어서 울었다."고 고백한다.

민중가요 가수 윤민석은 비가 쏟아지는 새벽 5시에 순례단을 찾아왔다. 지난밤을 꼬박 새워 '새만금 아리랑'이라는 노래를 완성하고는 바로 달려왔다고 한다. 새벽 미사에서 그 노래를 들을 때 문 신부를 포함하여 미사 참석자 모두가 소리내어 흐느꼈다. 영화배우 문소리와 방은진은 "직접 제 코를 땅에 대고 해보니 더욱 슬프다. 새만금 갯벌은 정말 지켜져야 하며, 더 이상 시멘트와 콘크리트로 온 세상을 황폐화시켜서는 안된다."고 말했다.

배우 명계남과 문성근, 장미희, 영화감독 장선우, 만화가 신영식, 가수 이민우 등이 함께 땀을 흘렸다. 동지가 되었다. 참여연대 박원순과 민노당 권영길, 노회찬이 적극적인 동의를 표했고, 김원웅, 이부영 의원과 손학규 경기지사가 방문하여 힘을 북돋아 주었다.

많은 유치원 어린이들이 방문하였다. 천진무구한 얼굴로 이것저것 묻고 다니며 곧잘 삼보일배 흉내도 낸다. 쉬는 시간에는 고사리손으로 조물조물 안마를 해 주었는데, 그 어떤 약보다도 효험이 있어 많은 이의 얼굴에 저절로 웃음이 피었다. 문 신부에게 그 아이들은 보는 내내 기쁨이자 슬픔이었다. 이 티끌 하나 없이 맑은 아이들이 살아가야 할 미래에 깨끗한 세상을 물려주어야 할 텐데, 그 길이 멀고 험하고 막막했기 때문이었다. 대부분의 개발 행위는 절대적 필요성보다 이윤 창출에 매몰되어 후대들의 미래를 갉아먹고 있다. 그 미안한 마음을 전할 길 없어 "어이구 시원하다. 어이구 좋다." 하면서 자꾸 웃음만 흘렸다.

가족을 따라, 때로는 학교 선생님을 따라 순례단을 방문하여 함께한 초중고생들 또한 천군만마의 힘이 되었다. 그리고 우연히 순례 광경을 본 수많은 시민들이 꿀이며 딸기며 음료수 등을 제공했다. 함께하지 못하지만 힘껏 지지한다며 손에 든 것을 아낌없이 주고 가는 것이었다. 아름다웠다. 그들의 마음은 하늘이었다. 검은 하늘을 밝히는 뭇별들이었다.

크고 작은 시민단체와 종교단체들은 처음부터 끝까지 함께하지는 못하지만 지속적으로 연대하며 여론 조성에 힘썼다. 원불교를 비롯해 천주교, 불교 할 것 없이 신도들이 밥과 간식을 지속적으로 공급했다. 그랬다. 이 순례길은 몇 사람만이 가는 것이 아니라 보이지 않는 곳곳의 수많은 기도와 서원이 모여 아픈 몸을 끌어가고 있었다. 이처럼 많은 사람들의 응원 속에 순례단은 마지막 고비를 잘 넘기고 있었다.

그러나 무엇보다도 힘이 된 것은 70%가 넘는 국민이 새만금 사업에 대해 삼보일배순례단 편을 들어준 것이었다. 이에 어쩔 수 없이 노무현 정부는 국무총리 주관으로 새만금 사업에 대한 중단과 지속 문제를 논의할 '새만금신구상기획단'을 구성하기로 한다.

새만금 아리랑–윤민석

순례단의 숫자는 갈수록 늘어났다. 전국에서 뜻을 함께하는 사람들이 몰려들기 시작했다. 5월 중순부터는 원불교, 천주교, 불교계에서 번갈아 가며 큰 규모로 동참했다. 그 행렬이 마치 용이 꿈틀거리는 것 같았다.

과천에 접어들자 순례단이 5백여 명을 넘어섰다. 천주교가 합류하는 날이라 신부 70여 명이 직접 삼보일배하는데 다들 가쁜 숨을 내쉬며 괴로운 표정이다. 쉴 때마다 신부들은 '정말 단 한 시간만 해도 힘든 이 삼보일배를 두 달 가까이 하는 것을 도저히 믿지 못하겠다.'는 듯 고개를 흔들며 순례단에 경외심을 보인다.

반면에 순례단 숫자가 늘어날수록, 정부 입장이 순례단 쪽으로 기울어질수록 개발 찬성론자들의 반발이 잦아졌다. 순례단이 경기도를 지날 무렵부터 더욱 그런 것 같았다. 순례를 방해하기 위해 반대편 인도로 따라다니면서 확성기를 켜고 비난을 해댔다. 종종 순례 대열에 접근하려다가 경찰에 제지를 당하기도 했다. 그때마다 문 신부와 순례단은 묵언으로 응수했다.

수경이 쓰러졌다

갈수록 시민들의 호응이 좋아졌다. 몇 번의 특집 방송과 뉴스로 삼보일배 순례가 많이 알려졌는지 따뜻한 말로 응원해 주는 사람들도 늘어났다. 그동안 외면 당하던 홍보 전단을 받아 가는 시민들 수도 많아졌다. 새만금 문제에 대한 이해와 관심이 자라나는 것 같았다.

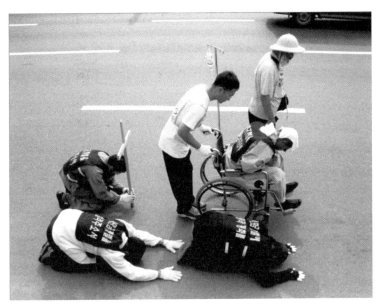

● 휠체어를 탄 수경 스님과 순례단

  5월 21일, 오래 걱정했던 것이 오고 말았다. 며칠째 밥도 잘 먹지 못하던 수경 스님이 쓰러졌다. 사당동으로 넘어가는 남태령 부근에서 갑자기 의식을 잃은 것이다. 부랴부랴 그늘에 눕히고 119에 연락하여 구급차를 부르고 몸을 식혔는데도 의식이 없었다. 그동안의 극한 고행에 몸이 버티지 못한 것이었다. 그는 산소호흡기에 의존한 채 여의도성모병원 응급실로 후송되었다. 순례단 모두 걱정이 태산이었다. 문 신부는 스님에 대한 걱정 때문에 진행되던 삼보일배마저도 힘든 줄 몰랐다. 오직 무사함을 빌었다.

  저녁에 수경 스님에 대해 들어온 소식은 불행 중 다행이었다. 3백여㎞

를 삼보일배로 오느라 심한 탈진 증세를 보이고 있으며, 충분한 안정과 휴식이 필요하다는 소식이었다. 문 신부와 순례단이 일제히 한숨을 돌리며 서로들 껴안고 눈물을 흘렸다. 삼보일배는 절대로 다시 하지 말고 최소한 일주일은 입원해야 한다고 의사가 말했다고 한다.

노상에서 강행군하는 두 달 동안 순례단은 밤 12시 이전에 잠을 청한 적이 거의 없었다. 순례가 끝나자마자 정리하고 식사를 준비하고 설거지하다 전원이 참석하는 평가회를 하다 보면 금세 12시였다. 새벽 5시 30분이면 예외 없이 문 신부는 미사를 드리고, 다른 일행들도 제각기 자기 일을 챙겨야 하는 일상이기에 아무리 건강한 사람이라도 몸에 무리가 오지 않을 수가 없었다. 수경 스님뿐만 아니라 순례단 모두에게도 마지막 고비였다.

다음날, 과천과 서울 사당동 사이의 남태령 고개 아래에서 출발하려 대열을 정비하고 있는데, 구급차가 한 대 와서 멈추어 서더니 수경 스님이 내렸다. 휠체어에 앉은 그는 왼쪽 손등에 링거액 바늘을 꽂은 채였다. 모두가 놀라고 걱정하는 가운데 사람들의 부축을 받아 평소대로 대열 맨 왼쪽 앞자리 문 신부 옆에 위치하였다. 순례단은 스님을 따뜻한 박수와 붉은 눈시울로 맞이했다. 문 신부는 존경과 안타까움을 담아 그의 손을 말없이 꽉 잡았다.

삼보일배가 시작되자 수경 스님은 휠체어에 앉은 채 두 손을 모아 합장하며 목례로 대신한다. 다들 만류하고 싶었지만 의지를 꺾을 사람이 아니란 걸 알기에 바라볼 뿐이다. 그의 초인적인 고행은 새만금 간척사업을 다시 사회 의제로 끌어올렸다. 그의 휠체어 순례에 감동받은 시민사회단체와 종교인, 대학생, 정치인, 문화 예술인, 일반 시민들이 앞다퉈 삼보일배에 동참했다. 수경 스님은 이날의 소회를 다음과 같이 전했다.

"새만금 문제는 현재의 우리 모습을 비춰주고 있다. 우리가 살고 있는 삶의 내용을 바꾸어야 이 문제를 해결할 수 있다. 어려운 일이지만 당연히 해야 할 일로 종교인들이 먼저 했어야 하는데, 그렇게 하지 못한 것을 참회하는 마음에서 삼보일배를 시작했다. 우리가 미 대통령 부시를 잘못했다고 비난하지만, 우리 안의 폭력성이 이러한 상황을 만들었다. 부시를 탓하기 이전에 우리 안의 폭력성과 탐심, 분노, 성냄을 자성하고 각성하는 일을 먼저 해야 하며, 이를 극복해야지 이러한 문제를 근본적으로 해결할 수 있다."

큰 강을 이루어 서울로

남태령은 서울 가는 길목이다. 출퇴근 시간 따로 없이 도로가 차들로 꽉 차 있어 매연과 소음에 호흡이 곤란하다. 마지막 고비였다. "이제 서울입니다." 박인영 녹색연합 간사의 말에 박수가 터져 나오더니 이내 순례단 모두 얼싸안고 울었다. 해창 갯벌을 떠나온 지 57일 만이었다.

문 신부는 먼저 수경 스님을 부둥켜안은 채 한없이 눈물을 흘렸다. 흐르는 눈물 때문에 오랫동안 눈을 뜨지 못했다. 이어 차례차례 김경일 교무와 이희운 목사와도 얼싸안았다. 진한 땀 냄새에서 동지 이상

● 문규현 신부와 수경 스님, 오마이뉴스, 권우성 사진 제공

의 끈끈한 정과 믿음이 묻어나왔다. 종교를 떠나 그들은 이제 한배에서 나온 형제였다.

순례자들은 서울이란 말에 힘이 나기도 했지만 막바지 순례길이라 더 힘이 들기도 했다. 이희운 목사는 서울에 들어온 이때를 십자가에 매달리기 전에 예수가 예루살렘에 들어가는 기분이었다고 고백했다. 삼보일배 기간 내내 새만금 사업 찬성을 주장하는 전북 지역 목사들이 자신을 비난하며 따라다녀 고통이 심했기 때문이었다. 순례 끝 무렵에 심신이 지친 그는 몸무게마저 많이 빠져 40kg 중반대가 되었다.

삼보일배 60일째, 그 사이 초여름이 되었다. 뜨거운 날, 순례단 수백 명이 하루 종일 국회의사당 주위를 빙빙 돌았다. 이스라엘 사람들이 예리고 성을 이레 동안 돌자 그 성이 드디어 무너지고 말았다는 성경 말씀을 떠올렸다. 그러나 국회는 순례단을 가로막았고, 경찰은 차량으로 의사당을 이중삼중 에워싸고 있었다. 순례단이 점심을 먹고 쉬려고 했던 정문 앞 빈터마저도 경찰차들이 점령해 버렸다.

그러나 순례단은 행진을 멈추지 않았다. 청와대 앞에서는 전국환경운동연합 사무국·처장 31명이 새만금 방조제 건설 중단을 촉구하는 삭발을 하고 무기한 단식 농성에 돌입했다고 전해졌다. 귀를 막고 있는 국회와 청와대를 동시에 압박하기 시작한 것이다.

명동성당을 향한 수천 명의 순례 행렬이 서울역에서 남대문에 이르는 길을 꽉 메웠다. 남대문을 지날 때에는 가슴이 울컥했다. 두 달이 넘는 고행길 끝에 드디어 서울 한복판에 들어선 것이다. 다행히 오전 10시, 국회에서는 '새만금 방조제 공사 잠정 중단 및 신구상 기획단 구성'을 위한 국회의원 서명 결과를 발표하는 기자회견이 있었다. 반수

가 넘는 147명이 '타당성을 상실한 방조제 공사를 잠정 중단하고, 새만
금 문제의 합리적인 해결을 요구하는 정책 제안서'에 서명한 것이다.
늦었지만 매우 기쁜 소식이었다. 정부가 나서지 못한 것을 국회가 나
선 것이다.

삼보일배 행렬은 5일간 서울 시내 한복판을 누볐다. 가톨릭의 성지
이자 우리나라 민주화 운동의 상징인 명동성당에서 하루를 지내고 조
계사로 향했다. 조계사에 모인 대중들 앞에서 법장 스님이, "모든 생
명이 환경을 떠나서 존재할 수 없습니다. 새만금을 살리고 자연환경
을 살리는 일은 결국 그 속에서 살고 있는 우리들 자신을 위하는 것임
을 깨달아야 합니다. 삼보일배 행렬을 이끌어온 수경 스님, 문규현 신
부님, 김경일 교무님, 이희운 목사님 외 많은 분들이 이러한 자비심을
몸으로 직접 보여주며, 인간다움의 진정한 의미를 우리 모두에게 거듭
일깨워주셨습니다."라고 말하자 박수가 끊이지 않았다. 그 소리에는
상상도 못한 일을 해냈다는 경외심과 자부심, 슬픔, 회한, 깨달음, 미
안함 등이 묻어 나왔다.

죽으면 산다

65일간의 대장정을 마무리하는 5월 31일, 삼보일배순례단은 오후 2
시 시청 앞 광장에 도착했다. 주변 사람은 물론 순례단원 자신들도 이
렇게 완주하리라 생각하지 못했다. 그러나 순례단은 위대한 대장정을
마무리해낸 것이다.

'새만금 간척사업 중단을 위한 시민대회'에 참여한 7천여 명의 시민들이 321km의 대장정을 마친 새만금 갯벌 살리기 삼보일배순례단을 뜨거운 박수로 환영했다. 순례단은 울지 않았다. 아직도 갈 길이 멀었기에 의연했다. 마지막 일배는 참가자 전원이 서로 마주 보며 큰절을 나누었다. 네 성직자가 손을 잡았다. 같이 고생한 단원들 모두 손에 손을 잡고 '함께 가자 우리'를 합창했다. 그리고 서로 등을 토닥이며 포옹하고 자리를 마무리했다. 그리고 그날 밤 문 신부는 무릎을 꿇고 하느님에게 기도했다.

"감사합니다. 또 감사합니다. 이제 저는 혼자가 아닙니다. 4대 종교가 뜻을 같이했고 65일간 한결같이 생명을 살리기 위해 하나가 되었습니다. 오는 도중 십수 명인 때도 있었고 수백 명인 적도 있었으니 가는 길 내내 사람들이 함께하고 하느님께서 저희랑 함께했습니다. 고난의 길이었지만 축복의 길이었습니다. 결단코 은혜의 길이었습니다. 깨우침의 길이었습니다. 감사합니다."

외롭고 긴 싸움에 순례단은 고립되어 있었던 것 같으나 고립되지 않았음이 저 많은 시민들의 눈동자와 박수에서 확인되고 있었다. 순례길 내내 보여준 안타까운 표정과 따뜻한 손길은 생명의 길이었으므로 순례단에게 힘이 되었다. 사제 가는 길에 하느님의 백성들이 함께했음이요, 하느님께서 항상 일행과 함께하셨다고 문 신부는 생각했다.

나는 운동을 하는 것이 아니라 그리스도인으로서의 삶을 살고 있으며 여러분 모두 그렇듯이 참된 사제의 길이란 어떤 것인지를 늘 고심하며 살아가고 있을 뿐이다. 그 고뇌의 표현이 어떤 이들에게는 '운동'

으로 여겨지기도 하고 어떤 이들에게는 '정치적'이며 또 별난 삶으로 다가가기도 하는 것이다. 하지만 내게 분명한 것은 삶이 살아있을 때 복음 말씀이 살아나고 예수 그리스도의 현존을 절절하게 느낄 수 있었다는 것이다.

— 광주 가톨릭대학교 강연 중에서, 2008년 4월 13일

65일간의 삼보일배는 참으로 힘들고 어려웠다. 그러나 문 신부는 사순절과 부활절 기간의 그 기도 수행을 통해 자신의 사제 생활 28년 동안 최고의 은총을 입었다. 그리고 매일 아침 드리는 성무일도*는 그 어느 때보다도 매번 가슴에 사무쳤고, 하루 일정을 마친 뒤 천막 안에서 드리는 초라한 미사는 그 어느 미사보다도 감사와 은혜로 충만했다.

그 당시 문 신부를 지배했던 성서 말씀이나 기도의 대부분은 '죽으면 산다'는 내용이었다. 안 그래도 죽을 맛인 매일의 삼보일배 수행이건만 문 신부는 성서 말씀과 기도에 '예' 하며 하루를 시작했다. 그것은 감사와 찬미의 응답이었다. 예수 그리스도의 모습을 조금이라도 더 닮을 수 있음에 대해, 새만금 갯벌과 숱한 생명에게 지은 죄를 사죄할 수 있음에 대해, 낮출 수 있는 데까지 낮추고 단순하고 초라한 생활을 갖게 하심에 대해 진심으로 드리는 감사와 찬미의 '예'였다.

65일간의 대장정을 충만함 속에 마칠 수 있었던 또 하나의 이유는 4대 종단이 끈끈하게 연대하였기 때문이다. 의심을 거두고 참회하며 엎드렸기에 연대가 가능했다. 하루하루 고통스럽지만 그것에 감사하며

---

*가톨릭의 매일매일의 공적(公的) 기도. 성무일과라고도 한다.

기다렸기에 마침내 원하는 곳에 닿을 수 있었다. '죽으면 되죠.'란 수경 스님의 화두가 마침내 풀린 것이다.

이렇게 새만금 갯벌과 온 세상의 생명·평화를 염원하는 삼보일배는 새만금 간척사업 저지를 위해 4대 종단 4명의 성직자와 순례단이 2003년 3월 28일부터 5월 31일까지 65일간, 전북 부안에서부터 서울 광화문까지 321km에 걸쳐서 진행되었다. 이 순례는 생명을 파괴하는 간척사업에 관한 시민사회의 여론을 환기하였다. 그리고 많을 때는 수천 명에 이르는 시민들이 동참했음에도 새로운 저항 방식으로 진행되었다는 점에서, 향후 시민운동의 집회와 시위 형태에 큰 영향을 주었다.

새만금 투쟁은 아직도 진행형

삼보일배 여정 중에 원치 않았던 오해가 생기기도 했다. 이희운 목사는 삼보일배를 '삼보일도'라고 했다. 순례 내내 절 대신에 십자가를 앞에 두고 무릎 꿇어 기도했기 때문이다. 그런데도 그를 이단이라고 비난하는 사람들도 있었다.

그가 가장 힘든 것은 자신을 예수를 팔아먹은 가룟 유다에 빗대어 매도할 때였다고 한다. 그는 예수를 본받아 항상 낮은 자리를 향하고자 노력해온 성직자였다. 소년원 출소자, 차별받는 외국인 노동자, 알코올 중독자, 심리적 문제자, 노숙자 등이 있는 자리에 그가 있었다.

그는 결국 삼보일배가 끝난 이듬해인 2004년 네 식구와 함께 인도로 선교를 떠났다. 한국을 떠난 것이다. 떠나면서 애써 웃음을 머금은 얼굴에는 지친 흔적이 역력했다. 떠나면서 그는 "이제 한국에서 제 역할은 끝난 것 같아요. 새로운 곳에서 하나님께서 새 일을 맡겨주시겠죠. 이런 일이 있을 줄은 예상했지만, 제가 부족했습니다."라며 작별했다.

삼보일배가 끝나고 열흘도 되지 않은 2003년 6월 10일, 정부는 새만금 군산 방조제 4공구를 막아버린다. 줄을 지어 다가온 큰 덤프트럭들은 엄청난 돌들을 아무렇지도 않게 바다에 쏟아부었다. 장대비가 내리는 가운데 환경 단체 활동가들이 이제 막 물막이 공사가 끝난 새만금 방조제에 쳐들어갔다. 그들은 간척을 찬성하는 자들에게 둘러싸여 온갖 모욕과 폭력을 감내하며 방조제를 파냈다. 울부짖으며 삽과 곡괭이를 들고 온몸으로 파낸 길이가 땅거죽만 겨우 2m. 그것을 파내는 데 5시간이 걸렸다. 그러나 포크레인으로 다시 그것을 덮어버리는 데는 채 5분도 걸리지 않았다.

다행히 삼보일배가 끝난 직후 서울행정법원 행정3부는 시민단체 등이 농림부 등을 상대로 낸 새만금 사업의 집행정지 가처분 신청을 받아들여 '본안 소송의 판결 선고 전에 미리 정지해야 할 급박한 사정이 인정된다.'며 '방조제와 관련된 일체의 공사를 중지하라.'고 결정했다.

그러나 공사 중단 7개월 후인 2004년 1월에 법원이 공사 재개를 결정하면서 또 사업이 살아났다. 이어진 2006년 상고심에서 대법원은 정부 손을 들어주었고 2010년에 33㎞ 새만금 방조제는 완성된다. 당시 논리가 궁색한 대법원은 '공사의 진척도나 투입된 공사비를 고려할 때 사업을 취소하기는 어렵다.'고 판결했는데 지금은 그보다 더 많은 돈이 수질 정화하는 데에만 들어갈 전망이다. 문 신부와 순례 팀이 "잃은 돈이 아까워 본전을 찾겠다는 우매한 생각에 패가망신하는 도박꾼의 전철을 밟지 말라."고 수없이 경고했음에도 쇠귀에 경 읽기로 일관하더니 새만금은 점점 늪 속에 빠져 들어가고 있었다.

이제 어떤 이는 스마트 수변 도시를 말하고, 누구는 K-POP 학교를 제시한다. 어떤 사람은 세계 최대 규모 540홀 골프장을 만든다고 했고, 어떤 사람은 카지노 복합 레저 단지를 유치한다고도 했다. 어떤 대선 후보는 새만금을 동북아의 두바이로 만든다고 했다. 이런저런 선거용 공수표가 남발되는 가운데, 이제는 전기차 시대를 맞아 이차전지 공장과 태양광발전소 단지 건설을 운운한다. 그러나 이미 새만금의 진실을 국민들은 알기 시작했다. 새만금 개발을 촉진하기 위해 유치한 2023년 세계 잼버리 대회의 실패는 오히려 새만금 사업이 한국 최대의 환경 재앙임을 입증했다.

독립영화 '수라'가 2023년 여름부터 상영되어 새만금 이슈를 다시 불러일으켰다. 조그만 갯벌이 아직 살아있었다. 눈물겨운 몸짓들이 남아 있었다. 야만의 세월 속에 용케 목숨을 부지하고 있는 갯벌에 관객들은 상영 시간 내내 애써 눈물을 참아야 했다. 이 영화의 주인공 오동필은 십수 년째 수라를 떠나지 못하고 있었다. 생명의 아름다움을 본 죄 때문이라고 한다. 이런 사람들에 의해 새만금의 수라 갯벌은 아직 갯벌로 살아 있었다.

그런데 정부는 새만금 공항을 만들기 위해 마지막 하나 남은 원형 갯벌인 수라 갯벌을 없애겠다고 한다. 새만금에 투자하러 오는 바이어와 비즈니스의 편의를 위해 공항을 만들어야 한단다. 공항을 만들어야 전북이 발전한단다. 이 공항과 새만금이 완성되면 1천3백만 평을 넘겨달라고 하였던 미군이 제2공군 비행장으로 사용할 가능성이 크다. 설사 민간항공 전용으로 비행장을 만든다 해도 항공기 관제권이 미군에게 있기에 완전한 우리나라 공항이 아니기 때문이다.

순례단의 삼보일배나 환경 단체의 방조제 삽질은 물리적으로 하찮은 일이었다. 그러나 숫자로 환산할 수 없는 도도한 정신이 담겨 있었다. 문 신부가 삼보일배를 출발할 때 "생명과 죽음 그 가운데 중립이란 있을 수 없습니다. 수난과 십자가의 죽음 없이 부활의 영광과 기쁨을 누릴 수는 없으니 이 고행을 기꺼이 받겠습니다."라고 했던 말은 현재 진행형이다. 왜냐하면 아직 정성을 다하지 못했기 때문이다. 아직 사랑을 다하지 못했기 때문이다. 생명과 평화를 향한 간절한 기도를 아직 다하지 못했기 때문이다.

그래서 그는 오늘도 여전히 움직인다. 여기저기 흩어진 의지를 모아 이제는 유일한 길 '새만금 해수 유통'으로 나아간다. 21년 전 문 신부가 삼보일배를 도와준 이들에게 쓴 감사 편지는 이렇게 끝을 맺고 있었다.

삼보일배는 끝났으나 이 사랑의 여정은 계속 갑니다.

2

핵폐기장

부안 속의 부안성당

본당은 교회와 사회가 구체적으
로 만나는 현장이다. 지역에 따라 논의되는 문제는 다르지만, 어디서
나 지역사회와 지역 주민의 문제는 곧 본당의 문제가 된다. 문 신부는
2002년 8월부터 2006년 8월까지 4년 동안 부안성당에서 사목하였다.
그에게 부안성당은 다른 어느 본당보다 의미가 깊은 곳이 되었다. 4년
이란 시간 동안 부안성당은 그에게 많은 역할을 하게 만들었다.

그는 부안성당에서 사목하는 동안 새만금과 핵폐기장을 만났다. 새
만금과 핵폐기장은 부안 지역의 오늘의 문제이자 내일이 걸린 일이었
다. 부안성당 신앙공동체는 새만금과 핵폐기장을 놓고 지역민의 분열
과 갈등을 조장하려는 술수에 말려들지 않아야 했다. 그러기 위해 신
앙공동체는 의식도 마음도 늘 깨어 있어야 했다. 신자들이 성경을 바
탕으로 신앙생활을 할 수 있도록 믿음의 근본을 다져야 했다. 그 방안
으로 어르신 성서 대학, 공소 신자 성서 교실, 성서 봉독, 성서 쓰기 등

의 활동을 꾸준히 전개하였다.

또한 공소를 활성화하기 위한 활동을 전개해 나갔다. 공소는 한국 신앙의 전래지요, 보존지역이며, 신앙전파의 근거지였다. 농촌 공소는 한국 교회만이 간직하고 있는 특별한 신앙공동체이다. 평신도 중심의 신앙생활과 활력을 담보하고 있는 공동체이다. 그리하여 문 신부는 공소 활성화를 위한 계획을 구체화한다. 부안성당과 그 소속 6개 공소를 2개 지구로 분할, 그중 1개 지구를 새로운 본당으로 승격시켜 부안군 소재 성당을 하나 더 만들고자 했다. 이 노력은 마침내 결실을 이루어 2010년 1월 30일, 부안성당의 모태였던 등용공소가 등용성당으로 승격하게 된다.

핵폐기장 반대 투쟁

삼보일배를 겨우 마치고 부안으로 돌아온 문 신부에게 부안에 핵폐기장을 유치한다는 소식이 들려왔다. 삼보일배 중에도 핵폐기장 관련 소식을 간간이 듣기는 했지만 설마 부안에 유치되리라고는 생각하지 못했다. 부안은 인구 7만[*]의 작은 지역으로 농업과 어업, 소상공업이 주요 직업군이다. 산과 넓은 평야, 바다가 어우러져 풍요로운 이 지역은 예부터 '생거부안(生居扶安)', 즉 사람이 살기에는 부안이 최고라 할 만큼 아름답고 풍요로운 지역이었다.

[*] 2003년 당시 인구. 2024년에는 5만이 되지 않는다.

이런 부안에 세계 최대의 간척 사업이라는 새만금 때문에 바다는 점차 황폐화되고 어민들의 수입은 줄어들었다. 그런데 이제는 이들의 어려운 생활을 이용, 지역 발전을 미끼로 부안의 위도를 핵폐기장 부지로 밀어붙이려 한 것이다.

삼보일배 덕분에 새만금 갯벌을 살려야 한다는 지역 여론이 점점 더 높아져 가는 중에 핵폐기장 문제가 터졌다. 공교롭게도 삼보일배를 시작하던 날인 3월 28일, 원불교의 김성근 교무가 부실하고 비민주적인 핵폐기장 선정에 항의하여 단식을 시작했다. 무려 36일간을 청와대 앞에서 단식 농성을 하다 5월 2일에 쓰러졌다. 그런데 불과 두 달 만에 목숨을 건 그의 단식이 무용지물이 되고 만 것이었다.

대체로 온건 성향의 원불교가 핵에 대해서는 오래전부터 민감하게 반응해오고 있었다. 교단의 가장 큰 성지가 한빛 원전 6기가 가동 중인 전남 영광에 있기 때문이다. 특히 '부안의 어머니'라 불린 부안교당 김인경 교무는 부안농민회 김진원 회장과 함께 부안이 핵폐기장 후보지로 거론될 때부터 반대 운동을 활발하게 진행해왔다. 이는 나중에 농민회와 부안 주민들 중심으로 치열하고도 광범위하게 반대 운동이 전개될 수 있는 바탕이 된다. 이렇듯 부안 핵폐기장 반대 운동의 특징은 새만금과는 다르게 부안군민들의 내부 동력이 크게 작용하면서 시작되었다.

당시 부안군수 김종규는 핵폐기장 부지 조사를 위한 굴착 조사를 두 번이나 반려하였다. 발표 전날까지만 해도 문 신부를 비롯한 핵폐기장 반대 주민 대표들과의 면담에서 자신은 핵폐기장을 유치할 뜻이 전혀 없음을 확인했다. 그런 그가 2003년 7월 11일 오전 9시 전격적으로 핵폐기장 유치 기자회견을 하였다. 같은 날 부안군 의회가 핵폐기장 유치 문제를 의결하기로 예정되어 있었건만, 이에 앞서 혼자 유치를 선언해버린 것이다. 이에 부안군의회는 5대 7로 핵폐기장 유치 청원을 부결하였다. 군의회의 부결에도 불구하고 부안군수는 부안군의회 의장을 앞세워 7월 14일 산업자원부에 부안 위도를 방폐장 자율 유치 지역으로 신청하였다. 퇴보하는 부안군 발전을 위한 유일한 방책이라는 것이 그의 논리였다.

핵폐기장은 원자력 이용 시 발생하는 방사성 폐기물을 영구 처분하기 위한 시설이다. 국내의 핵폐기물은 그동안 각 원자력발전소의 임시 저장고에 쌓아 왔는데 이 저장고가 포화 상태에 이르자 핵폐기물 처리장이 필요하게 되었다. 핵폐기장 건설은 핵의 반감기 등을 고려했을 때 10만 년 이상 생태계와 격리된 시설에 보관해야 하는데 이는 지구 어디에서도 사실상 불가능한 일이다.

원전에서 나오는 핵폐기물 매립지에 관한 잔혹사는 1990년대로 거슬러 올라간다. 1970년대부터 건설된 핵발전소에서 나오는 각종 단위의 폐기물이 쌓이자 정부에서는 이를 매립할 장소를 찾고 있었다. 1990년대 들어 안면도와 덕적도, 굴업도에 핵폐기장을 건설하려는 정부의 노력은 번번이 실패했다. 이에 정부는 보상금으로 위도 주민을 유혹하고 김종규 부안군수의 신청 권한을 내세워 신청서를 제출하게 한 것이다.

훗날 알려진 바로는, 당시 정부에서는 위도 주민들에게 1세대당 3~4억 원씩 보상금을 약속했다고 한다. 위도 주민은 인근 영광 핵발전소에서 배출되는 뜨거운 물과 새만금 간척사업으로 인한 어획량 감소로 매우 힘들어했다. 이래저래 피해를 입고 있는 주민들의 틈을 비집고 정부와 원전 관계 기관들이 위도 주민을 설득해 대부분 주민들에게 동의를 받아냈다. 이어 부안군의회에 핵폐기물 처리장 관련 시설 설립을 청원하게 하였다. 그러나 이는 위도 사람들만의 문제가 아닌 부안과 전북 모두에 해당하는 사안이기에 반대가 불가피했다. 문 신부는 이 핵폐기장의 문제를 지역과 세대의 문제로 규정했다.

핵발전은 수십억 년 동안 치명적인 영향을 끼치는 위험물질을 양산합니다. 핵발전으로 생기는 전기는 공장과 인구가 집중되어 있는 수도권에서 대부분이 사용되고 있는데, 그로 인한 쓰레기장은 전기를 가장 적게 쓰는 소수의 사람들이 사는 시골 마을이 선택되고 있습니다. 이는 이익과 손해를 분담하는 분배 정의에 어긋나는 정책입니다. 시골에 산다는 이유 하나만으로 자신과 상관없는 부담을 강요당하는 것은 부당합니다.

또한 핵발전소의 수명은 30~40년 정도밖에 되지 않습니다. 단지 한 세대가 전기를 사용하기 위해서 수십 억 년 동안 미래 세대에게 치명적인 위험물질을 물려주는 것입니다. 이는 그것을 사용하지도 않은 미래 세대에게는 부당한 짐으로 세대간의 정의를 무너뜨리는 행위입니다.

이와 더불어 선진국들은 핵발전을 포기하고 재생가능한 에너지 정책으로 전환하고 있습니다. 그러나 우리나라는 2030년까지 16기의 핵발전소를 추가로 건설하고, 양성자 가속기를 이용하여 고준위 핵폐기물의 재처리(예, 플루토늄 추출)를 위해 핵폐기장을 지으려고 합니다.

세계화를 그토록 부르짖는 정부가 유독 핵발전에서만 반대의 길을 고
수하고 있는 것입니다.

－문규현 메모, 오마이뉴스, 2003년 12월

부안군수가 유치 신청한 지 10일 만인 2003년 7월 24일 정부의 핵
폐기장 부지선정위원회는 "위도가 핵폐기장으로 우수한 지질 자연환
경 조건과 인문 사회 환경을 가지고 있다."고 발표했다. 이어서 산업
자원부는 활성 단층도 졸속으로 확인한 채 기다렸다는 듯이 이를 즉시
받아들여 부안군 위도면을 핵폐기장 부지로 최종 확정했다.

이에 전국에서 인정받는 동진미와 계화미 쌀을 호텔 등에 납품하던
한 군민은 핵폐기장 유치가 확정되면 계약을 취소하겠다는 통보를 받
았고, 개인에게 쌀을 판매하던 농민들도 도시에 있는 계약자들로부터
쌀 계약 취소 전화를 받기도 했다. 격포 등 해안가 관광지 주민들은 관
광업이 받을 타격에 대한 우려가 커졌다. 부안 최대 관광지인 격포 앞
바다에 핵폐기장 유치 부지인 위도 섬이 있기 때문이다. 핵폐기장 유
치 반대는 부안군민의 생존권이 걸린 문제였다.

어디에도 둘 수 없다, 핵폐기장

부안군민의 핵폐기장 유치 반대 싸움은 대대적으로 진행되었다. 문
신부는 바로 부안성당을 핵폐기장유치반대대책위원회(이후 반핵위)
사무실로 개방하였다. 부안농민회 주축으로 시민단체가 결합하고 이

● 부안 핵폐기장 반대 해상 시위

어 종교 단체가 결합했다. 종교 단체에서는 내소사 진원 스님과 원불교 김인경 교무, 부안제일교회 황진형 목사 등이 주도적으로 나섰다.

7월 22일을 시작으로 8월 1일, 8월 13일에 1만여 명이 참가하는 대규모 핵폐기장 반대 집회가 개최되었다. 7월 31일과 8월 21일에는 격포 앞바다에서 수백 척의 배가 참여하여 핵폐기장 예정 부지인 위도 앞바다까지 해상 시위를 벌였다. 8월 5일과 13일에는 사상 처음 전주 시내와 서해안고속도로에서 차량 시위도 진행했다.

학생들의 등교 거부는 8월 25일부터 10월 4일까지 41일 동안 진행되었고, 평균 70%의 학생이 등교 거부에 참여하였다. 주류 언론들은 학생들까지 볼모로 잡고 투쟁한다고 비난했다. 그러나 학생들이 등교를 거부한 것은 엄마들의 삭발 투쟁 영향이 컸던 것으로 보인다. 엄마가 머리카락을 싹둑 자르면서까지 지키고 싶었던 것이 무엇인지 아이들은 궁금해 했다. 아이들은 이 궁금증을 풀어가면서 핵폐기장의 문제에 대해 이해하게 됐다. 그리고 민주주의가 무엇인지, 민주시민의 덕목이 무엇인지를 배워나갔다. 반핵위는 이러한 아이들을 모아 성당과 몇몇 기관에 공부방을 개설해 모자란 학습 공백을 메꾸려 했다.

이러한 상황에서 주류 언론은 핵폐기장 반대 운동을 전형적인 님비 현상으로 매도하였다. 그러나 정작 님비 현상이 심한 곳은 서울을 비롯한 수도권이었다. 그들은 일반 쓰레기 처리장 하나 세우는 데도 의견을 모으지 못해 힘들어하면서, 영구적인 핵 쓰레기장을 조그만 시골 부안에 강요했다.

부안군민의 핵폐기장 유치 반대 싸움은 단지 환경에 대한 것뿐만 아니라 군수와 정부의 독선적이고 비민주적인 행정에 대한 저항이기도 했다. 부안군 이장단과 대부분의 단체들도 핵폐기장 반대 의사를 표현하였으며, 부안군 공무원 직장협의회도 자체 투표 결과 유치 반대가 67.5%라고 발표하였다. 핵폐기장 건설 사업이 국책 사업임에도 불구하고 17년 동안 표류해 온 이유는 애초 정부의 잘못된 부지 선정 방식에 그 원인이 있었다. 지역 주민을 무시한 비민주적이고 기만적인 정책 결정과 사업추진은 지역공동체의 파괴뿐 아니라 막대한 경제적인 손실을 가져왔다.

심지어 대통령은 군수의 독단적 유치 청원을 격려한다고 전화를 걸어 "수고했다. 모든 행정력을 지원하겠다."는 말까지 하였으니, 정부에 대한 군민들의 분노와 불신은 커져만 갔다. 거기다 정부는 고작 인구 2만의 부안 읍내에 8천 명에 이르는 경찰 병력을 상주시키며 군민들의 집회를 억압하는 폭력성을 보였다. 당시 부안은 준 계엄령 수준이었다. 골목마다 경찰이 깔려 있었고 부안군청은 방패를 든 전경들로 에워싸여 있었다.

핵폐기장 반대 싸움이 진행된 1년 동안 부안에서는 구속자만 41명이

나왔고, 2백여 명이 입건되었으며, 부상자 6백여 명이 발생하였다. 조그만 시골에서 단일 사안으로 이렇게 많은 사람들이 사법 처리된 것은 보기 드문 일이었다. 이는 국가가 원인을 제공하고도 국민에게 법의 이름으로 자행한 폭력이었다.

문 신부는 7만 부안 주민이 군수 한 사람보다 영향력이 없다는 사실에 분노했다. 대통령에게 장문의 편지를 보냈고 매일 같이 촛불 기도회를 열어, 제발 부안 주민들의 이야기를 들어보라고 호소했다. 주민들은 남녀노소 할 것 없이 매일 수천 명에서 2만 명까지 비가 오나 눈이 오나 광장에 모여 반핵 투쟁의 결의를 다졌다.

몇 달간 굽히지 않는 부안군민의 저항과 시민사회단체의 연대는 결국 산업자원부 장관의 사과와 사퇴를 가져왔다. 윤진식 장관은 2003년 12월 10일 기자회견을 통해 "정부가 위도 원전 수거물 관리 시설 부지 선정 추진 과정에서 부안군민 의사가 충분히 반영되지 못한 문제점과 함께, 신청 당시 유치 의사가 있었던 여러 지자체가 부지 선정 과정에 참여하지 못함으로써 결과적으로 국민과 지역 주민에게 혼란과 불편을 끼쳐드린 점을 먼저 사과드린다."고 공개 사과했다. 그러면서 "타지역 유치 신청도 받겠다."고 발표하였다. 부분적인 승리였다.

수개월 동안 부안군민들이 겪어온 고통과 희생을 끝내고자 부안군민과 시민사회단체들은 정부에 부안 주민 투표를 제안하였다. 그러나 정부는 다시 한번 무책임과 무대책으로 일관하면서 지연 작전을 폈다. 새 봄을 맞아 농사철을 앞둔 사람들과 그동안 살피지 못했던 생업으로 돌아가야 할 군민들은 마음이 바빴다. 이에 시민사회단체, 종교계 인사들은 독자적으로 2004년 연초에 부안 주민 투표를 실시하기로 하였다.

● 부안 핵폐기장 반대 촛불 집회. 허철희 사진 제공

2004년 1월 15일 핵폐기물 처리장 유치에 관한 부안군민 자체 주민 투표를 주관할 '주민투표관리위원회'를 정식으로 발족했다. 주민투표도 대한민국 역사상 처음 있는 일이며, 행정기관 주도가 아닌 시민사회단체, 종교인들과 주민들이 독자적으로 치르는 투표 또한 처음 있는일이었다. 행정기관의 도움을 받지 못하고 투표함 제작부터 투표용지, 명부 작성 등을 모두 주민들 스스로 진행했다. 박원순, 하승수 변호사를 비롯한 전국의 시민단체 활동가들이 달려와서 주민 투표를 처음부터 끝까지 지원했다. 정부와 전라북도, 부안군은 각종 행정력을 동원해 주민 투표를 방해하였지만 2004년 2월 14일 부안 주민 투표가 실시되었다.

그 결과 총 투표율 72.04%, 핵폐기장 유치 반대 91.83%의 결과가 나왔다. 주민들은 서로 얼싸안고 눈물을 흘렸다. 이에 반핵위는 핵폐기물 처리장 백지화를 선언하고 후속 대책을 논의하자고 했다. 상처가 많은 승리였다. 역사상 처음 있는 일이었다. 이 승리가 있기까지 문 신부는 사람들에게 작은 차이를 극복하고 대의를 향해 가야 한다고 끊임없이 촉구하며 이를 관철시켰다.

전라북도 부안 핵폐기장 유치 문제는 개발에서 소외되던 한 지역사회가 정부의 잘못된 정책으로 인해 주민들의 의사가 찬반으로 갈리는 갈등 속에서 파괴로 이어질 수도 있다는 중요한 사례를 보여준 사건이라 할 수 있다.

2010년에 부안군에서 발간한 백서는 부안사태의 성격을 "국가와 지역 주민 간에 발생한 대표적인 국책사업 관련 갈등 사안이며, 국가의 잘못으로 부안군민들이 고통을 당한 대표적인 국책사업 실패였다."고 규정하고, "부안 주민 간 갈등은 국가와 반대 세력 간의 갈등이 내부화되면서 발생한 지엽적인 문제였다."고 결론 내렸다. 또한 부안 사태는 주민 다수가 원하지 않는 방폐장을 유치하려는 정부에 맞서 주민 스스로 조직적으로 유치 철회 운동을 전개하여 이를 관철시킨 대표적인 주민운동이며, 지역 내 찬반 갈등이 심화되고 이로 인해 부안 주민

다수가 공동체 분열과 해체를 경험하고 고통을 겪었다고 평가했다.

　　- 부안독립신문, 2010년 3월 10일

　부안 주민들은 핵폐기장 문제를 대하면서 자연에너지에 대한 관심이 커졌고, 환경 문제에 대한 새로운 시각을 갖게 되었다. 이런 점은 부안 핵폐기장 사태가 가져다 준 선물이었다. 2011년 일본 후쿠시마 핵발전소 사고에서 보듯 핵은 단순히 그 지역만의 문제가 아니다. 전 세계적으로 영향을 미치는 일임에도 여전히 핵에 기대려는 각국 정부의 에너지 정책은 매우 위험하게 진행되고 있다.

부안의 절규, 출구없는 핵 폐기장
(MBC 2003년 9월 30일 방송)

생명과 평화를 이루는 힘

　2백일간의 핵폐기장 유치 반대 싸움을 하면서 문 신부는 끝까지 부안군민과 함께했다. 투쟁 과정에서 발생하는 사건과 상황은 순간순간 매우 긴장되고 결단을 요구하는 것들이었다. 예측 불가의 상황이 종종 벌어져 피를 말렸다. 그때마다 지도부의 중지를 모아 해결해나갔다. 함께 일하던 김인경 교무가 "신부님은 어떻게 이런 일을 아무렇지도 않게 처리하고 잘 버티서요?"라고 물으면 나오는 대답은 한결같이 "기도합니다."였다.

문 신부에게 기도는 희망을 잃지 않는 사람들의 것이고 미래를 향한 것이다. 기도는 기대와 달리 타인보다는 나를 향하게 한다. 기도는 나를 변화시켜 길을 찾게 하고 갈등을 줄이며 불화와 집착을 버리게 한다.

문 신부는 이 싸움이 지역이기주의에 빠지지 않도록 노력했다. 지역이기주의에 빠지는 순간 분열이 오기 때문이었다. 정부나 관변 학자들은 핵폐기장을 과학이나 단순한 환경 문제로 좁혀놓고, 어딘가에는 들어서야 할 시설이라고 그럴듯하게 말한다. 그러니 부안이 떠안아야 하며 이를 거부하는 것은 지역이기주의라고 몰아붙였다. 그러나 이 문제는 단순한 환경 문제도 아니고 지역이기주의도 아니라는 것을 문 신부와 부안군민들은 알았다. 부안군민들은 자기 지역에 핵폐기장이 유치되지 않고 다른 지역에 유치된다면 그 지역 주민들도 자신들과 같은 고통을 겪게 될 것이라고 확신하였다. 이미 17년 전 굴업도 등의 주민들이 자신들과 같은 고통을 겪었다는 것을 알고 있기 때문이다. 그래서 부안군민들은 이런 구호를 전면에 내걸었다.

"전국 어디에도 핵폐기장은 안 된다."

"핵 없는 세상, 에너지 정책 전환하라."

그래서 문 신부는 2003년 12월 13일 연설에서 이렇게 역설한다.

핵폐기장 반대 싸움을 시작할 때 우리 부안군민이 세상에 선포한 것이 있습니다. 이 땅 어디에도 더 이상 핵은 안 된다, 이것입니다. 핵 없는 세상을 위해, 핵 공포 없는 정의롭고 평화로운 세상을 위해 부안 군민이 앞장서겠노라고 우린 스스로 다짐했고 세상에 약속했습니다.

우리는 부안 핵폐기장을 반드시 백지화시킵니다. 나아가 우리의 다짐, 우리의 약속을 실천할 것입니다.

이 땅 어디에도 더 이상 핵은 안 됩니다. 부안도 안 됩니다. 부안 아닌 그 어떤 다른 지역도 안 됩니다. 우리의 싸움은 부안만을 위한 것도 아니요, 부안이 백지화된다고 해서 끝날 싸움도 아닙니다. 우리가 겪은 고통과 피눈물을 또 다른 지역의 주민들이 겪는다는 건 상상할 수도, 용납할 수도 없습니다. 정부는 지역 주민간, 지역간 갈등과 경쟁으로 핵폐기장 문제를 해결하려는 어떤 시도도 제2, 제3의 부안 항쟁만을 가져올 뿐, 반드시 실패할 것임을 분명히 알아야 합니다.

– 부안수협 앞 광장 연설, 2003년 12월 13일

그러나 2005년 정부는 천문학적인 돈을 쏟아부어 경주로 핵폐기장을 선정한다. 경주가 위험한 고준위 핵폐기물 대신 덜 위험한 저준위 핵폐기물만 받아들이기로 했기 때문이다.

2004년 6월 문 신부가 사목하고 있는 부안성당 사목회의에서는 성당 안에 대안 에너지 교육장을 만들기로 결정한다. 사목회의는 결의문에서 계속 진행 중인 핵폐기장 반대 싸움은 대안 에너지 확대 운동과 결합되어야 하고, 핵발전에 의지하지 않고도 에너지를 생산할 수 있는 건설적인 대안을 실질적으로 보여주는 것이 필요하다고 주장하였다. 또한 이를 구체적으로 구현하기 위한 대안 에너지 건설 운동을 지금 시작하는 것이 부안 지역에 새로운 활력과 희망을 불러올 수 있다는 비전을 제시하였다.

문 신부는 핵폐기장 유치 반대 활동을 통하여 함께하는 힘이 가장 크다는 것을 배웠다. 핵폐기장 유치 반대의 마음을 담은 '부안군민 생명·평화 기도문'은 부안군민에 대한 헌사이자 존경이었다. 이 기도문은 그와 부안군민의 삶 깊은 곳으로 들어왔고 이후 그의 삶의 모든 곳에 바치는 기도가 되었다.

나는 반생명과 반평화의 싹이 내 마음과 말과 행위에 있었음을 고백합니다. 자연과 생명의 소중함을 알지 못하고, 나만 잘 살면 된다는 이기심에 있었음을 고백합니다. 나 자신을 작고 힘없는 존재로 여기는, 수동적이고 의존하는 삶에 있었음을 고백합니다.

나는 반핵평화의 큰길 밝히는 작은 빛이 되고, 깊은 강 이루는 물방울이 되겠습니다. 산과 바다와 땅에 감사하고 삶의 터전을 지키는 생명과 평화의 길잡이가 되겠습니다. 풀뿌리 민주주의를 일구고 힘 있게 만드는 참 일꾼이 되겠습니다.

나는 생명과 평화를 이루는 거대한 힘이 바로 내 마음과 말과 행위에 있음을 믿습니다. 진리와 정의를 사랑하고 이웃과 하나 되는 것에 있음을 믿습니다. 한 걸음 한 걸음, 변함없는 나의 정성과 실천이 사랑하는 부안과 온 세상을 생명과 평화의 누리로 바꿀 것을 믿습니다.

– 부안군민 생명·평화 기도문, 2003년 7월

부안에서 배운 것

문 신부는 핵폐기장 유치 반대 투쟁을 시작할 때부터 부안성당을 반핵위 사무실로 쓰도록 개방했다. 많은 신자와 성당 관계자의 우려가 있었지만 그는 흔들리지 않고 핵폐기장 유치 반대를 위해 최선을 다했다. 다행히 부안군민은 밟아도 일어나는 풀잎처럼 끈질겼다. 부안군민들은 무엇보다도 짓밟힌 자신들의 주권과 존엄성의 회복을 위해 싸웠다. 더운 날에도, 태풍이 몰아치는 밤에도, 폭설이 내린 날에도 모이고 또 모이는 힘은 풀뿌리 민중들의 자존심이었다. 그들은 낮에는 농사일을 하고, 밤에는 촛불 한 자루에 자신의 희망을 담아 기도했다. 팔십 할머니들은 고단한 몸에 꾸벅꾸벅 졸면서도 촛불을 놓지 않았다. 어떤 할머니는 막내아들 장가보낸다고 기르던 송아지를 기꺼이 팔아서 2백만 원이라는 거금을 반핵위에 내놓기도 했다.

생명과 평화 운동의 시작은 이런 인간의 존엄성을 바탕으로 자연까지 확대하는 것이었다. 가르치는 것이 아니라 함께 깨닫고 함께 걸어 나와야 회복되는 것이었다. 새만금 갯벌을 살리기 위한 활동과 부안 핵폐기장 유치 거부를 위한 운동을 하면서 문 신부는 사제가 어떤 모습이어야 하는지 끊임없이 자신에게 되물었다. 생명 평화 운동은 자신이 붙잡고 사는 성구인 '너 어디 있느냐?'에 대한 올바른 대답을 찾기 위한 과정이었다.

종교적인 것 또는 영성에 대해 말하면 많은 사람들은 '조용한 그 무엇'을 생각하는 경향이 있다. 그러나 이 조용함은 침묵일 수도 있고, 방관일 수도 있으며, 무관심일 수도 있다. 무관심은 미움보다 무서우며 아픔에 대한 무관심은 결국 자기를 죽음으로 몰고 가는 태도가 된다. 그래서 자신에게 피해가 없어도 남이 아프면 관심과 연민을 보여야 하는 게 그리스도인의 자세이며 사제의 자세라고 그는 생각했다.

그래서 그는 리트머스 시험지처럼 약자들의 눈물에 즉각 반응한다. 그리고 그들과 함께 활동하고 실천한다. 그에게 영성이란 생명을 중시하는 태도로 생명을 옹호하고 촉진하고 함께하는 것이기 때문이다.

종교적인 것이란 저 세상이 아닌 이 세상에서 일어나는 일이며, 생명과 살림을 떠나서는 생각할 수 없습니다. 죽음의 문화 한복판에서도, 척박한 광야에서도 생명에 대한 믿음을 놓지 않고 살리는 일에 힘쓰는 것이 가장 종교적인 것입니다. 모두가 힘들다고 가망 없다고 손 놓아버리고 사형선고를 하는 순간에도, 희망을 키우며 부활을 꿈꾸는 것이 진정 종교적인 것입니다.

죽은 이를 장사 지내고 일이 터지고 난 후 뒤처리하고 구호를 펴는 게 종교인 몫의 다는 아닌 것입니다. 종교인의 참된 역할은 다들 두려워하고 꺼려하는 일에 용감하고, 살리는 일을 앞서서, 그리고 지속적으로 하는 데에 있습니다. 그것을 가능하게 하는 영적 힘이 영성일 것입니다. 영성이란 삶과 실천을 떠나서는 만들어지지 않습니다. 활동과 실천이 곧 영성은 아니지만, 그로부터 분리된 영성을 생각할 수는 없습니다.

새만금 갯벌 살리기를 하면서 번번이 들었던 말이 왜 그런 힘든 일을 하느냐는 것이었고, 왜 그런 불가능한 일을 하느냐고, 할 만큼 했으면 그만 해도 되지 않느냐는 말이었습니다. 이런 말을 그 누구도 아닌 그리스도인들로부터 들을 때 황망하고 가장 낙담하곤 했습니다. 그게 불가능한 일이어서 그만두어야 하는 것이라면 우리가 소망하는 생명·평화의 아름다운 세상, 하느님 나라는 어떻게 가능하단 말입니까?

– 광주 가톨릭대학교 강연 중에서, 2008년 4월 13일

부안 핵폐기장 반대 싸움은 풀뿌리 언론을 탄생시킨다. 그 당시 중앙 언론과 지역 주류 언론은 주민의 의견이나 진실보다는 정부의 나팔수 역할에 치중했다. 이런 상황에도 부안군민은 굴하지 않고 반대의 목소리를 높였으며 핵폐기장 유치 무산이라는 목적을 달성했다. 이후 진정한 풀뿌리 언론사의 필요성에 다수가 공감하면서 2004년 4월 7일 '부안독립신문'이 탄생한다. 문 신부는 이미 2002년에 전북 대안 언론 매체 '참소리'를 탄생시켜 본 경험이 있었기에 창간을 서둘렀다. 발기인 대회에서 문 신부가 대표로 추대되고 이어 9월 22일 '부안의 주민이 해냈다'라는 제목의 부안독립신문 제1호가 28면으로 세상에 처음 나온다.

또한 문 신부는 생명 평화의 삶을 살아보는 배움터와 공동체를 만들고, 남과 북으로 나뉘어 있는 우리 겨레가 한마음으로 살아가는 길을 찾아내고자 하는 사단법인 '생명평화마중물'을 설립한다.

우리가 꿈꾸는 생명 평화의 삶은 모든 생명이 서로의 삶에 없어서는 안 될 구실을 하고 있다는 것을 알고 사람과 사람, 사람과 자연, 사람과 세상이 서로를 존중하며 상생의 삶을 살아가는 것입니다. 다른 생명이 아프면 내가 아프고 다른 생명이 싱싱한 모습으로 살아나면 나의 생명 또한 그렇다는 믿음에서 우리의 운동은 첫발을 디디게 될 것입니다.

우리는 이제 생명과 평화의 작은 씨앗을 뿌릴 것입니다. 이 씨앗은 함께하는 많은 사람들의 정성어린 손길을 거름으로 아름답게 자라나 온 누리를 덮어갈 것으로 믿습니다. 우리가 시작하는 일은 새로운 하늘과 새로운 땅을 여는 일이 아닙니다. 찌그러진 곳을 펴고 떨어져 나간 곳을 다시 붙여 처음의 하늘과 땅으로 돌려놓으려는 일입니다. 비록 우리의 처음은 미약할 것이지만 생명과 평화를 아끼고 가꾸려는 모든 사람들이 앞서고 뒤따르며 같은 길을 갈 것이기에 우리의 첫발걸음은 가볍습니다. 함께 어깨를 걸고 온 누리에 생명과 평화가 넘치는 세상을 만들어 갑시다.

　　― '생명평화마중물 창립 취지문' 중에서, 2004년 4월 24일

법인을 설립해 원자력이나 탄소에 의존하지 않는 친환경 태양광 일에 뛰어들었고, 부안 등용성당 부근에 7천여 평의 땅을 얻어 감자, 콩 등 친환경 농사를 시작해 오늘에 이르고 있다.

문 신부는 부안성당 주임신부로 지내는 4년간 새만금과 핵폐기장 문제로 본당과 지역을 아우르면서 정신없이 움직였다. 생명과 환경 문제를 끌어안고 나서면서 교회의 사회적 역할을 다하고자 했다. 하느님 보시기에 좋은 세상이 무엇일지 교우들과 부안 주민들이 함께 고민하고 함께 행동하는 시간이었다.

3 오체투지

다시 나서는 생명 평화의 길

'부자 되세요!' 새천년이 시작되는 2000년 새해 벽두에 어느 카드 회사 광고 문구가 복음처럼 온 나라에 퍼졌다. 돈 있는 사람들은 부동산과 주식으로 몰려들었고, 돈 없는 사람들은 복권방을 드나들었다. 사람들은 조급해지고 있었다. 더 많은 것을 가지기 위해 공동체의 번영보다 자신의 부를 축적하는 방향으로 나아갔다. IMF 이후 사람들은 자본주의에 경도된 것 같았다.

2007년 대선에서 이명박이 대통령이 되었다. 이명박 정부는 이런 상황을 부추기듯 개발론에 박차를 가했다. 경제 논리를 앞세워 자본 중심의 정책들을 밀어붙였다. 개발과 자본은 어느 때보다 힘이 셌다. 비정규직이 증가했고, 국민 생활에 직결되는 공기업이 민간으로 넘어갔다. 더불어 탐욕의 그늘에서 고통받고 차별받는 사람들은 점점 늘어났고 그들의 삶은 더욱 피폐해졌다. 어느 때보다 위로가 필요한 시절이었다.

240   너 어디 있느냐

문 신부의 발걸음이 다시 바빠졌다. 세상 밖으로 밀려난 사람들을 찾아다니면서 그들과 함께 살 길을 모색했다. 서울역 KTX 노동자 농성장을 찾아 함께했다. 기룡전자 비정규직 노동자들의 사투 현장, 평택 대추리. 그가 갈 곳이 너무 많았다. 자본과 개발은 힘없는 사람들을 세상 밖으로 밀어내고 있었다.

그런데도 여전히 자본의 세력들이 기승을 부리며 민중의 삶을 짓밟고 있었다. 사람들은 여전히 돈의 논리에 홀려 넋을 빼앗기고 있었다. 새만금뿐만 아니라 4대강 유역이, 온 국토가 개발의 현장이 되어가고 있었다. 이렇게 나가다 보면 개발이란 명목하에 온 생명이 사라질 판이었다. 어떻게든 이 생명 파괴를 막아야 했다. 이원규 시인은 이런 상황을 '역주행하는 한반도'라고 표현하였다.

> 그러나 오늘도 역주행하는 한반도여
> 단지 길을 물었을 뿐인데
> 느닷없이 뺨을 때리는 시절이 왔다
> 대체 어디로 가는 거예요 물을 뿐인데
> 다짜고짜 곤봉으로 뒤통수를 후려치고 물대포를 쏘는
> 아주 오래된 과거가 돌아왔다
> 눈물의 값은 외상이 없다 피의 값은 외상이 없다.
> – 이원규, 역주행 한반도여, 대체 어디로 가는가

문 신부는 그냥 이대로 놓아둘 수 없는 상황이라고 생각했다. 참회와 반성이 절실하다고 느꼈다. 희생되는 존재들의 아픔을 제 몸으로 느끼며 이 땅에 생명과 평화를 환기해야겠다고 마음먹었다. 같은 생각을 하는 수경 스님에게서 연락이 왔다. 오체투지. 수경 스님이 삼보일배 대신 오체투지를 제안했다.

이번 길은 삼악단이다. 상고시대부터 한반도를 삶터로 삼은 배달민족에게는 신령스러운 삼악단이 있었다. 국운이 쇠하여 위기에 처하면 임금이 그곳에 올라 하늘을 향해 인간의 뜻을 고하곤 했다고 한다. 그곳은 묘향산의 상악단과 계룡산의 중악단 그리고 지리산의 하악단이다. 그래서 문 신부와 수경 스님은 마음을 모아 이 세 곳에서 하늘의 뜻을 기억하고 생명과 평화를 기원하고자 했다.

오체투지는 가장 낮은 자세로 마음을 비우는 수행법이다. 양 무릎과 두 팔꿈치, 이마, 몸의 다섯 곳을 땅에 대고 엎드리는 극한의 순례이자 기도다. 그러나 이번 길은 종교와 무관하게 생명과 평화를 소망하는 몸짓으로 세상에 엎드린다. 그 어느 때보다 치열하고 낮게 자신을 바닥에 내려놓아야 한다.

문 신부는 부복 기도를 하던 사제 서품 때의 다짐을 떠올렸다. 이제 몇 달간 그 다짐을 몸으로 증명할 차례. 육신은 고통스럽겠지만 그 다짐을 생각하니 고행에 대한 두려움이 사라졌다. 그는 두려워하면 두려움에 진다는 것을 삼보일배 순례길에서 배웠다. 일단 시작하자. 척박한 아스팔트 틈에서 피는 민들레꽃처럼 희망을 키우자.

우리시대의 '소통'을 말하다
– 두 성직자의 오체투지
(MBC 2008년 9월 30일 방송)

그는 사제 서품 33년을 훌쩍 넘은 이 시간, 다시금 더 비우고 더 버리고 더 낮추고자 길을 나선다. 나를 바로 세워 생명을 구하고 평화를 이루는 첫걸음이 되고자 하였다. 욕심을 버리고 이웃과 세상을 생각하며 길을 떠난다.

지리산에서 묘향산까지

2008년 9월 4일, 지리산 노고단에 150여 명이 모였다. 이 땅의 생명 평화를 기원하는 순례자들은 먼 길을 기어가려고 한다. 달팽이처럼, 자벌레처럼. 그 길에서 현대사회의 반생명성과 인간의 이기심에 대한 참회를 위해서.

오체투지를 기록한 일지는 순례단의 모습을 다음과 같이 정리하고 있다.

첫 출발지 노고단에서부터 고난의 길은 시작되었다. 한발 한발 내디딜 때마다 문 신부와 수경 스님의 입에서는 거친 호흡과 함께 '아이고' 소리가 묻어나왔다. 오체를 땅에 내려놓은 몸은 일어서려면 땅에서 떨어질 줄 모르게 힘이 들었다. 얼마나 힘들었는지 아름다운 가을 노고단과 지리산의 풍경도 눈에 들어오지 않았다. 더구나 20도 급경사와 자갈밭으로 이루어진 노고단 산길은 그렇지 않아도 성치 않은 몸에 수많은 멍을 만들어 냈다. 수경 스님은 "아이구, 삼보일배보다 몇 배나 힘들어, 어려워 어려워."라며 가슴과 무릎을 만졌다. 급경사는 순례 처음부터 머리에 피가 쏠리게 해서, 어지럽고 뱃속이 뒤집어지는 고행을 선물했다.

오늘 하루 겨우 2시간 정도 지리산 대피소까지 1km 진행했는데, 이 상태로 앞으로 2백km 계룡산까지 어떻게 갈지, 보는 사람들 모두가 걱정하였다. 늦은 시간, 숙소인 대피소에서는 너무 아파 문 신부와 수경 스님은 몸을 이리저리 뒤척이며 잠을 이루지 못했다. 신음만 간헐적으로 좁은 방 안의 공기를 흔들었다. 동반한 순례단도 두 사람의 신음에 안타까움으로 잠을 제대로 자지 못했다. 그리고 이튿날, 진행 팀은 문 신부와 수경 스님을 위해 가슴 보호대를 바느질해 만들어 주었다. 돌과 자갈이 두 사람의 가슴에 부딪힐 때 생기는 멍과 통증을 조금이라도 막아보기 위함이었다.

지리산 성삼재와 시암재를 거치는 3일째 되는 날은 비가 내려, 가는 길이 힘들었다. 내리막길 도로는 미끄럽고, 옷은 비에 젖어 살이 물러 터지기에 고통스럽다. 비옷에 긴 옷까지 입어야 하니 그것도 번거롭고 까다로워 순례에 있어서는 최악의 날이다.

비가 오는 데다 천은사까지는 내리막길 급경사여서 엎드릴 때마다 머리에 피가 쏠려 문 신부와 수경 스님을 괴롭히며 어지럽게 했다. 순천의 한성수 목사와 일행들이 순례길에 동참했는데 "두 분의 뒤를 뒤따르면서 마치 예수님의 십자가를 앞세우고 뒤따르는 느낌을 받았다."라고 이야기한다. 이미 삼보일배에 이물 없어진 두 순례자는 "독한 중 만나 고생한다.", "독한 신부 만나 대충하지 못한다."고 타박하며 웃는다.

– '오체투지 순례일지' 중에서

지리산에서 시작하여 남원-임실-완주-전주-익산-논산-공주-천안-안성-평택-오산-수원-과천-서울-고양-파주-임진각-개성-평양-묘향산을 향한다. 정부가 허락한다면 20년 전과는 반대 방향으로 판문점을 넘어 북한 땅을 밟을 것이다. 지렁이가 기어가는 듯한 오체투지의 길이 생명을 잇고, 남북을 잇고, 평화로 이어지기를 희망했다.

온몸으로

날씨와 자연은 순례자들에게 절대적인 영향을 끼친다. 추우면 추운 대로 더우면 더운 대로, 맑으면 맑은 대로 흐리면 흐린 대로 영향을 준다. 따라서 순례자는 순례를 통해 자연에 적응하고 공존하는 지혜를 온몸으로 깨우쳐 나가야 한다. 시간의 길이와 상관없이 오직 한 번의 절과 한 번의 걸음에 집중해야 한다. 문 신부는 오체투지하는 동안 오직 한 걸음만을 생각한다. 오직 호흡만큼만 이동한다. 내일을 생각하지 않고 다만 지금 걷고 있는 걸음에 생명과 평화를 염원하는 마음을 땀방울로 심는다.

오체투지는 하루 4km 진행하기도 힘들다. 그래서 긴 하루하루를 순례 진행 팀에 맡겨야 한다. 그렇지 않고는 순례길을 하루도 버틸 수 없다. 순례 진행 팀은 교통 통제와 섭외, 식사 준비 등을 하느라고 순례자 못지않게 노고가 크다. 그들의 손과 발이 순례자에겐 신의 손길이며 두터운 은혜의 발길이다. 그들이 없으면 순례 자체가 이뤄질 수 없

● 지리산 노고단 오체투지. 오마이뉴스. 권우성 사진 제공

다. 보통 방문객들은 순례자들을 먼저 걱정하지만 문 신부는 늘 진행 팀에 미안했다. 그래서 그들에게 될 수 있으면 힘든 내색을 보이지 않으려 했다. 그들은 생업을 접어두고 의로운 일에 몸을 던진 아름다운 사람들이다. 그들은 문 신부나 수경 스님과는 다른 처지에서 최선을 다해 삶을 밀고 나가는 사람들이다. 항상 존경과 고마움의 마음으로 그들을 바라봤다.

앞서가는 봉사자 가운데 어떤 사람은 순례자 앞길의 작은 돌들을 치우면서 나아간다. 차를 타고 지날 때는 잘 모르지만, 도로를 천천히 걸으면서 살펴보면 낡은 아스팔트가 깨져 작은 돌들이 수없이 깔려있다. 이 작은 돌들이 엎드리는 순례자의 몸에 멍을 지운다. 가는 길마다 그런 작고 고마운 마음씨들이 순례자를 끌고 간다. 순례길은 순례자만의 길이 아니다. 이 길에 함께 참여하고 마음을 보태고 나누는 모든 사람들이 이 길을 함께 가고 있었다.

순례는 매일 같이 오전 6시에 식사, 오전 8시~11시 오전 순례, 오후 2시~5시 오후 순례로 마감된다. 그런 그들의 잠자리 또한 편하지 않았다. 밤이면 대부분 야영이다. 어쩌다 성당이나 교회 부속 건물 아니면 미니 승합차를 개조한 좁은 차 안에서 잘 때도 있다. 작은 매트리스 하나 깔고 자야 하기 때문에 숙면을 취하기가 어렵다. 그렇게 자고 일어난 몸은 항상 좋은 상태가 아니었다. 그처럼 고된 몸인데도 문 신부는 아침 5시 30분이면 미사를 봉헌한다. 그 때문에 다른 순례자들이 일찍 잠에서 깨기도 한다. 종일 피곤한 그들에게 민폐를 끼친 셈이지만 그래도 그는 하루도 빠짐없이 미사를 봉헌한다. 그리고 주일이면 본당인 전주 평화동성당으로 달려가서 미사를 봉헌한다.

오체투지를 하면서 문 신부는 세상에서 가장 낮은 자세로 어머니 대지에 몸을 내려놓고, 희망과 부활의 여정이 되기를 기도했다. 그러나 몸은 거짓이 없었다. 여기저기 안 아픈 데가 없다. 자신이 선택한 고행의 길이니 신음하면서도 그대로 껴안고 나간다.

순례 일주일쯤 되는 날, 문 신부는 전주교구 주교에게 편지를 쓴다.

존경하는 주교님

미리 찾아뵙지 않고 오체투지 순례길에 오른 것에 죄송한 마음 전합니다.

그랬다 한들 주교님 심경만 착잡하고 난감하게 만들었을 듯합니다.

세세 이런 기회가 주어지지 않았다면 지도 편안하게 참 좋았겠지요. 그러나 주어진 기회를 선택하는 것도 순명이었고, 온몸을 어머니 대지에 내맡기고 풀벌레처럼 기어가는 매 순간도 정녕 순명과 순종을 새로이 갱신하는 은총의 시간입니다. 몸은 고달프고 고통스러워도, 내 영혼의 독소들이 조금씩 빠져나가는 듯, 그리스도 수난과 죽음의 역사에 더욱 가까이 다가가는 듯 마음은 더욱 맑고 평온해짐을 느낍니다.

어느덧 사제 생활 33년째를 보내고 있습니다. 그리스도가 십자가 위 죽음을 맞이하고 부활하셨다는 그 나이. 그렇기에 어쩌면 오체투지 순례길은 저를 위해 그리스도께서 준비하신 여정일지도 모른다는 외람된 생각조차 듭니다. 더군다나 사도 바오로 탄생 2천주년을 기념하는 바오로 해요. 9월 순교자 성월에 시작한 것이기에, 제 행위를 근사하게 치장할 그 무슨 여지도 없습니다. 그리스도를, 사도 바오로를, 모든 순교자들을 닮고자 애쓰는 것 외엔.

저는 지금 온몸을 그리스도 앞에 바치며 사제품을 받던 그때로 돌아가 사제 성화 의식 서약 갱신식을 치르고 있는 셈입니다.

어제 오늘은 이곳 지리산 일대가 너무 더웠습니다. 뜨겁게 달궈진 아스팔트 위에 오체투지 하자니, 온몸이 그대로 불판 위에 던져지는 듯 힘들기가 몇 갑절이었습니다. 많이 지친 데다 결국 수경 스님 무릎 통증까지 심해져서 오후 일정을 일찍 마쳐야 했습니다. 그래서 오늘은 재활의학 하는 분들이 오셔서 저희 몸을 돌봐주었습니다. 제 부족한 모든 것, 주교님의 사랑과 넓은 품으로 이해하고 받아주시리라 믿습니다. 다른 구구한 심경은 동봉하는 글들로 대신하고자 합니다. 이 순례길, 주교님을 위해서도 기도합니다.

2008년 9월 10일 전남 구례 광의면 지리산 자락에서
문규현 바오로 신부 드림

17번 국도에 진입했다. 산업단지를 오가는 화물차들이 많이 오가는 길이다. 대형차가 굉음을 내며 빠른 속도로 지나갈 때마다 땅이 울리고 바람이 밀려와 온몸의 신경이 곤두서며 오그라들었다. 그러니 몸과 마음을 하늘에 맡겨야 한다.

따가운 가을 햇볕 속을 엎드려 기어가던 두 순례자 앞에 지렁이 한 마리가 옹벽에서 도로로 떨어져 길을 막았다. 옹벽을 기어오르지 못하고 버둥거리다 차도를 향해 기어가고 있었다. 진행 팀이 그 지렁이를 도로변 풀밭에 놓아주었다. 지렁이뿐만 아니라, 개구리, 너구리, 고라니, 고양이……, 이루 헤아릴 수 없는 죽음들이 도로에 깔려 있었다. 문 신부는 로드킬 당한 생명들이 가난하고 핍박받는 사람들과 자꾸 겹쳐 보였다. 더불어 살아가는 사회는 언제 돌아올지, 생명에 대한 존중이 있는 사회는 언제 올지, 문 신부는 묻고 기도하면서 스스로 자벌레가 되고 지렁이가 되어 기었다.

하루의 순례는 스물여섯 번의 출발과 휴식을 반복하며 이어지고 있었다. 그런데 그 짧고도 달디단 휴식 시간에도 문 신부는 끊임없이 메모를 한다. 수경 스님은 여전히 염불 독송으로 고됨을 풀어낸다. 그리고 두 순례자는 매번 출발에 앞서 서로 작은 소리로 힘들지 않냐고, 기운 내서 함께 가자고 서로를 격려한다.

수경 스님은 쉬는 시간마다 걸쭉한 농담으로 일행의 고통을 잊게 만

든다. 본인 몸이 종합병원이면서 잘도 웃는다. 절 생활 수십 년에 경계를 넘나드는 거침없는 화법이 몸에 배어 있다. 그는 힘든 상황에서도 남들에게 힘이 되어 주는 신기한 능력이 있다. 그러니 그의 곁에는 항상 사람이 따라붙는 모양이다. 문 신부는 그걸 매우 부러워했다. 또 수경 스님은 사람들의 뜻을 모아 결사체를 만드는 데에도 능하다. 선승이면서도 대중에게는 한없이 살가운 보살이기에 믿음이 가는 형제였다.

순례 26일 차에 정의구현사제단 대표인 전종훈(시몬) 신부가 합류했다. 땅바닥과 일치가 되니 평화롭기만 하다며 너스레를 떤다. 하지만 전 신부는 처음 하는 일이라 금세 지치고 헉헉대며 "형님들 따라가기 힘들다.", "속도 좀 늦추자."고 하소연한다. 그는 첫날부터 근육통으로 고생이 많았다.

순례 38일 차. 전주 치명자산 천주교 성지 광장에서는 천주교 전주교구 정의구현사제단과 천주교 전주교구 정평위 공동 주최로 오체투지순례단과 함께하는 '생명과 평화를 위한 미사'가 열렸다. 종교와 지역을 불문하고 약 7백 명의 인원이 참석한 가운데 진행되었다. 전주 치명자산 성지는 1801년 신유박해 때 순교한 '호남의 사도' 유항검과 그의 가족 6명이 묻혀있는 곳이다. 이들 중에는 믿음 하나만으로 목에 들어오는 칼날을 이겨낸 동정 부부 순교자 이순이와 유중철도 포함되어 있다.

백여 명이 광장 주변 도로를 3회에 걸쳐 오체투지를 했다. 한번은 사람의 길, 한번은 생명의 길, 한번은 평화의 길이다. 그 길은 삼위일체의 길이기도 하다. 순교의 현장에서 그 뜻을 잇고자 하는 순례자의 길도 역시 멀고 험했다. 고통 없이 새로운 삶으로 전환하기 힘들다. '생명의 길, 평화의 길, 인간의 길'을 몸에 두른 몸자보에 얼룩진 땀들이 한데 모여 기도했다.

길은 무엇인가

순례길에서는 사람들을 만나며 배운다. 오체투지 하면서는 작은 미물에게서도 배운다. 몸을 관통하는 고통 속에서 자신과 세상에 대해 배운다. 몸의 고통에 절절히 반응하면서 약하거나 보이지 않은 것들, 소외된 것들이 찾아와 하소연하는 것을 듣는다. 아니 들을 수밖에 없다. 순례를 하다 보면 그 작은 목소리에 저절로 귀를 기울이게 되어 있다.

낮은 데로 눈이 향하면 소외된 것들이 보인다. 보이면 중요하지 않은 게 없고 차별이 사라진다. 거기에서 연대가 생기고 자비가 생기고 사랑이 생긴다. 거기에서 생명이 싹트고 평화가 흐르기 시작한다. 그곳에 진정한 사람의 길이 생긴다. 그 대지에 엎드리면 알게 된다. 뛰는 것보다 걷는 것이, 걷는 것보다 엎드린 것이 더 많은 것을 볼 수 있다는 것을. 땀과 헌신이 있어야 희망이 오는 것을 대지는 알고 있다.

1차 순례가 하루 남은 날, 계룡산이 가까워 보인다. 여기서 1차 오체투지를 마무리한다. 이날은 많은 사람들과 단체들이 함께 했다. 남녀노소와 종파를 가리지 않고 다양한 사람들이 긴 대열을 이루어 도로 위를 느리게 움직이고 있었다. 그러나 가야 할 길이 멀다. 이제 겨우

● 오체투지

삼분의 일밖에 오지 못했다. 이 길을 어떻게 가야 하나? 사람들은 또 어떻게 살아가야 하나? 대지는 알고 있을 것이다. 땅에 엎드리니 땅에서 위로를 받는 것 같았다.

부여의 75세 박인숙 할머니는 "오체투지를 하니 왠지 법당보다 더

편안한 느낌이 듭니다. 아마 온몸을 땅에 대어 그런 것 같아요. 처음엔 다리가 아파서 불가능할 것 같았는데 함께하니 그런대로 수월해집니다."라고 고백했다. 결국 '함께'라는 말이 답인 것 같았다.

10월 26일 53일 차, 계룡산 신원사 중악단에서 오체투지 1차 순례를 마무리했다. 이 회향식에는 1천여 명이 모였다. 지리산과 계룡산의 물과 흙을 섞는 합토식을 하며 자연과 인간의 화해와 일치를, 인간과 인간의 연대를 지향한다. 전주 평화동성당 성가대와 서울 화계사 합창단의 합동 공연은 평화의 기도가 되어 울려 퍼진다. 종교를 넘어서는 하모니에 가슴이 뜨거워진다. 몇 달 후에는 계룡산에서 임진각을 거쳐 묘향산까지 오체투지가 이어질 것이다.

길에서 배우다

2009년 봄, 작년 가을 지리산에서 계룡산까지의 1차 순례에 이어 2차 오체투지를 시작한다. 3월 하순이라지만 세상은 여전히 겨울 언저리를 맴돌았다. 지난해 53일간의 오체투지 기도는 아직 세상의 온돌은 덥히지 못하고 있다. 많은 생명들이 추위에 떨었다.

문 신부는 이번 순례 출발에 앞서 "상처 입고 고통 받는 모든 존재들을 위해 기도의 길을 갑니다. 느림 속에 미련함과 바보스러움 속에 사람의 길, 생명의 길, 평화의 길을 구하는 순례길에 여러분을 초대합니다."라고 길 떠나는 마음을 밝혔다. 수경 스님은 "저의 허물을 제대로 보고 최소한 제 자신을 속이지는 말자는 참회의 기도를 하고자 합니다. 그래서 나를 바로 세울 수 있다면, 시절 인연으로 고통받는 여리고 약한 사람들과 말 못하는 생명의 친구가 되고 싶습니다."라는 염원을 밝혔다.

2009년 3월 28일. 떠나는 길을 위로하고 격려하는 축복의 기도가 이어졌다. 이현주 목사는 "지리산에서 여기까지 온 세 사람이 오늘 그 길을 다시 걸어 임진각까지 갑니다. 저 세 아들이 이것을 할 때 마치 저희들이 한 것처럼 착각하지 말게 하소서. 세 사람의 몸을 빌려 이렇게 하는 것을 어리석은 사람들이 깨닫게 하여 주소서." 하며 기도했다. 그리고 또 기도했다. 냉담과 무관심을 녹이고, 이웃의 아픔에 귀 기울이며 그들을 위로하게 해 달라고.

다시 문 신부와 수경 스님, 전종훈 신부가 길을 나섰다. 다들 몸이 정상이 아니지만 나설 수밖에 없다. 이미 시작한 길, 임진강을 건너 북한의 묘향산까지 갈 생각이다. 남과 북이 극단적인 불통과 불신의 평행선을 달리고 있는 현 상황이기에 더욱 갈 필요가 있었다. 문 신부는 20년 전 1989년 8월 15일 임수경과 함께 판문점을 통과해 남으로 돌아왔던 때를 회상한다. 남북 관계가 점점 경색되고 있는 상황이라 이번에 판문점을 넘어 묘향산까지 갈 수 있을는지 장담할 수 없었다.

동유럽과 소련의 공산 체제가 무너질 때는 금세라도 화해와 통일이 이루어질 것 같았는데 오히려 멀어져가는 것 같다. 통일에 대한 국민들의 관심과 의식도 흐려지고 있는 것 같다. 문 신부는 안타까웠다. 그래도 어쩌겠는가? 가야 할 길이라면 가야 한다. 하느님의 뜻이라면 가는 수밖에 없다. 소통과 화해, 상생의 길을 간절하게 소망하며 문 신부는 다시 무거운 몸을 끌고 일어섰다.

온몸으로 길을 껴안고 가는 문 신부는 길에서 나시고, 늘 길에 계셨으며, 길에서 죽임을 당하신 그분을 생각한다. 사랑과 헌신을 멈춘다면 사제로서 이미 죽은 삶이기에 자신이 살고자 한다면 이 길을 가는 것이 맞다고 생각한다. 그는 길을 가며 2차 오체투지 고천문을 떠올린다.

이기심이 나와 내 이웃의 삶을 짓밟고 더 많은 것을 가지려는 욕심을 키우고 있습니다. 인간 중심의 개발 논리가 자연을 병들게 하고 큰 재앙을 불러들이고 있습니다. 힘의 논리, 싸움의 논리가 전쟁을 일으키고 죽고 죽임의 세상을 만들고 있습니다.

(중략)

논리가 생명과 평화로 가는 오늘의 다짐이 아니라면 저 산, 저 강과 들녘, 저 바다 위로 다시 내일의 해가 뜬들 무슨 소용 있습니까? 분단된 조국, 민족 통일로 가는 길이 아니라면 어떤 용서와 화해가 필요하겠습니까? 함께 꿈꾸지 않는다면 어찌 세상의 병든 땅 위에 한 그루 나무의 씨앗이 싹을 틔우며 푸르러지겠습니까?

— '2차 오체투지 고천문' 중에서

길은 사람과 사람을 연결하고 마을과 마을을 연결한다. 그러나 자동차가 점령한 도로는 어느새 사람과 마을을 소외시키고 있다. 목적시라는 결과만을 중시하는 도로는 사람들과 만물의 관계를 단절시키고 있다. 야생동물은 죽음을 무릅쓰지 않으면 먹이와 짝을 찾으러 갈 수 없다. 빠르게만 달리려고 만들어진 길 때문에 길 가는 중간에 어떤 마을이 있고 어떤 사람이 살고 어떤 아름다운 풍경이 있는지 볼 수가 없다. 볼 수 없으니 관심이 없다. 관심이 없으니 모든 관계가 삭막하다.

오직 목적지에 빨리 도착하려는 욕망만이 길에 넘친다. 욕망은 곡선이 아니라 직선이다. 욕망은 사람과 자연과 환경을 기계적으로 바라보게 한다. 경쟁과 효율을 중시하니 수천만 년을 곡선에 기댄 뭇 생명들은 살길이 막막해진다. 그러고 보니 새만금 방조제도 직선이다.

송탄을 지나는 길에 꼬마 아이들이 지나가다 도로에 몸을 던지는 오체투지를 보고 깜짝 놀란다. 사람이 길에 넘어지는 것으로 이해했나 보다. 그래서 하는 말. "어? 자빠지네!" 그 말을 들은 순례자들의 입가에 참았던 웃음소리가 흘러나왔다. 시간이 지나도 순례자들이 몸을 바로 세워 일어나지 않으니 "어? 자빠져 죽었네!" 이 말을 들은 진행 팀과 순례자들은 큭큭 나오는 웃음을 참지 못했다.

그렇게 오늘도 하루 동안 천 번 넘게 죽었다 살았다 하면서 나를 바로 세우기 위해 몸을 던진다. 그러면서도 차라리 엎드려 있는 시간이 길었으면 좋겠다는 마음이 들었다. 한없이 엎드려 쉬고 싶었다. 쉬는 시간이면 기댄 몸을 일으키기가 싫은 것은 성직자라고 예외가 아니다. 길을 재촉하는 징을 치는 지관 스님이 원망스러울 정도다. 좀 천천히 치면 안 되나? 꼬박꼬박 징 치는 모습이 인정머리 없는 기숙사 사감 같았다.

순례 103일째. 약 3백여km의 먼 길을 왔다. 서울이 보이는 남태령 고 갯마루에 이르렀다. 새만금 삼보일배 때도 지나갔던 곳이다. 그 당시 수경 스님이 의식을 잃고 쓰러져 119에 의해 실려 갔던 고개다. 오늘은 수경 스님도 불편한 다리지만 남태령을 제대로 넘어간다. 함께 순례에 참여한 법륜 스님은 "세 분 성직자의 기도 순례는 백성의 아픔을 참회 하기 위해 스스로 자기 종아리를 때리며 참회하고 있는 순례이며, 이 나라 지도자들의 죄를 대신 지고 가는 순례"라면서 "우리 스스로 알게 모르게 가해자이며, 모두를 위한 정치를 만들지 못한 것에 스스로 참 회해야 한다."고 강조한다.

잘못된 정책을 세우는 사람들만 가해자가 아니다. 무관심한 우리 모 두가 가해자다. 무조건 남보다 잘살겠다는 욕심이 가해자다. 그걸 깨 달아야 평화를 얻을 수 있겠지만 그 평화의 길은 쉽게 주어지지 않는 다. 우리는 평생 생존경쟁을 강요당하며 살다보니 인식의 전환이 쉽지 않다. 그러기에 평화도 일정 정도 희생이 필요하다.

용산에서 5·18 광주민중항쟁 29주년을 맞았다. 용산에는 그날의 광 주처럼 외로운 절규가 곳곳에 매달려 있었다. 용산에 들어서자 무거운 공기가 가슴을 짓눌렀다. '여기 사람이 있다.'는 절박한 호소가 끝내 외 면당한 현장. 용산 참사 현장이 보이는 남일당 부근에 도착하니 인근 지역에서는 여전히 철거가 진행되고 있었다. 철거민의 호소는 외면당 하고 장례식조차 치르지 못하고 있는 상태인데 잠시도 멈추지 않는 탐욕의 시계는 무섭게 돌아가고 있었다. 투기 개발이익을 독점하기 위해 가난한 세입자를 내쫓는 잔인한 세상. 문 신부는 분노가 새어 나와 증발될까 봐 입을 꽉 다물고 오체투지를 이어 나갔다. 아스팔트 바닥에 눈물이 흘러내렸다.

문 신부는 이성복 시인의 시구를 떠올린다. '모두 병들었는데 아무도 아프지 않았다' 아무도 아프지 않은 세상이어서는 안 된다. 참사 현장에 선 순례단은 108배 기도를 시작했다. 누구 하나 말이 없다. 말이 필요 없는 시간이 길게 흘렀다. 유가족의 마음을 십자가처럼 가슴에 새긴다. 희생자들의 원혼이 평온한 안식을 취하기를 간절히 염원하는 마음으로 기도할 뿐이었다. 수경 스님은 이날의 마음을 법보신문에 다음과 같이 화두로 던졌다.

'허공'이라 하지만 하늘과 땅 사이입니다. 온 생명이 거기에 깃들어 삽니다. 대지의 품에 안겨 보니 아스팔트 틈새 작은 풀이 우뚝한 나무처럼 보입니다. 몸을 세워 허공을 보니 키 큰 나무도 풀싹처럼 보입니다. '인간은 만물의 영장'이라는 말, 함부로 할 말이 못 됩니다.

중생! 하늘과 땅 사이에 있는 생명의 무리. 하늘과 땅의 은덕으로 살아갑니다. 하늘과 땅의 조화 속을 벗어나면 아무것도 아닙니다. 중생, 온 생명, 만물, 하늘과 땅 사이에 존재하는 모든 것들은 하나입니다. 기는 놈, 걷는 놈, 나는 놈 모두가 하나입니다. 더 나은 존재도, 모자란 존재도 없습니다.

이성복의 시 '그날' 끝부분.

한 티끌이 우주라 했습니다. 홍진으로 가득한 이 세상이 그대로 화엄입니다. 이리하여 나의 오체투지는 온몸 온 마음으로 화엄을 읽고 베껴 쓰는 일입니다.

– 법보신문, 2009년 5월 18일

순례단이 도착한 명동성당에서 김인국(마르코) 신부는 다음과 같이 호소했다.

"우리의 일상이 전쟁터가 되고 말았습니다. 가난한 사람들이 '우리 이거 아니면 죽습니다.'라고 합니다. 그런데 그것마저 빼앗았습니다. 아주 나쁜 사람들입니다. 세상에 '나쁜'이라고 살아가는 사람은 나쁜 사람입니다. 대추리에서도 '이거 아니면 죽어요.' 용산에서도 '여기서 쫓겨나면 우리 망해요.' 하느님은 '푸르른 동산 다 가져도 좋으니 내 목숨만 남겨다오.'라고 했습니다. 그런데 못된 인간들이 목숨마저 빼앗아 갔습니다. 우리 사는 세상이 지옥이 되고 말았습니다. 그래서 순례자 오체투지가 시작되었습니다. 여러분 우리 순례자들과 함께 기도의 끈을 놓지 맙시다. 죽어가는 것을 위해 기도하고 참회합시다."

조계사 대웅전 앞에서 푸른 눈의 현각 스님은 '오체투지는 이 시대를 함께 살아가는 공업 중생으로서 우리 모두가 왜 우리 스스로 우리의 삶을 이토록 황폐화시켰는지를 성찰해 보자는 것'이라고 의미를 부여했다.

생명의 근원으로

5월 23일 토요일, 오전 순례를 진행하던 차에 노무현 전 대통령 서거 소식을 듣는다. 24일 일요일, 순례단은 순례를 잠정 중단하고 봉하 마을로 조문을 다녀왔다. 일부는 조문을 반대했지만 문 신부는 고인의 명복을 빌고 싶었다. 길고 착잡한 하루 여정이었다. 25일 아침, 출발 시간인데도 순례자 모두 표정도 몸도 무겁기만 하다. 세상을 하직하기까지 수많은 번민이 있었을 고인에게 착잡하고 애통한 마음을 전했지만 그가 들을 수 있을지 모르겠다. 그의 비극에 허망하고 안타까움이 문 신부 마음에 오래 머물러 있었다.

도로표지판에 판문점이 보이기 시작한다. 그러나 힘든 고행이 곧 일단락된다는 기쁨이 없다. 순례가 마무리되는 시점에서도 우리 사회의 모습은 순례단의 가슴을 아프게 한다. 순례길에서 본 한국 사회는 용산 참사와 노무현 전 대통령의 죽음, 파탄 난 남북 관계, 4대강 정비 사업 등으로 시끄럽다. 광장은 폐쇄되고 온 국토가 개발 대상으로 편입되면서 골목길까지 포크레인 소리가 요란하다.

이제 순례길이 마무리되는데도 숙제를 끝내지 못한 아이처럼 동동거리며 마지막 밤을 맞는다. 밤이 깊었는데도 잠이 오지 않는다. 내일도 세상은 크게 변하지 않을 것이다. 일개 신부와 승려의 오체투지가 세상에 얼마나 반향을 일으키겠는가? 끝나간다는 안도감과 후련함보다는 가슴이 꽉 막힌다. 부엉이처럼 밤을 지키며 침묵에 빠진다. 문 신부는 오체투지의 마지막 밤, 기도문을 적는다.

우리 영혼은 지금 어느 길을 가고 있습니까?

(중략)

눈물 속에 숨지 말라. 과거에 기대지 말라. 존재와 생명을 업신여기고 조롱하는 자들을 향해 당당해라. 한 사람의 죽음에서 다른 이의 죽음까지도 애도할 수 있는 것. 우리가 시작한 저 지점. 지리산과 임진각까지의 여정에 대한 자긍심과 향수로 고착된다면 그것은 길이 아니다. 우리가 알게 된 건 할 수 있음이고 갈 수 있음에 대한 것이다. 존엄한 존재이기를 포기하지 않는 이상 존엄할 수 있음이며 존엄을 나눌 수 있다는 것이다. 내 삶의 주인은 누구인가. 내 운명의 주인은 누구인가. 남이 가진 권력과 돈에 기웃거리며 영혼과 자존을 팔고 허세와 허망한 욕심으로 출렁이진 않았는가.

　　　　　 － '오체투지 기도 순례를 마치고' 중에서, 2009년 6월 5일

6월 6일 현충일이자 토요일, 오체투지 마무리 회향 행사가 진행되었다. 임진각 망배단에 천여 명이 모여 사랑, 생명, 평화를 기원했다. 북한은 순례단 27명에게 초청장을 보내 묘향산 상악단에서 거행될 천고제를 허용했다. 그러나 대한민국의 통일부는 입장을 유보함으로써 결론적으로 불허했다. 가까이 보이는 북한 땅을 눈앞에 두고 돌아서야 했다.

문 신부는 오체투지의 길을 돌아보았다. 수많은 시간을 수많은 사람들과 연대하며 기어 왔기에 외롭지 않았다. 징과 죽비가 있었으니 두렵지 않았다. 사랑과 연민이 있었으니 슬픔에 지지 않았다. 무릎과 허리가 아팠으나 새날이 밝았기에 도망치지 않았다. 땀과 눈물과 눈빛과

농담을 도반들과 나누었으니 서로가 부처고 예수였다. 힘들고 낮을수록 평화가 깃들었다.

만났던 수많은 사람들과 비, 바람, 햇볕 모두가 생명을 끊임없이 피우고 열매를 맺기 위해 눈부신 몸짓들을 하고 있었다. 하느님의 나라는 참 아름다웠다. 일단 오체투지 순례를 임진각에서 마무리하지만 북한 땅 묘향산에도 녹음이 짙어질 것이니, 그 길이 험난해도 생명 평화의 길은 날로 푸르러질 것이다.

문 신부는 긴 호흡으로 기도를 드렸다. 거두시는 날까지 저를 부리소서.

4 다시 살리신 그 뜻은

용산 참사 반년을 맞으며 2009년 6월 15일 '전국 사제 일천인 시국선언'의 결의에 따라 정의구현사제단은 용산 참사 현장에 천막을 세웠고, 전국에서 달려온 사제들이 매일 저녁 희생자들의 죽음을 기억하고 추모하는 위령미사를 봉헌하였다. 오체투지로 상하고 지친 몸을 아직 제대로 추스르지 못한 문 신부도 위령미사를 봉헌하기 위하여 부랴부랴 용산으로 향했다. 오체투지가 끝난 지 열흘도 되지 않았을 때다.

**뉴스타파 목격자들
– 두 신부 이야기 :
2부 평화의 길을 걷다**

용산 참사는 2008년 말부터 추진한 서울 용산구 한강로 2가 일대 용산4구역 재개발 사업을 위해 대대적인 철거 작업을 하면서 시작되었다. 정부에 이주 대책 마련을 요구하던 철거민들은 강제 철거에 맞서

2009년 1월 19일 용산 역을 마주 보고 있던 남 일당 4층 건물 옥상에 망루를 설치하고 점거 농성에 돌입했다. 전국 철거민연합회와 합세해 농성자들은 건물 옥상 에서 철거 용역과 경찰 에 맞섰다. 경찰은 건물

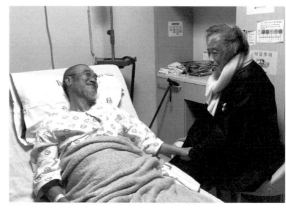

● 문병 온 백기완 선생과 함께

을 봉쇄하고 물대포를 쏘았다. 대테러 작전을 담당하는 경찰 특공대원 들이 진압 작전에 나섰다. 생존권을 요구하는 철거민들을 총과 폭탄을 든 테러분자로 규정한 것이다. 이에 철거민들은 화염병을 던지고 새총 으로 구슬 등을 쏘며 강하게 저항했다.

이러한 상황 속에서 폭력적인 진압으로 의해 발생한 화재로 사망 5 명, 부상자 23명의 사상자가 발생하였다. 1월 20일 새벽이었다. 당연 히 경찰의 살인적이고 폭력적인 진압이 문제였는데도 사고 원인을 전 적으로 철거민들에게만 전가했다. 철거민과 유족은 두 번 울었고 두 번 죽임을 당했다.

이 사건은 조사와 재판이 시작되면서 논란이 점점 커져 갔다. 겨울 철 강제 철거, 안전 대책 미비, 보상비 갈등, 화재의 원인, 폭력성, 경 찰의 불법 여론 조작, 정권의 수사 개입, 서울시와 정부의 미온적 사후 대처 등의 문제로 증폭되어 갔다. 검찰의 수사 기록 열람 거부와 국민 참여 재판 신청 기각 등 편파적인 수사와 재판 진행으로 더욱 반목이

깊어졌다.

더구나 용산 유가족들에 대한 검찰의 구형은 억울함의 극치였다. 용산철거민대책위원장 등 용산 참사 농성자 9명에게 징역 5년~8년의 중형을 구형했다. 이에 정의구현사제단은 정부의 오만하고 부도덕한 태도를 비판하며 최소한의 사과와 재발 방지를 바라는 유가족들의 요구에 따르라고 촉구했다. 그리고 대한민국에서 일상이 되어버린 재개발의 비극을 막아야 한다고 천명하며 단식 농성을 시작하였다.

그러다가 10월 22일, 정부의 용산 참사 해결을 촉구하며 단식하던 문 신부가 심장마비로 쓰러졌다. 단식 10일째였다. 새벽 5시쯤 신월동성당 화장실에서 의식을 잃고 쓰러졌다. 문 신부는 숨을 쉬지 못했고 맥박도 뛰지 않았다. 함께 단식하며 지내던 나승구(하비에르) 신부와 전종훈 신부가 심장 마사지를 했고, 119를 불러 이대목동병원으로 옮겼다. 응급조치를 마친 뒤 문 신부는 여의도성모병원 응급실을 거쳐 중환자실로 옮겨졌다. 심장마비로 산소 공급이 안 된 채 3일 동안 의식불명의 상태로 중환자실에 있었다. 소식을 전해 들은 전주교구장 이병호(빈첸시오) 주교는 문 신부의 장례미사를 준비하였다고 한다.

의식을 회복한 뒤 그는 병실을 방문한 가톨릭뉴스 '지금여기'와 인터뷰에서 "용산을 계기로 사제들도 새로워지고 있습니다. 우리는 뭐든 고통을 안고 대안의 세계로 건너갈 수밖에 없습니다. 오체투지를 할 때도 결국 돌아올 곳은 용산밖에 없었습니다. 중요한 것은 '용산을 사는' 것입니다."라며 현실이 어려워도 희망을 가질 것을 촉구하였다.

12월 1일, 오랫동안 의식을 잃고 죽음의 문턱까지 갔던 문 신부는 몸 안에 제세동기를 심은 채로 퇴원했다.

5장

너 어디 있느냐

· 평화동 신부
· 그가 있는 곳
· 그래도 희망입니다

그러나
내가 달릴 길을 다 달려
주 예수님께 받은 직무
곧 하느님 은총의 복음을
증언하는 일을
다 마칠 수만 있다면,
내 목숨이야 조금도 아깝지 않습니다.
–

사도 20,24

‘평화’라는 단어를 반복적으로 쓰시고, 복음이요 유산으로 남겨 주신 예수 그리스도
께 한없이 감사할 뿐이다. 참으로 굉장한 분이시다! 예수 그리스도께서는 이렇게 생
전 내내 ‘평화’를 말씀하셨고 행하셨다. 평화를 얻고자 한다면 어떤 일들을 겪을 수 있
는지, 무엇을 넘어서야 하는지도 보여 주셨다. 그분께서 남기신 평화의 복음은 장엄
하고 감사하지만 긴장과 통곡 없이는 받아들 수 없는 이야기이다.

 – ‘민족과 함께 쓰는 한국천주교회사 서문’ 중에서

1 　평화동 신부

2006년 8월, 문 신부는 부안성당을 떠나 전주 평화동성당 제6대 주임신부로 부임했다. 평화동성당은 보좌신부와 함께 사목하는 비교적 큰 성당이었다. 신자가 많다는 것은 그만큼 마음 써야 할 곳이 많다는 의미이다.

문 신부는 이곳에서 거룩한 독서, 독서 포럼, 평화 노인대학, 성서 대학 등의 활동을 통하여 신자들의 영적인 갈증을 풀어주기 위해 노력했다. 그리고 성경 말씀을 일상에서 살아가는, 실천하는 믿음이 되도록 하였다. 또한 신자들과 함께 우리 사회 곳곳 낮은 자리를 찾아가면서 교회의 사회적 역할을 잊지 않았다.

젊은 신자들과 함께하는 프로그램도 마련하였다. 영화 포럼, 청년성가대 활성화, 청년·청소년 미래 학교 그리고 MBW(교회 공동체 활성화 교육)를 통하여 성당으로 젊은이들을 끌어들였다. 청년이 모여들고, 청소년들의 떠드는 소리가 본당에 울려퍼졌다. 성당에는 영성이, 사제관 옥상에는 고추, 상추, 토마토, 오이, 가지 등의 채소가 자랐다.

문 신부는 평화동성당을 끝으로 은퇴를 한다. 그는 마지막 본당 이름이 '평화'(평화동성당)인 것은 아주 특별한 선물이라며 "고맙습니다. 사랑합니다."라고 외치고, 신자들을 향해 3배를 올렸다. 다음은 그의 평화동성당 마지막 미사 강론 전문이다.

고맙습니다.

여러모로 부족한 저를 사제로 부르시고 이 귀한 자리까지 이끌어주신 하느님, 우리 모두의 근원이고 희망이신 주 예수 그리스도님, 늘 새롭게 하시는 성령님, 그리고 여러분 모두에게, 진심을 다해 감사드립니다.

사제 생활 35년, 그간 지나온 본당들, 신자들을 떠올려 봅니다. 전동성당 보좌로 시작해서 고산, 팔마, 요촌, 서학동, 부안. 하나하나 잊지 못할 소중한 추억과 역사, 사람들을 간직한 곳들입니다.

특히 제게 마지막 본당 사목의 은총을 허락하고, 일상의 기쁨과 희망을 나눠온 우리 평화동성당 신자들, 사목회 임원들, 보좌신부님, 수녀님들께 마음 깊이 감사드립니다. 제 마지막 본당 이름이 '평화'임은, 정말로 아주 특별한 선물입니다. 덕분에 저는 영원히 평화 속에 남을 수 있게 되었습니다.

(중략)

제게 본당 사목은 언제나 제 사제 생활의 중심이었습니다. 하느님께서 현존하시며, 세상 사람들의 삶이 그대로 녹아드는 생생한 생활 현장이요, 집처럼 가족처럼 기쁨과 힘을 얻는 공동체였습니다. 사랑과 자비, 정의와 평화가 넘치는 세상을 함께 일궈나가며 우정과 동지애를 만들어가는 곳이었습니다. 제가 세상에 무언가 의미 있는 기여를 할 수 있었다면, 다름 아닌 우리 신자들의 정성스러운 지지와 지원이 이뤄낸 것입니다.

그런 만큼 본당 안에 머물며 좀 더 편안하게 있고 싶은 유혹이 나이 들수록 많아졌음도 부인할 수 없습니다. 몸까지 성치 않아지니 더욱 그렇습니다. 그래서 바로 지금이 떠나야 하는 시기입니다. 그 숱한 유혹과 염려들, 미래에 대한 두려움에 조용히 굴복할 때 제 자신이 바로 하느님 나라의 장애물이 될 것이기 때문입니다. 그리스도의 제자, 사제로서의 본질적 정체성은 사라지고 사제복 로만칼라로만 자신이 누구인지를 포장하고 고집하는 슬프고 초라한 모습으로 남을까, 그것이 더 두렵습니다.

제 마음의 중심에는 항상 '사람아, 너 어디 있느냐?'(창세 3,9)고 하신 하느님의 질문이 있습니다. 사제란 누구인지, 어떤 삶을 살아야 하는지, 제대로 살고 있는지를 묻고, 도전하고, 돌아보게 하는 질문입니다. 이제 "문규현 바오로야, 너 어디 있느냐?"고 다시금 물으시는 하느님 음성을 새로이 듣습니다.

오늘 두 번째 독서, 사도 바오로의 가르침을 다시 새겨봅니다.

"그리스도께서는 세례를 주라고 나를 보내신 것이 아니라, 복음을 전하라고 보내셨습니다. 그리고 이 일을 말재주로 하라는 것이 아니었으니, 그리스도의 십자가가 헛되지 않게 하려는 것입니다."

바로 저를 두고 하는 말씀 같습니다.

이제 정들고 사랑하는 이 공간을 떠납니다. 그러나 믿는 이들이 있는 곳은 어디든 교회입니다. 온 세상이 구원 현장이요, 복음화의 현장입니다. 성당 건물 안에, 교회 질서 안에 우리 자신을 한정하며 세상

구원과 복음화를 얘기하는 것은 하느님을 너무 작고 옹졸하게 만드는 신성모독이나 다름없습니다.

세상 만물이 하느님을 통해 창조되었고, 지금도 계속 창조되고 있음을 진실로 믿는다면, 신앙인들의 가슴은 세상을 향해 더욱 활짝 열려야 하며 신앙인들의 걸음은 더욱 과감하게 세상 안으로 들어가, 더불어 머물러야 할 것입니다. 지금 세상은 우리 신앙인들의 겸손하고 따뜻한 영혼을, 정의로운 투신을 그 어느 때보다 절실하게 기다리고 있습니다.

(중략)

지나온 길을 뒤돌아보니 그저 아쉬움과 부끄러움, 미안함만 가득합니다.

세상 구원을 목표로 열심히 살다 보니 결국 나 자신을 구원하기 위해 애쓰고 있더라는 말이 있습니다. 여러모로 부족한 성품, 깊지 못한 지혜 때문에, 또 미천한 능력과 판단 때문에 저도 적지 않게 여러 사람들에게 아픔과 상처를 주었습니다. 그럼에도 저를 한없는 너그러움과 인내로 사랑으로 품으며 긴 세월 동행해 주셨음에 다시 한번 깊은 감사의 말씀 드립니다.

오늘 복음은 예수 그리스도의 첫 제자들이 예수님을 따라나서는 장면입니다.

단순하고 소박하게 예수님의 부르심에 응답하는 첫 제자들처럼, 어떤 미래가 기다릴지 아무것도 모르고 또 알려고 하지도 않으면서 모든 것을 뒤로 한 채 새로운 길, 희망의 길을 선택한 그들처럼, 저도 첫 마음으로 그리스도의 길을 따라 "예" 하며 나섭니다.

이 시간은 만남의 끝이 아니라, 새로운 만남의 시작입니다. 앞으로도 계속해서 더불어 생명의 길, 평화의 길, 사람의 길, 곧 하느님의 길 위에서 만날 수 있기를, 매일 새로 남을 위해 함께 기도할 수 있기를 간절히 소망합니다.

고맙습니다. 사랑합니다.

2011년 1월 23일, 문 신부는 정년보다 앞서 은퇴했다. 그러나 교회 안에서만 은퇴한 것일 뿐 교회 밖에서는 더 바빴다. 그는 교회 밖 세상 속으로 더욱 적극적으로 뛰어든다. 하느님께서는 어디에든 계시기 때문이다. 그곳이 세월호 현장이든 밀양 송전탑이든 이태원 참사 분향소든 항상 십자가를 짊어진 사람들 곁에 그가 있다.

2 그가 있는 곳

사람들은 문 신부를 몸이 먼저 움직이는 행동파라 생각한다. 그러나 그가 쓴 저서들과 감옥에서 쓴 항소이유서 등을 보면 그는 학자의 면모를 보이기도 한다. 그래서 문규현 신부가 행동으로 무엇인가를 보여주었다면 그것은 치열한 고민과 사제로서 순명에 따른 결과다. "누구든지 내 뒤를 따라오려면, 자신을 버리고 날마다 제 십자가를 지고 나를 따라야 한다."(루카 9,23) 결단을 내릴 순간마다 그는 1976년 사제 서품을 받던 그 순간으로 돌아가곤 한다. 마음이 먼저 가고 몸이 그 뒤를 따른다.

그는 절대로 고고한 성직자인 체하지 않는다. 불의에 맞서 앞장설 때에는 상대를 향해 욕을 하기도 하고 지팡이를 휘두르기도 한다. 자그마한 체구지만 분노에서 뿜어내는 힘은 그의 길을 막는 자들을 곤혹스럽게 한다. 강압적인 경찰 앞에서도 발길질을 서슴지 않는다. 한 번은 이 때문에 수경 스님에게서 작은 폭력도 폭력이라고 한 소리 들어 자신을 성찰한 적도 있었다. 그러나 지지하는 사람이나 약자들에게는 한없이 따뜻하고 부드럽다. 옳은 일에는 뜻을 굽히지 않는 그에게 고

난이 따르는 것은 어쩌면 당연한 일이다.

사안이 생길 때마다 온몸을 던지기에 몸에 크고 작은 부상을 입기도 하고, 수십 장의 고소 고발장과 경찰 소환장이 날아들어, 배달하는 집배원이 한 묶음씩 현관에 던져 놓고 가기도 한다. 도로교통 방해죄, 폭력행사에 관한 죄, 공무집행방해죄, 무단침입죄 등 어찌 보면 잡범의 그것이다. 하지만 자세히 살펴보면 그것들은 모두 불의를 상대하며 만들어진 훈장 같은 것이다. 이런 문 신부를

● 소성리에서

폄하하는 사람들은 그를 전문 시위꾼이라고 이름 붙이기도 한다. 그를 막아야 하는 경찰이나 관료들 가운데 일부는 그를 부정적으로 바라보기도 한다. 어떤 사람들은 문 신부를 가리켜 미친 늙은이, 깡패 신부라고 성토하기도 한다.

묵묵히 그러나 당당하게 의로운 길을 가는 힘은 어디에서 나올까? 신부, 하느님의 뜻을 따르는 사제이기에 그것이 가능할 것이다. '내 것'이 아닌 '우리 것'을 위해 가는 그를 보면 그는 천생 신부이다. 그의 성구 '너 어디 있느냐'는 하느님의 부름에 "예, 여기 있습니다."라고 온몸

으로 대답하는 신부다. 머뭇거리지 않고 온몸으로 나아간다.

문 신부는 머뭇거림은 곧 포기가 된다는 사실을 50년간 사회운동을 하면서 몸으로 체득했다. 그래서 그는 생명과 평화에 관한 거라면 머뭇거리지 않고 나아갔다. 나아가다 보면 어느 때는 먼저 하느님께서 다 준비해 놓으신 것 같은 느낌을 받기도 했다. 그리고 힘에 부치게 되면 다른 사람들과 연대하여 힘을 늘려나갔다.

그는 가는 곳마다 평화를 향한 공동체와 모임을 만든다. 맡을 사람이 없으면 기꺼이 대표도 맡는다. 그가 만들거나 운영한 단체는 대부분 생명과 평화, 통일, 미래 세대 교육과 관련 있다. '생명평화마중물', '평화와통일을여는사람들', '선너머학교', '청소년함께걷기뚜버기', '부안독립신문', '평화와인권연대' 등이다.

문 신부는 조화로운 삶, 평화로운 삶을 위해 평생을 정진해 왔다. 하나 된 삶을 위해 걸어왔다. 하느님과 하나 되고, 사람들 사이가 하나 되고, 남북이 하나 되고, 자연과 인간이 하나 되는 세상을 위해 나아갔다. 어찌 보면 그의 삶이 실패로 점철되었을 수도 있다. 그러나 그가 걸어온 길에는 새로운 싹이 돋는다. 그 싹은 지금 여기저기에서 자라고 있다.

천주교정의구현전국사제단

문 신부와 정의구현사제단은 떼려야 뗄 수 없는 관계이다. 형 문정현 신부와 함세웅 신부 등이 1세대라면 문규현 신부는 2세대에 속한

● 정의구현사제단 출범의 계기가 된 지학순 주교 석방 환영 대회

다. 그가 임수경을 데려오기 위해 2차 방북한 것도, 미사를 위해 사제
단과 함께 3차 방북한 것도 정의구현사제단과 함께였다. 함께 기도했
고 함께 고난의 길을 걸었다. 불의에 맞선 정의구현사제단의 의지는
1999년 10월 5일에 발표한 '사제의 고백과 다짐'에 잘 드러나 있다.

    1. 사제는 하느님을 체험한 예수 그리스도의 사람입니다. 이 체험은

오직 이웃을 위한 십자가의 삶 안에서만 확인되고 가능한 하느님의 은총입니다. 사제적 삶의 근거와 존재 이유가 바로 여기에 있습니다. 그리스도 없이 사제는 아무것도 아닙니다.

2. 사제는 십자가를 살아가는 위타적 존재이며 하느님 나라를 선취한 가시적 징표입니다. 사람이 되시어 이 세상에서 죽기까지, 십자가에 죽기까지 고통을 당하신 그리스도는 바로 십자가의 수락이 부활이며 생명임을 확인해주셨습니다.

3. 십자가는 개인적 정화와 구원은 물론 사회적 해방과 우주적 변혁을 가져온 하느님의 힘입니다. 그러나 십자가는 또한 종교의 위선과 불의한 권력의 산물입니다. 때문에 십자가는 온갖 불의와 폭력에 대한 공개적 거부이며 하느님의 무서운 심판입니다. 사실 교회는 십자가를 고백합니다. 이에 교회는 세상 안에서 세상을 위해 하느님 나라의 정의와 자유, 그리고 평화를 선포하며 역사적 공존의 삶을 살아가고 있습니다. 구원과 해방은 정의의 실현 바로 그것이기 때문입니다.

4. 사람은 누구나 죽게 마련이며 죽음을 두려워합니다. 그러나 예수께서는 죽어야 산다는 십자가의 역설과 순교의 길을 몸소 보여주시고 죽음을 이기셨습니다. 그렇습니다. 사제의 삶은 참으로 순교입니다. 사제의 길은 철저한 비움과 십자가의 죽음 바로 그것입니다.

이에 우리는 지금 여기 역사의 현장에서 그리스도의 삶을 재현하고자 서품 때의 약속을 되새기며 다음과 같이 다짐합니다.

— 우리는 민족의 일치와 화해를 위해 분단의 현실과 아픔인 민족의
십자가를 기꺼이 지겠습니다.

— 우리는 정치, 경제, 사회, 문화 등 모든 면에서 하느님을 고백하
며 인간이 중심이고 목적인 공동선의 원리가 실현되도록 헌신하겠습
니다.

— 우리는 십자가 없이 추구하는 영광의 부활, 그 허상을 부수고 또
한 자유와 기쁨이 없는 희생과 고통만의 거짓 십자가 등 그리스도의
진리를 변질시키는 온갖 우상의 십자가, 이 모든 종교적, 정치적 이데
올로기를 온몸으로 거부하고 저항하겠습니다.

— 우리는 가난하고 억눌린 사람들을 해방하시고 모든 이에게 자유
를 주신 성령의 도구, 사랑의 실천자가 되겠습니다.

— 우리는 삼위일체 하느님의 친교를 본받아 모든 양심인과 연대하
여 정의와 평화, 자유와 평등이 실현되는 아름다운 인간공동체를 이
땅에 이룩하겠습니다.

1999년 10월 5일
천주교정의구현전국사제단

정의구현사제단은 이런 다짐을 바탕으로 한반도의 평화와 민주화,
평등 실현을 위해 상당한 공헌을 했다. 성당 안에 있던 사제들이 밖으
로 나와 세상에 대해서도 책임져야 할 사명이 있음을 보여주었다. 교
회가, 살아서 복 받고 죽어서 천당 가는 게 전부가 아님을 가르쳐 주
었다.

문 신부는 1995년부터 2005년 사이에 두 차례에 걸쳐 정의구현사제

단 대표를 맡아 평화와 생명을 지키기 위해 분투했다. 그사이 정치 민주화에 머물러 있던 정의구현사제단의 문제 의식을 통일과 민족, 생명과 평화의 거대 담론으로 확장하는 데 기여했다. 정의구현사제단은 그의 울타리이면서 힘이었고, 그 자신이 사제단의 심장에 녹아들었다. 그는 대표 직분을 떠나서도 항상 정의구현사제단과 함께했다. 정의구현사제단 통일위원장으로 같이 일했던 김인국 신부는 그런 그를 가리켜 '우리 시대 모든 사제들의 십자가를 짊어져 준 하느님의 어린 양'이라고 표현했다.

문 신부는 나이 팔십인 지금도 전국 곳곳에서 열리는 각종 생명 평화 관련 행사에 빠지지 않는다. 2023년엔 아픈 몸인데도 무리하게 서울 시국 미사에 참여했다가 그날 밤 췌장에 이상이 생겨 중환자실에서 사경을 헤매게 된다. 그러나 그는 다시 살아 돌아왔다. 별거 아닌 것처럼 툴툴 자리를 털고 일어섰다. 그는 단식 투쟁이나 오체투지 같은 활동 등으로 여러 번 건강 문제가 발생했으나 개의치 않았다. 그저 온몸으로 헌신하는 그는 나이가 들었어도 정의구현사제단에 보탬이 되고자 한다. 교회와 세상이 다 보수화되어 공동체보다는 개인을 앞세우는 풍조에 빛과 소금이 되고자 한다.

KBS 역사저널 '그날'
－천주교 정의구현사제단
(KBS 2012년 2월 2일 방송)

은퇴 이후 문 신부가 가장 많이 찾은 곳은 평화를 잃은 현장이었다. 그는 우선 한반도의 평화를 위하여 움직였다. 그리고 그 현장에는 대부분 미국이 도사리고 있음을 알게 된다.

그는 2차 세계대전이 끝난 후 한반도에 미군이 진주하던 해에 태어나 성장했다. 그는 평범한 아이였고 평범한 학생이었다. 그리고 부자 나라인 미국에 대해 호의적이었고 선망도 있었다. 그런 그가 카투사 시절 미군 병사의 부당한 인종차별에 육탄전으로 덤볐고, 1980년 광주항쟁에 대한 미국의 책임에 대해서는 배신감을 표했다. 이런 문 신부의 시각은 사드(THAAD) 배치가 결정된 성주 소성리 미사에서 행한 강론에서도 그 편린이 잘 드러나 있다.

미군 주둔은 미국 자신의 안보를 위한 것이라는 점에서 한국이 그 부담을 질 이유가 전혀 없습니다. 한국은 세계 6~7위의 군사력을 보유한 나라로서 얼마든지 독자적으로 방어할 수 있는 충분한 전력을 갖추고 있습니다. 따라서 미국이 이 땅에 주둔하기 원한다면 기지 사용료 등 응분의 대가를 지불해야 합니다. 미국에 방위비 분담금을 지불해야 할 이유가 없으며, 방위비분담 특별법 폐지는 너무나도 정당합니다. 나아가 금강산 관광, 개성 공단 재가동, 남북 철도 연결 등 남북 관계 개선에도 더이상 미국 눈치 보지 말고 주동적으로 나서야 합니다. 문재인 정부가 이런 조치들을 적극적으로 취해 나가야만 트럼프 행정부가 오히려 방위비 분담금 대폭 증액 압박과 전횡을 거두어들일 것입니다. 그러므로 방위비 분담 협상 중단과 협정 폐기로 주권 침해를 막고 호혜 평등한 한미 관계을 열어야 합니다.

문 신부는 한국의 모순 가운데 가장 핵심은 분단이라고 지적했다. 외세에 의한 민족 분단이 민족의 삶을 힘들게 한다고 믿었다. 분단 때문에 해양 세력과 대륙 세력, 자본주의 세력과 사회주의 세력 사이에 끼어 시달리고 있다고 보았다. 그래서 그가 민족 통일을 위해 가장 중요한 요소로 꼽는 것이 대한민국 국민들의 평화와 통일에 대한 열망이다. 국민들의 열망이 있어야 정치권을 변화시킬 수 있고, 그것을 토대로 동아시아 국제 정세를 변화시킬 수가 있기 때문이다.

이를 위해 그는 자주와 평화, 통일과 비핵, 그리고 군축을 주장하고 실천하는 조직을 이끌게 된다. 1994년 홍근수 목사와 통일 운동 주체들이 만든 '평화와통일을여는사람들'의 상임대표로 활동한다. 애초에 문 신부가 감옥에서 나온 지 얼마 되지 않았을 때, 뜻있는 사람들이 그에게 같이 통일 운동을 하자고 제안했다. 그의 첫 대답은 "왜 또 나냐?"였다. 그런데 문 신부는 30여 년이 지난 지금까지도 그 현장을 떠나지 못하고 있다. 다 닳아진 호미라 하더라도 자신을 평화의 도구로 쓰라고 수락한 시대적 소명이 여전히 유효하기 때문이다.

그와 평통사는 외교와 국방 분야에서 한민족의 운명이 결정되는 중요한 순간마다 목소리를 낸다. 미국과 미군에 관한 이슈가 생기면 앞장서서 입장을 밝히고 대안을 촉구한다. 한미 상호방위조약을 비롯한 각종 협정을 폐기하고 개정하는 활동을 계속하고 있다. 아울러 분단 책임이 있는 미국이 북한과 휴전 상태를 종식하고 평화협정을 체결하도록 강력하게 압박하고 있다.

또한 평통사는 한반도에서 핵 대결과 군비경쟁을 불러올 미국의 미사일 방어체제(MD) 구축을 반대하며, 한반도 평화를 구축할 다양한 정책 개발과 보급에 힘쓰고 있다. 그리고 남북 정상들이 합의한 각종 공동선언과 북미 정상이 합의한 6·12 싱가포르 공동성명의 이행을 촉구하는 활동도 하고 있다. 평화는 한반도에서 무엇보다 중요한 테제이기 때문이다.

그는 정치적으로 진보 계열이 집권하든 보수 계열이 집권하든 국익에 반하는 정책에 대해서는 한결같이 반대 투쟁의 현장에 동참했다. 특히 정책 집행 과정에서 비민주적 행태를 보이거나 돈으로 유혹해 지역민의 공동체를 파괴하는 것에 대해서는 분노했고, 과격했다. 수백만 평을 빼앗아 미군기지를 만드는 평택 매향리, 언제든지 미군 기지로 사용될 수 있는 제주도 강정마을 해군기지, 북한보다 중국을 감시하게 되는 성주 사드 배치 등 반대 현장에 그가 있었다.

역설적이게도 문 신부와 평화통일 운동 단체의 이런 활동들은 정부의 미국에 대한 대외 협상력을 일부분 높여주기도 했다. 이들의 운동에 반대하고 탄압하던 정부도 부분적이지만 이들의 주장과 행동을 핑계 삼아 협상력을 높이곤 했다. SOFA 개정, 무기 도입 및 방위사업 등 많은 현안에서 정부의 협상에 영향을 주었다.

그런데도 문 신부의 평화를 향한 행보에 발목을 잡는 것은 미국보다 오히려 국내 보수 기득권 세력이었다. 그들은 툭하면 그를 좌경 용공으로 몰았다. 한국전쟁이 끝난 지 70년이 넘었어도 기득권 유지를 위해 공공의 적으로 만들었다. 아무리 대한민국 국익을 위한 것이라고 강변해도 그들은 문 신부의 주장이 북한의 주장과 비슷하다고 그를 빨갱이 신부로 몰아가곤 했다.

이처럼 색깔론으로 공격당할 때마다 그는 말한다. "세상은 좌와 우, 진보와 보수로 나뉜 것이 아닙니다. 존엄과 존중, 사랑과 연민, 도리와 예의, 정의와 나눔 등을 알고 행하는 사람과 그렇지 않은 사람이 있을 뿐입니다. 선을 키우면 정의로워지고 사랑과 연민을 실천하면 두렵지 않습니다. 욕심을 줄이고 나눔을 키워야 평화롭고 행복해집니다. 도리와 예의를 지켜 상대를 존중하면 우리가 존엄해집니다."

문 신부를 보수 진영뿐만 아니라 소위 진보 진영에서도 현실감각이 없다는 이유로 비판하곤 한다. 그럼에도 그는 사랑과 정의만을 생각하며 앞으로 나아간다. 그는 현실 감각만으로 사랑과 정의와 평화를 이룰 수는 없다고 믿는다. "종교인의 평화는 세상의 이해득실과 달라야 합니다. 총을 들고 사랑할 수 없으며, 칼을 들고 평화를 말할 수 없습니다. 가짜 안보, 두려움, 거짓 평화에서 벗어나지 않으면 앞으로 나아갈 수 없습니다."라고 목소리를 높인다.

그의 신념에 더 힘을 실어준 것은 프란치스코 교황의 방한 연설이다.

"저는 우리 젊은이들에게 평화라는 선물이 필요하다는 것을 성찰하는 것이 특별히 중요하다고 생각합니다. 평화의 부재로 오랫동안 고통을 받아온 이 땅 한국에서는, 이러한 호소가 더욱 절실하게 들릴 것입니다. 저는 한반도의 화해와 안정을 위하여 기울여 온 노력을 치하하고 격려할 뿐입니다. 그러한 노력만이 지속적인 평화로 가는 유일하고도 확실한 길이기 때문입니다. 한국의 평화 추구는 이 지역 전체와 전쟁에 지친 전 세계의 안정에 영향을 미치는 것으로, 우리 마음에 절실한 대의입니다. 평화는 단순히 전쟁이 없는 것이 아니라, 정의의 결과(이사 32,17 참조)입니다. 우리 모두 평화 건설에 헌신하며 기도합시다. 결의를 다집시다."

— '프란치스코 교황 연설' 중에서, 2014년 8월 14일

생명평화마중물

분단의 모순 못지않게 그의 눈에 뜨인 것은 생명 평화였다. 경제적 논리로 새만금 갯벌을 개발하고, 4대강을 위시한 전 국토를 개발하며 생명을 죽이는 모순을 극복하기 위해 그는 삼보일배와 오체투지로 저항했다. 자연과 인간의 하나 됨을 위하여 온몸을 바쳐왔다.

그는 새만금 갯벌 살리기 운동을 하고 있던 2002년부터 청소년 생태학교 '생명평화학교시선'을 만들어 운영한다. 이 학교는 청소년들에게 생태적 감수성과 자연과 공존하는 능력, 생태적 정의를 교육하기 위한 학교였다. 부정기적으로 자연 생태 교육을 하고, 청소년 인권 여행 학교를 운영했다. 청소년들이 여행하면서 소외계층이나 역사 현장을 방문하고 체험하는 프로그램 등을 지속적으로 실시하면서 영성적인 것, 정신적인 것을 보완해야 한다는 판단 아래 '가치교육'을 확대한다. 이를 위해서 '가치 성장 카드'를 제작한다. 55개의 가치를 정하고 이 가치의 의미가 무엇인가를 가치의 개념, 가치의 잎새, 가치의 뿌리

● 걷기 모임 뚜버기 청소년들과 함께

로 나눠 설명한다. 어떤 가치를 지니고 사느냐가 중요하다고 믿기 때문이다.

생명평화마중물은 청소년 생태 학교를 통해 생명 평화 활동에 관심을 갖고 있는 사람들과 함께 만든 단체이다. 마중물은 펌프에 붓는 첫물, 펌프 아래 잠겨있는 물을 끌어올리기 위해 쓰는 물을 말한다. 스스로가 마중물 같은 사람이 되고자 하는 바람으로 생명과 평화의 기운을 전파하자는 의미이다. 마중물 창립 취지문에서, 무엇보다도 '생명 평화 운동은 참여하는 한 사람 한 사람의 삶이 뿌리부터 생명 평화의 삶으로 바뀌는 것에서 시작'된다고 말하고 있다. 문 신부는 미래 세대를 위해 마중물이 되고자 하는 사람이었다.

'뚜버기' 학교도 그가 청소년과 함께하는 비상설 학교이다. 걷기는 문 신부의 특기다. 그는 두 발뿐만 아니라 온몸으로 나라의 온 땅을 다 녔으니 그의 특기가 걷기라는 말에 부정하는 사람은 별로 없을 것이다. 그런 그가 제도권 학교에서 청소년과 함께 걷기를 해온 몇 교사들과 힘을 합쳐 2012년부터 '뚜버기' 학교를 개설하였다. 그는 교사들과 함께 학교 교육과정 안에서 자신을 돌아보고 스스로 보살필 수 있는 자리를 만들어 갔다.

걷는 것을 저항의 무기로 삼았던 문 신부는 걷기가 자기를 되돌아보게 하는 힘을 가지고 있다고 믿었다. 그래서 아직 사춘기의 혼란을 겪고 있는 아이들과 함께 걷기를 시작한 것이다. '뚜버기'는 사실 별다른 프로그램이 있는 것은 아니었다. 다만, 종일 그들과 어깨를 견주고 앞서거니 뒤서거니 걸으면서 수다도 떨고, 한숨도 들어주는 것이 전부이다. 자연과 함께하면 균형 잡히고 깊이 있는 사고를 자연스럽게 하게 된다. 그에게는 자연 속에서 겸손과 배려를 체득하게 되는 청소년들의 회복 탄력성에 대한 굳은 믿음이 있었다. 그렇게 함께 걸었던 대부분의 청소년들은 일상으로 돌아가면서 나름대로 더 단단한 자아를 일구어 나갔다.

문 신부 자신 또한 마찬가지였다. 그가 걸었던 수많은 걸음들은 그를 단단하게 했고, 그를 강하게 했다. 보이지 않는 길을 만들어 준 것도 걷기였다. 문 신부의 가치관 중 하나인 '가르치기보다는 함께하기'에 가장 적합한 것이 걷기였다. 그래서 그는 미래의 희망인 아이들과 함께 걷는다. 문 신부가 생각하는 교육은 그 주체인 청소년들 곁에 함께 있는 것이다. 울타리처럼 곁에 있어 주기만 하여도 힘이 된다는 것을 그는 믿는다.

돌아보면 서학동성당에서도, 평화동성당에서도 청소년들을 위한 일에 유난히 마음을 썼다. 학교 부적응 학생들을 위한 대안 교육 센터를, 때로는 방과 후 교실을 위한 공부방을 마련하고 지원하는 데 최선을 다하였다.

청소년의 미래에 관심이 많은 문 신부에게 가장 가슴 아픈 사건이 2014년 세월호였다. 당시 단원고 2학년 고 김웅기 군의 아버지 김학일, 고 이승현 군의 아버지 이호진 씨가 아이들을 구하지 않은 정부에 항의하면서 십자가를 메고 순례의 길에 나섰을 때 문 신부도 한걸음에 달려가 함께하였다. 그가 세월호의 아픔을 나누기 위해 팽목항을 찾은 것만도 100여 차례가 넘는다. 팽목항에 컨테이너 성당이 마련되어 그곳에서 미사를 드리기 때문이다.

10년이 지난 지금도 그곳 팽목항 컨테이너 성당에서는 2시가 되면 어김없이 기도를 시작한다. 아직도 돌아오지 못한 이들과 죽은 이들, 그리고 생존하였으나 각종 후유증으로 시달리는 이들을 위한 기도 모임이다. 세월호 이후 지금까지 10년이 넘는 시간 동안 손인성(스테파노)과 김영례(바울라) 부부가 그곳을 지키고 있다. 문 신부는 그들의 옆자리를 채우기 위해 자주 팽목항에 간다. 서로가 서로에게 힘이 되어 주는 곳. 그런 곳이 그가 있는 곳이다.

3

그래도
희망입니다

문 신부는 '그래도 희망입니다.'를 입에 달고 산다. 은퇴 후 문 신부는 전북대학교 앞에 '그래도 희망입니다'라는 이름의 카페를 만든다. 2008년 1월에 홍성담 화백과 함께 만든 ≪그래도 희망입니다≫라는 책 제목과 같은 이름의 카페였다.

어쩌다 보니 고난의 길만 골라 다닌 그가 찾은 것이 '그래도 희망'이었다. 정권이 바뀌고 역사가 후퇴하는 것처럼 보일 때마다 "그래도 이 땅에 희망이 있을 거야."라고 스스로 되뇌다 보니 꺼지지 않는 희망의 등불을 모시고 사는 사제가 되었다. 그에게 희망은 '눈물'과 '연민' 없이 성립되지 않는다. 고통받는 세상에 대한 눈물과 연민은 그를 끝없이 불타오르게 하는 연료다.

그에게 희망은 두렵지만 함께 손잡고 기도하며 눈물을 향해 가는 힘이다. 피 흘린 자리를 향해 가는 여정이다. 수 없는 죽음의 자리를 향해 부활의 언어를 뿌리는 복음이다. 작은 갯지렁이 한 마리부터 전쟁터에서 죽어가는 어린이의 눈망울까지 이어지는 눈물의 길이다. 희망이라는 자리에는 생명과 평화가 있기 때문이다.

희망을 놓지 않는 사람이 희망이라 믿는 문 신부는 희망을 놓지 않는다. 한 발 한 발 희망을 살아간다. 그는 책 속에서 희망의 이야기를 이렇게 풀어낸다.

희망을 성취하는 길은 느리게 걷는 길입니다. 길고 긴 여정입니다. 생명이 제 몸으로 다른 생명에게 길을 만들어 주고 함께 가는 길, 그렇게 가는 여정입니다. 정성으로 길을 내고 다지며 가야 합니다. 비뚤비뚤한 길을 지나고 갖은 험로를 넘어야 합니다.

비록 사목 현장은 떠났지만 문 신부는 자신이 만나는 새로운 현장에서 희망을 찾는다. 문 신부에게 희망은 함께하는 연대이고, 힘없는 이에 대한 연민이었다. 그리고 생명과 평화였다. 문 신부는 그를 원하는 곳이면 언제나 달려갔다. 달려가 힘을 보태기도 하고 그냥 곁을 지키기도 했다. 힘이 빠져 무엇을 어찌할 수 없게 되어도 그저 함께했다. 그런 곳곳이 그의 사목 현장이었다. "너 어디 있느냐?"는 하느님의 물음에 대한 그만의 응답이었다.

● 평화의 사제 문규현

사제 문규현이 살아온 길

1945년 1월 1일	전북 익산 황등 출생
1976년 5월	광주 대건신학대학 졸업 후 사제 서품
	전동성당 보좌신부
1976년 8월 10일	고산성당 주임신부
1980년 1월 5일	군산 팔마성당 주임신부
1984년 1월 18일	전주교구 교육국장
1984년 5월 10일	전주교구 가톨릭농민회 4대 지도신부
1987년 2월	아일랜드 연수 '정의와 믿음' 워크숍 참가
1987년 7월	미국 메리놀 신학대학원 입학
1989년 5월	졸업논문 '한반도 통일에 대한 신학적 소고' 발표
1989년 6월 6일	평양 장충성당에서 남북공동 통일 염원 미사 봉헌
1989년 7월 26일	천주교정의구현전국사제단 파견으로 방북
1989년 8월 15일	임수경과 함께 판문점을 통과하여 귀환, 구속
1990년 6월	징역 5년, 자격정지 5년 선고
1990년 6월 6일	《분단을 넘어서―항소이유서》 출간
1992년 12월 24일	형 집행정지로 임수경과 함께 성탄절 특사로 가석방
1993년 2월 2일	김제 요촌성당 주임신부
1994년 3월 1일	《민족과 함께 쓰는 한국천주교회사 I》 출간
1994년 9월 22일	《민족과 함께 쓰는 한국천주교회사 II》 출간
	평화와통일을여는사람들 상임 대표
1995년	천주교정의구현전국사제단 공동대표
1997년 8월 18일	전주 서학동성당 주임신부
1998년 8월	천주교정의구현전국사제단 방북, 평화통일 염원 미사 거행
1998년 8월	방북 관련 국가보안법 위반으로 구속 후 보석 가석방

2000년 12월 14일	한겨레21 '올해의 인물' 선정
2001년	'한겨레 통일 문화상' 수상
2002년 8월 17일	부안성당 주임신부
	인터넷 대안 언론 '참소리' 창립
	천주교정의구현전국사제단 대표
2003년 3월 28일	새만금 생명 평화를 위한 삼보일배
2003년 7월	부안 핵폐기장 반대 투쟁
	시민의신문 '올해의 시민운동가' 선정
	오마이뉴스 '올해의 인물' 선정
	천주교 서울대교구 일산성당 '2003년 일산 천주교 환경상' 수상
	한국환경기자클럽 '올해의 환경인상' 수상
2004년 4월	교보생명교육문화재단 '환경 대상' 수상
	부안독립신문 창간
	부안 태양광 발전소 설립 운동
	(사)생명평화마중물 설립
2006년 8월 26일	전주 평화동성당 주임신부
2008년 1월 10일	홍성담 화백과 ≪그래도 희망입니다≫ 출간
2008년 9월	생명과 평화를 위한 1차 오체투지 (지리산~계룡산)
2009년 3월	생명과 평화를 위한 2차 오체투지 (계룡산~임진각)
10월	용산 참사 해결을 위한 단식 투쟁 중 쓰러짐
2011년 1월	전주 평화동성당 주임신부로 은퇴
2015년	≪세상을 통해 본 한국천주교회사≫ 출간
2024년 현재	사단법인 생평화마중물 대표
	전북평화와인권연대 대표
	대안학교 선너머학교 대표
	평화와통일을여는사람들 대표

참고자료

- 가톨릭 교회 교리서 1~4   − 한국천주교중앙협의회
- 경향신문   − 경향신문사
- 그래도 희망입니다   − 문규현, 홍성담 − 현암사
- 대밭   − 이광웅 − 풀빛
- 메델린 문헌   − 김수복, 성염 엮음 − 분도출판사
- 목숨을 걸고   − 이광웅 − 창비
- 민족과 함께 쓰는 한국천주교회사   − 문규현 − 빛두레
- 법보신문   − ㈜법보신문사
- 부안독립신문   − 부안독립신문
- 분단의 장벽을 넘어서   − 문규현 − 두리
- 사진 한 장으로 보는 대한민국 현대사   − 현대사 스토리텔러 − 네이버 블로그
- 삼보일배 일지   − 삼보일배 백서준비위(마용운 기록) − (사)세상과 함께
- 새만금, 네가 아프니 나도 아프다   − 풀꽃평화연구소 엮음 − 돌베개
- 생활성서   − 생활성서사
- 성경   − 한국천주교주교회의 − 한국천주교중앙협의회
- 숲정이   − 천주교 전주교구
- 아버지에게 갔었어   − 신경숙 − 창비
- 오마이뉴스   − ㈜오마이뉴스
- 오체투지 일지   − 오체투지 백서준비위(명호 기록) − (사)세상과함께
- 월간 말   − ㈜월간 말
- 제2차 바티칸 공의회 문헌   − 한국천주교중앙협의회
- 천주교 전주교구사 Ⅰ, Ⅱ   − 천주교 전주교구
- 초록빛 아침 1, 2   − 노순자 − 성바오로
- 한겨레   − 한겨레신문사
- 한국가톨릭인권운동사   − 명동천주교회
- 한국천주교회일사   − 이순용 − 한국교회사 연구소
- 합수 윤한봉 선생 추모 문집   − 문규현 외 2인 엮음 − 한마당
- 해방신학   − G. 구티에레스 − 분도출판사

이야기를 전해주신 분들

김경일(원불교 교무)
김영례, 손인성(팽목항 컨테이너 성당 지킴이)
김인국(가톨릭 신부)
김인경(원불교 교무)
마용운(환경운동가)
명호(환경운동가)
문정현(가톨릭 신부, 형)
박남준(시인)
박동진(환경운동가)
송년홍(가톨릭 신부)
수경(조계종 승려)
오두희(평화운동가)
오혜란(통일운동가)
윤창영(환경운동가)
이원규(시인)
이창석(노동운동가)
장종혁(농민운동가)
최재흥(고산성당 신자)
홍성담(화가)

● 형 문정현 신부와 누나 문현옥 수녀

● 사제 서품

● 사제 서품

● 아일랜드 연수 기념 촬영

● 평양 창광유치원

● 1차 방북 장충성당 성찬의 전례

● 군사분계선 앞에서

● 3차 방북 동행한 사제들과 함께

● 법정 출두

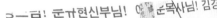

ㅎ—금! 순규현신부님! 연을 순목사님! 김강

온 전라북도 부안 해창갯벌에서 서울 ㅐ문까지 305㎞의 거리

니다 우리의 ㅁ과 어려ㅁ과 별한 란회ㅎㅕ계십

● 새만금 삼보일배 마무리, 서울 시청

● 새만금 삼보일배, 서울 입성

● 빗속의 오체투지

● 오체투지 순례 중 휴식

● 강정 해군기지 반대 미사

● 부안 핵폐기장 반대 해상 시위. 허철희 사진 제공

● 평통사 평화통일 대행진

● 부안 핵폐기장 반대 투쟁

● 부안 핵폐기장 반대 투쟁